KB001402

나는 독하게
살기로 결심했다

对自己狠一点, 离成功近一点

(DUI ZI JI HEN YI DIAN, LI CHENG GONG JIN YI DIAN)

copyright 2017 by 李維文 (LI WEI WEN)

All rights reserved

korean translation copyright 2018 by DONG HAE

korean language edition arranged with

China South Booky Culture Media Co.,LTD

through Eric Yang Agency Inc.

이 책의 한국어판 저작권은 에릭양 에이전시를 통한

China South Booky Culture Media Co.,LTD

와의 독점 계약으로 파주 북스(동해출판)에 있습니다.

신저작권법에 의하여 한국 내에서 보호를 받는 저작물이므로

무단전재와 무단복제를 금합니다.

나는 독하게
살기로 결심했다

리웨이원 지음 | 고은나래 옮김

파주Books

사회라는 정글 속에서
살아남는 법

약육강식의 법칙이 존재하는 잔혹한 사회 속에서 우리는 여전히 어린 아이일 뿐이다. 지식과 배움이 부족하고, 환상을 쫓으며 의지가 약하다. 행동에 앞서 망설이며 용기를 잃어버린다. 자신과 다른 새로운 존재에 대한 두려움이 강하며, 충돌을 싫어하고 자존감이 낮다. 심리적 소양이 부족하고 멘탈이 약하며 쉽게 상대에게 휘둘린다....

작가는 본서에서 사람들의 심리를 분석하고 잔혹한 정글 속에서 살아남은 자들의 생존 법칙을 소개하고 있다.

독해져라! 더 독해지기 위해선 본서에서 소개하고 있는 과정을 이해하고 익히는 게 중요하다. 이상, 성장, 사고, 소통, 교류, 심리 수업 등 다양한 주제로 과목마다 우리에게 필요한 지식이 담겨있다. 그럼 다같이 독해지기 위한 비결이 뭔지 살펴보자.

우리는 왜 자신에게
독해져야 하는가

★ 독하지 않으면 이 냉혹한 사회에서 자리 잡기 어렵다. 성공하고 싶다
면 독해져라. 자신에게 보다 엄격한 잣대를 들이밀고, 해야 할 일이 있으
면 주저하지 말고 나서라! 독함은 목표를 실현하기 위한 굳은 결심이자
의지의 발로다. 강직하고 굽히지 않는 기개다. 그 어떤 시련에도 물러서
지 않는 신념이다.

★ 자신에게 독해지라는 것은 수단과 방법을 가리지 말고 목표를 향해
돌진하라는 뜻이 아니다. '불길 속인 줄 알면서 짚을 지고 뛰어들라'는 말
도 물론 아니다. 현명하고 지혜롭게 과감한 추진력을 키워야 한다는 말이
다! 자신에게 독해 질수 있다면 그 누구도 당신의 앞길을 방해하지 못할
것이다.

★ 예로부터 고난과 시련을 겪어야만 성공할 수 있다고 한다. 살아가면서 온갖 어려움에 맞서 싸우고 갖은 '역경'을 이겨낸 자는 그 어떤 고난도 충분히 극복해낼 힘이 있다. 보다 독하게 자신을 다그치는 사람이 성공에 한 발자국 다가선다.

★ 크게 성공하고 싶다면 독하게 자신을 다그치고 현실의 냉혹함을 마주하라. 우리는 누구나 성장하기 마련이다. 높은 목표를 이루고 싶다면 혹독한 현실을 극복할 줄 알아야 하며, 더 많은 것을 얻고 싶다면 지금보다 더 노력하라. 고생한 만큼 대가가 주어지기 마련이다. 이 험난한 세상에서 필사적으로 살아남고, 열렬히 사랑하라! 그리고 독하게 살아가라!

Contents

나는 독하게
살기로 결심했다

컨설팅 활동을 하면서 수많은 이들의 고민을 함께 공감해왔다. 그들은 자신의 삶이 불행하다고 말한다. "왜 이 사회는 이렇게 불공평하지요? 나만 이렇게 힘든 건가요? 언제나 내 주위에만 문제가 끊이질 않아요. 내 미래가 전혀 보이질 않아요!" 로스앤젤레스와 워싱턴의 내 사무실 복도에는 인생의 방향을 잃은 사람들로 가득했고, 인생의 답을 찾은 사람들도 있었다.

그렇다. 우리 삶은 잔혹한 밀림과 같다. 하지만 대체 무엇이 그렇게 당신을 힘들게 하는가? 그들은 가족, 연인, 동료, 사장, 친구 등 여러 가지 문제들이 산적해있다고 말한다. 세상에 버림받고 자신의 능력을 한 번도 제대로 보이지 못하고 실패한 사람은 마치 소금에 절인 생선마냥 제대로 자신의 몸도 가누지 못했다.

평생 이렇게 괴로워하며 산다면 그것이야 말로 진정한 지옥이 아니겠는가! 그러나 대다수의 사람들이 모두 비슷한 문제로 고민한다. 당신이 괴로워하는 동안 다른 사람도 마찬가지로 삶의 고통을 느낀다. 하지만 그 괴로움을 극복해낸 사람도 있다. 그들은 과연 어떻게 극복한 것일까?

우리는 우리 앞에 닥친 문제들을 걱정할 게 아니라 자신의 삶을 제대로 돌아보고 반성할 줄 알아야 한다. "내가 뭘 잘못한 거지? 내 자신을 이렇게 용서해도 되는 걸까?" 적극적이고 용감한 자세로 자신의 잘못을 인정하고 반성할 때 성공으로 향하는 문이 열린다.

성공하는 자들은 세 가지 조건을 갖추고 있다.

첫째, 건강이다. 건강한 정신력을 가진 자는 문제를 키우지 않는다. 자신의 잘못을 회피하거나 남에게 전가하지 않는다. 그 즉시 문제를 해결하고 나태함을 지양한다.

둘째, 호전적이다. 이는 용기와 강한 의지를 내포한다. 그 어떤 어려움 앞에서도 그들은 뒤로 물러서지 않고 용감하게 맞서 싸운다. 얻어터지고 쓰러져도 강한 투지로 다시 오뚝이처럼 일어선다.

셋째, 관용이다. 포용적인 태도로 상대방을 감싸 안으며 문제를 해결한다. 상대와 힘을 합쳐 고난을 극복하면서 단단한 인맥을 형성한다.

이 세 가지는 마치 바퀴 세 개로 굴러가는 엔진처럼 서로 긴밀한 조화를 이루며 사람의 잠재력을 끌어올린다. 눈앞을 가로막고 있는 장애물을 쓰러뜨리고 최고 속도로 전진할 수 있는 동력이다. 그러므로 이 세 가지 조건을 갖춘 자는 자신을 '독하게' 다그칠 줄 알며, 성공에 더욱 가까워진다.

난 중국에서 우리 학교를 졸업하면 '노점상 밖에 할 거 없다'는 비아냥거림을 들어야 했다. 하지만 정말로 대학 졸업 후 나는 길거리로 내몰렸다. 한동안 길에서 화장품 판매 사원으로 일했던 것이다. 부모님은 내가 이 대학에 입학하는 걸 반대하셨다. 대학에 입학한 그날부터 언제나 내 미래를 걱정하셨고 내가 더 나은 대우를 받을 수 있는 회사에 취업하길 바라셨다.

"아무리 단기 아르바이트라지만 화장품 판매직은 아닌 것 같다. 시간 낭비일뿐더러 웃음거리가 될 거야." 친척들 모두 한마음으로 날 설득했다. "더 좋은 회사도 많잖니! 화장품 판매사원은 그만두고 공기업에 지원해 보렴. 공기업에 취업이 안 되면 일단 집에서 쉬면서 더 좋은 기회를 찾아보자꾸나."

난 그런 그들에게 단호하게 말했다. "아무것도 안 하고 가만히 있을 순 없어요. 집에 앉아 기회가 찾아오기만을 기다리는 건 겁쟁이들이나 하는 짓이라고 생각합니다."

직업은 물론 두뇌도 중요한 게 아니다. 중요한 건 자신에게 '독해질 수' 있느냐는 점이다. 강한 의지를 가진 자는 남들이 모두 가치 없다고 말하는 일부터 시작한다. 가장 사소하고 보잘 것 없는 일을 위해 노력한다. 그는 서서히 자신의 능력을 키우며 자신의 한계를 극복해 타인의 생각을 바꿔버린다. 이것이 바로 '세 가지 조건'의 본질이다.

약육강식의 법칙이 통하는 이 사회에서 위의 세 가지 조건을 갖추지 못했다면 절대 독해질 수 없으며 강자의 먹잇감이 될 뿐이다. 누군가 당신을 짓밟고 지나간다면 그저 원망만하고 울기만 할 텐가? 그건 당신이 약자임을 공공연히 드러내는 일 밖에 되지 않는다. 당신이 약자가 될지 강자가 될지는 당신 선택에 달렸다. 자신의 운명은 자신이 개척해야 한다.

언젠가 당신의 노력이 빛이 발하는 날이 올 것이다. 하지만 요행만을 바라며 노력을 게을리 한다면 당신이 얻을 수 있는 이득은 점차 줄어들 뿐이다.

"난 정말 열심히 노력했는데, 대체 왜 이 모양인 거야? 팀장으로 승진하고 싶었어. 연봉도 올라 집과 차도 사려고 했는데... 매일 가장 먼저 출근하고 가장 늦게 퇴근하면서 언제나 내 머릿속엔 일 생각뿐이었어. 내 개인 시간은 조금도 누리지 못 했다고! 누구보다 열심히 일했는데 대체 왜 현실은 변한 게 없을까?" 우리는 주변에서 이런 불평을 늘어놓은 사람을 자주 볼 수 있다.

대체 무엇이 문제일까? 첫째, 방향 설정의 오류다. 처음부터 목표 설정을 잘못했을 경우다. 둘째, 노력한 시간의 부족이다. 자신에게 독해지기엔 아직 멀었다.

MIT 공대를 졸업한 한 화교가 내게 말했다. "선생님, 전 제 자신을 매우 독하게 다그친다고 생각하는 데 왜 성공하지 못하는 걸까요?" 그는 지난 2년 동안 일에 열을 올렸다. 직장에서 그는 '뒷공작'을 펴는 데에만 집중했던 것이다. 하지만 이건 내가 주장하는 '독함'과는 거리가 멀다. 공리적이며 자신의 이미지를 갈아먹는 행위일 뿐이다. 이는 성공과는 무관하며 오히려 사회에서 도태되는 지름길이다.

진정한 '독함'이란 무엇일까? 바로 자신에게 엄격한 잣대를 내세워 잠재력을 최대한 끌어올리고 이성적으로 규칙을 따르는 걸 말한다. 게다가 규칙을 따르면서 강한 의지를 키워야 한다. 겸손한 군자이자 숙련된 사냥꾼이 되라. 필사적으로 앞을 향해 달려 나가면서 자신을 지켜야 한다. 이것이 바로 성공하기 위한 필수 조건이다.

사람은 누구나 겉으로 드러내고 싶지 않은 모습들이 있다. 그중 방임, 나태함, 이기주의, 현실 도피 등이 대표적이다. 이는 마약 중독처럼 한번 물들면 쉽게 끊기 어려워 많은 사람을 고통 속에 밀어 넣는다. 실수를 저지르고 나면 그들은 언제나 변명부터 하기 시작한다.

"내 잘못이 아니야. 내 책임이 아니라고!"

"그들에게 당했어. 너도 알잖아. 난 그저 그들의 꾐에 빠진 것뿐이야!"

"왜 나한테 그래? 나도 당한 거 안 보여?"

어느 날, 하버드 경영대학원을 졸업한 학생이 오스틴에 위치한 자회사에 면접을 보러 왔다. 그는 내게 자신의 이전 직장이 얼마나 대단한 곳이었는지, 그곳에서 얼마나 놀랄 만한 성과를 내고 사장의 신뢰를 받았는지 장황하게 얘기하며, 자신은 준비된 인재라고 강조했다.

나는 그에게 물었다. "그 회사에서 얼마나 근무하셨나요?"

"네, 3년입니다. 정확히 말하면 2년 9개월이죠."

"왜 퇴사를 하셨나요?"

그는 자신의 고통스런 과거를 털어놓기 시작했다. 그가 회사에서 이뤄놓은 모든 공을 회사 후배가 가로챘다고 한다. 게다가 그 후배가 바로 그의 친구였다.

"그 후배는 언제 회사에 입사했나요?"

"1년 되었습니다."

"3년차 직원이 고작 1년차 후배에게 당했다고요?"

그는 내 질문에 제대로 대답도 하지 못하고 그저 불평불만만 계속 늘어놓기 바빴다. '억울하다'는 듯이 미간에 주름이 가득 잡혀 있었다. 그는 자신은 일말의 책임도 없다는 듯이 이번 사건의 모든 책임을 그 후배에게 돌리고 있었다. 하지만 자신 앞에 놓인 함정도 제대로 살피지 못한 부주의함 역시 그의 실패 원인 중 하나다. 아마 이것이 이 잔혹한 경쟁 사회에서 많은 사람이 도태되는 이유 중 하나가 아닐까?

상대방의 장점은 신경도 쓰지 않고, 오로지 자신의 약점을 숨기기에만 급급한 사람들이 있다. 그들은 그저 상대방만 독해지길 원하며, 까다로운 잣대로 상대방과 주변 환경을 심판한다. 반면 자신에 대해서는 한없이 너그럽고 관대하다.

당신 역시 상대방만 지적하고 나선다면 당신의 미래는 불투명해지며 성공을 거두기 어렵다. 대인관계가 무너지고 일의 행복과 삶의 즐거움을 누리지 못하게 되면서 심적 스트레스를 받게 된다. 그런 당신에게 이 책을 권하고 싶다! 이 책은 당신이 독해질 수 있도록 길라잡이가 되어 줄 것이다. 또한 이 살벌한 약육강식의 세계에서 살아남는 법을 배울 수 있다.

이 책에서 말하는 대로 자신에게 보다 독할수록 당신은 성공에 한 발자국 더 다가설 수 있다!

PART 1

독하게 사는 법

실패를 두려워 마라. 연이어 실패하더라도 두려워할 필요 없다. 우리가 가장
경계해야 할 것은 실패를 겪고서 낙담하여 다시 일어서지 못하고 주저앉아버
리는 것이다. 인생이란 실패를 딛고 일어나 계속해서 새로운 역사를 써 내려
가는 일련의 과정이다. 우리가 자신을 독하게 다그치지 않는다면 성공의 길목
에서 주저앉게 될 뿐이다. 그저 머리로만 이해하고 실제로 행하지 않는다면
성공은 그저 요원한 바람일 뿐이다. '독함'이란 스스로 기를 수 있는 일종의
성격이자 마음자세로 어려움에 맞서 싸울 수 있게 정신무장을 하는 것을 말한
다. 이는 성공하는 자들이 반드시 갖추어야 할 필수 덕목 중의 하나이다.

적극적으로
행동하면 성공한다

내겐 13년간 우정을 쌓아온 단짝친구가 있다. 그의 이름은 윌슨(Wilson)으로 성공한 금융맨이자 스스로를 격려하며 힘을 내는 스타일의 친구다. 서양에서는 '13'이란 숫자를 불길하다고 여겨서 되도록 그것에 관한 언급은 하지 않는데 마침 윌슨과 내가 친구가 된 지 올해로 정확히 13년째다. 하지만 우리의 우정에는 전혀 이상이 없으며 오히려 더욱 견고해지고 있다. 이는 나도 윌슨처럼 '자신을 채찍질하는' 타입이기 때문이다. 우리는 뜨거운 불 속에서 담금질할수록 더욱 단단해지는 강철처럼 스스로를 독려하고 다그쳐왔다.

하지만 세상엔 이런 삶의 방식에 동의하지 않는 사람들이 더 많다. 그들은 자신에게 한없이 관대하며 세상을 향해 끊임없이 요구만 한다. "내게 돈, 여자, 집, 차를 줘. 날 무시하지 마..." 그들 머릿속에는 온통 이런 생각뿐이다.

오늘날 전 세계적으로 많은 젊은이들이 거친 바다로 나아가는 대신 따뜻하고 잔잔한 호수에서 유영하기를 즐긴다. 이는 매우 심각한 상황이지만 그들에게 자신의 잠재력을 발굴해야 성공할 수 있다고 조언할 생각은 일찌감치 접는 편이 낫다. 그들은 움직이는 걸 싫어하고 생각하는 걸 두려워한다. 그들에게 중요한 것은 오직 하나, '지금을 즐기는 것!'이다.

젊은이들에게 더 냉정하게 사고하라고 충고한다면 그들은 깊게 생각해 보지도 않고 바로 대답할 것이다. "쓸데없는 걱정하지 말고 내 일에서 신경 꺼. 누가 날 밟고 지나가려고 하면 밟혀주면 그만이지. 난 그딴 건 신경 안 써." "내 곁에서 얼쩡거리지 마. 내 행복한 삶을 방해하지 말라고!" 당신이 아무리 위험하다고 재차 경고를 해도 그들은 코웃음만 칠 게 분명하다.

문제에 직면했을 때, 이를 받아들이고 극복해 나가기란 결코 쉬운 일이 아니다. 눈앞에 위기라는 '강'을 만나게 되면, 사람들은 쉽게 그 강에 뛰어들지 못한다. 강물이 너무 차가울까 봐 혹은 물귀신이 살고 있을까 봐 걱정하며 도망간다. 저 멀리 안전한 지역에 도착하고 나서 그 강을 가만히 지켜볼 뿐이다.

그렇다면 그들이 느끼는 진정한 삶의 가치란 무엇일까? 그들은 실패를 겪었을 때 어떻게 극복할까? 윌슨은 내게 뉴욕의 한 개인 주식 투자자의 사례를 얘기해주었다. "투자 실패로 큰돈을 벌 기회를 놓쳤을 때 그는 전혀 속상해하는 표정이 아니었어. 그는 오로지 자신의 안전만을 생각하는 사람이었거든. '투자가 실패해서 다행이야. 하마터면 오하이오 주의 마피아 주식을 살 뻔했잖아. 주가가 현재 치솟고 있기는 하지만 곧 휴지 조각이 될 테니까. 연방수사국이 그 마피아에 대해 비밀 수사를 진행한다는 정보를 입수했거든. 그래, 잘 된 거야. 주식 투자를 통해 큰 수익을 올리진 못했지만, 그래도 돈은 지켰잖아!' 라고 말하더군."

하지만 당신이 그저 방관자로서 뻔뻔하게 바라만 보고 있다면 과연 성공을 거둘 수 있을까? 나서지 않고 제자리에만 머문다면 당신에게 자신의 잠재력을 드러내 세상을 놀라게 할 기회가 돌아올까? 앞서 얘기한 '뉴욕의 한 개미투자자'와 같은 사람을 우리는 주변에서 쉽게 찾아볼 수 있다. 어떤 문제에 직면하더라도 그들은 언제나 빠져나갈 핑곗거리를 찾으며 자기 위안을 일삼는다.

내가 요새 듣고 있는 교양 수업에서 알게 된 지인이 있다. 올해로 기껏 24살밖에 되지 않았는데 마치 세상 풍파를 다 겪은 사람처럼 얘기한다. 그는 내게 자기가 다니는 회사 사장에 대한 '욕'을 늘어놓았다. "정말 참을 수가 없어요. 사표 내야겠어요! 사장 혼자 잘살아 보라고 하죠 뭐!" 그는 마치 끝없이 사장에 대한 '뒷담화'를 늘어놓음으로써 현실에서 도피해 마음의 안정을 찾는 듯 보였다.

물론 누구나 삶에 대해 비관적인 생각을 할 수 있고 아마 당신도 그런 적이 있을 것이다. 하지만 현실을 외면하고 눈앞의 어려움에서 잠시 벗어난다고 뭐가 달라지는가? 결국 마지막에 손해 보는 것은 사장이 아니라 당신 자신이다. 당신이 아니어도 사장은 충분히 또 다른 직원을 고용할 수 있다. 사장 입장에서는 정해진 시간 내에 맡은 임무를 끝낼 수만 있다면 누구든 상관없기 때문이다. 당신의 운명을 쥔 상사들에게 동정과 이해라는 두 단어는 존재하지 않는 개념이나 다름없다.

만약 당신이 회사 일이 힘들어서 박차고 나온다면 사장은 다른 직원을 고용하면 그만이다. 반면 당신에게는 그 일자리가 일생에서 가장 중요한 기회였을 수도 있다.

최근 6년 동안 약 24만 건의 비슷한 사례를 모았다. 일반적으로 모두 힘들고 괴로운 일을 피해가려는 심리 상태를 보였고, 스스로 어려움을 극복하지 못하는 이들이 많았다.

이에 나는 내가 근무하는 컨설팅 회사에서 구성한 TF팀에 내 친구 윌슨을 자문 이사로 영입하고 심리학 강좌를 개설했다. 강좌를 통해 심리상태를 총 9가지로 구분 지었다.

▲ 두려움: 레벨이나 난이도가 높은 일과 마주쳤을 때 두려움을 느끼며, 자신에게 되묻곤 한다. "과연 내가 해낼 수 있을까?"

▲ 상실감: 두려움으로 인해 차마 도전하지 못하고 포기했을 때 강한 상실감을 느낀다.

▲ 도피: 눈앞의 현실을 똑바로 바라보지 못하고 보다 안전한 곳으로 피하고자 한다. "아, 잊고 있었어. 미안해, 다른 사람을 찾아봐!" 그들은 언제나 즐겁게 놀 궁리를 하면서 저런 식으로 책임을 피해 간다.

▲ 자각: 어느 날 현실을 제대로 직시하게 되었을 때, 자신이 처한 상황을 깨닫게 된다. "나 지금 절벽 위에 서 있는 거였어?"

▲ 과감성: 자신이 해야 할 일이 무엇인지 깨달았을 때, 그 즉시 행동에 옮긴다.

▲ 조사: 자기 생각과 행동을 면밀히 살펴본다.

▲ 긍정: 현재 처한 어려움을 직시하지 않고, 아직 오지 않은 먼 미래의 행복만을 꿈꾼다.

▲ 인내심: 목표를 실현하기 위해 순간의 고통을 참고 인내한다.

▲ 꾸준함: 설사 당초 계획했던 목표를 실현하지 못했다고 하더라도 포

기하지 않고 꾸준히 자기 일을 견지해 나간다. "나만 실패하는 게 아니잖아? 여기서 멈추지 말고 성공할 때까지 해보자!"

나는 대학 졸업 후 한 달 동안 구직활동을 하면서 화장품 판매 사원직에 지원을 했다. "번뜩이는 아이디어를 가진 인재들의 많은 지원을 바랍니다." 당시 이 구인 광고 문구가 내 맘을 흔들었다. 내 능력을 맘껏 펼쳐 보일 기회라고 생각했지만, 이 일은 그저 길거리에서 화장품을 판매하는 단순 업무였을 뿐이었다. 가족과 친구들 모두 나를 말렸고, 나 역시도 이것저것 재보며 결정을 망설이다 결국 좌절과 절망을 느껴야만 했다. 당시의 내 심정은 맛있는 과자를 기대했다가 유통기한이 지난 상한 과자를 먹게 된 어린아이 같은 심정이었다. 온 세상이 내게 등을 돌렸다고 생각했다.

"스무 살의 젊음과 뛰어난 두뇌, 좋은 학벌이면 충분하지 않나? 대체 뭐가 더 필요 한 거지? 이런 조건을 갖췄는데 고작 길거리 판매 사원이라니! 세상에 이런 법이 어딨냔 말이야!"

지금 이 순간에도 내 안에선 편안함을 추구하는 나와 변화를 꿈꾸는 내가 서로 힘겨루기 중이다. 일전에 순간적으로 나 자신을 잃어버릴 뻔한 적이 있었다. 당시 나는 삶에 대한 의지를 상실한 채 우울하게 암흑 속을 헤매고 다녔다. 결코 바라지 않은 일자리 앞에서 마치 운명이 날 가지고 장난치는 것만 같았다. 아무것도 하지 않은 채 그저 가만히 앉아 있어도 부모님이 알아서 척척 일자리를 알아봐 주시는 사람들 틈바구니에서 나는 홀로 힘겹게 구직활동을 이어나갔다. "내 꿈은 대체 어디 있는 걸까?" 나 자신에게 수없이 되물었다.

일자리 자체에 대한 불만족 외에도 또 다른 걱정거리가 날 괴롭혔다. "이런 하찮은 일조차 제대로 해내지 못하면 그땐 어쩌지?" 난 말주변이 뛰어난 편이 아니라 제품을 판매하는 일을 할 생각을 하니 두려움부터 앞섰다. 새로운 일에 도전한다는 두려움보다 일을 제대로 해내지 못할지도 모른다는 걱정이 날 더욱 힘들게 했다. "제대로 해내지 못하면 어쩌지? 이런 일조차 해낼 수 없다면 정말 난 어떻게 해야 하는 걸까?" 하지만 이렇게 계속 부정적인 생각을 해봤자 더욱 움츠러들 뿐이다. 다행히 난 재빨리 내 마음을 다잡을 수 있었다. "눈앞에 보이는 이 문을 열고 나가 직접 몸으로 부딪쳐 보는 거야! 해보기 전엔 아무것도 알 수 없잖아?"

난 우선 구인 광고에 적힌 주소로 지원서를 보냈다. 전공, 특기, 성격, 꿈, 희망 연봉을 적고 최대한 자세하게 자기소개서도 작성했다. 하지만 지원서를 보낸 지 보름이 지나도록 아무런 연락이 오지 않았다. 나와 함께 지원서를 제출한 동기는 더 이상 못 기다리겠다며 백기를 들어 버렸다. "한번 지원해 본 거로 난 됐어. 모집 기간도 한참 전에 지났잖아. 아마 우리 스펙이 그들 눈에 차지 않았나 보지. 그렇지 않으면 지금까지 연락이 안 올 리가 없잖아?"

그는 내게도 이만 회신을 기다리는 걸 포기하라고 말했지만, 난 그 말이 그저 변명일 뿐이라고 생각했다. 왜냐하면 며칠 뒤 그는 구직을 포기하고 여행을 떠났기 때문이다.

내 생각은 그 친구와는 달랐다. 아마도 지원자가 많아 서류 검토가 아직 끝나지 않은 게 아닐까? 그래서 나는 직접 전화로 문의를 해보기로 결심했다. "안녕하세요. 귀사의 채용공고를 보고 연락드렸습니다. 보름 전 입사지원서를 제출했는데 아직까지 결과를 통보받지 못했네요." 수화기 저

편에서 채용담당자의 목소리가 들려왔다. "지원서만으로는 평가하기 어렵죠. 내일 면접 일정이 잡혀있습니다. 지원자분께선 내일 면접 전형에 참가해주세요."

다음날, 면접을 보러온 지원자는 약 스무 명 정도였고, 모두를 제치고 내가 최종합격의 영광을 거머쥐게 되었다. 내가 뽑힌 이유는 사실 분명하지 않다. 면접관은 그저 내 이력서를 한번 쓱 훑더니 단 한마디 질문만 던졌을 뿐이다. "난관에 봉착했을 때 스스로 극복해 낼 수 있나요?"

"결과가 어떻든 전 언제나 최선을 다할 겁니다. 제 삶에 어떠한 후회도 남기고 싶지 않아요. 후회 없는 선택을 위해 이 회사에 지원했고, 이곳에 지원한 것 자체가 이미 자신과의 싸움에서 이겼다는 증거라고 생각합니다."

"좋습니다. 다음 주 월요일부터 출근하세요."

대부분의 사람은 '안전 제일주의'를 추구한다. 성공을 추구하기보다는 실수를 하지 말자는 생각이 강하다. 위험이 닥치면 언제나 몸을 사리고 피한다. 눈앞에 닥친 일들이 현재 자신의 수준과 능력으로는 도저히 해낼 수 없는 것이며 심지어 꿈도 꾸지 못할 일들이라고 체념하고 도전할 생각조차 하지 않는다.

윌슨은 이런 현상에 대해 한마디로 일축했다. "안전한 삶을 추구하는 사람들은 살아가면서 거의 실수를 하지 않습니다. 물론 아무도 실패자라고 부르지도 않지요. 하지만 과연 그들의 삶이 성공적이라고 말할 수 있을까요? 다른 사람들의 멘토가 될 수 있는 자일까요? 자신의 뛰어난 잠재력을 조금도 활용하지 못하는 사람은 60세가 넘어 지나온 삶을 되돌아봤을 때 후회밖에 남지 않을 것입니다. 그들은 죽음의 문턱에 다가선 후에야 비로소 깨닫게 되죠. '못하는 일'이 아니라 충분히 '해낼 수 있었던 일'이었지만 자신이 놓쳐버렸었다는 걸 말입니다."

미국 월 스트리트 주식 전문가인 피터 린치(Peter Lynch)는 다음과 같이 말했다. "투자에 소극적인 사람은 주식시장에서 결코 손해 보는 일은 없죠. 하지만 평생 부자는 될 수 없습니다."

인생의 성공과 실패를 결정짓는 건 바로 삶을 대하는 적극적인 태도에 달려있다. 무섭다고 겁내고 움츠려 들수록 결과는 점점 나빠지기 마련이다. 순간의 실패를 두려워하지 않고 용감하게 앞으로 나아간다면 성공률은 더 높아진다.

성공을 향한 첫걸음은 이렇게 간단하지 않은가? 빌 게이츠(Bill Gates)가 자퇴하고 마이크로소프트(Microsoft)사를 세우겠다고 결심했을 때, 주위의 많은 사람이 굳이 스스로 위험을 자초하지 말고 현실을 똑바로 바라보라며 그를 말렸다. 그의 동기들도 한마음으로 그를 만류했다. "이런 멍청한 놈을 봤나! 네 앞길을 막아선 벽이 있다면 피하란 말이야! 굳이 달려가 부딪히지 말고!"

하지만 빌 게이츠는 보란 듯이 큰 성공을 거두었다. '똑똑한' 동기들의 말을 따랐다면 그는 그저 평범한 소프트웨어 엔지니어가 되었거나 별 볼일 없는 소프트웨어 판매사원이 되어 있었을지 모른다. 델(Dell)이나 인텔(Intel) 등 회사의 말단 사원으로서 하루 종일 컴퓨터 모니터만 쳐다보는 신세가 되었을지도 모르고 말이다. 현실과 타협하는 유형으로 자신에게 온 기회를 차버렸다면 오늘날 거둔 그의 영광은 다른 이의 손에 쥐어졌을 게 분명하다. 이런 사람이야말로 진정한 바보가 아니고 무엇이겠는가?

살아가면서 마주치는 수많은 사건과 수없이 행하는 시도는 모두 실패의 가능성을 안고 있다. 당신은 과연 순간의 실패를 딛고 일어설 용기가 있는가? 만신창이가 된 몸을 어루만지며 계속해서 도전하는 사람은 언젠가 자신의 앞을 가로막고 서 있는 벽쯤은 거뜬히 깨부술 수 있을 것이다. 진지한 태도로 삶을 마주할 수 있다면 충분히 자신의 운명과도 맞서 싸울 수 있다. 하지만 세상으로부터 입는 상처가 두려워 현실에 안주하거나 문제를 피해가려고만 한다면 오히려 더 쉽게 상처받고 평생 헤어 나올 수 없는 '무저갱(無低坑)'의 암흑에 빠지게 된다.

생각의 한 끗 차이로 접점이 전혀 없는 운명의 평행선처럼 우리 인생의 향방이 나뉜다. 당신은 새로운 분야에 과감히 도전장을 던져 전혀 생각지도 못했던 기적을 맛보길 원하는가, 아니면 지금까지와 같은 길을 걸으며 재미없는 삶을 살고 싶은가? 이는 모두 당신 스스로의 선택에 의해 결정된다.

사람들은 자신의 어려움을 극복하고 난 뒤에야 비로소 깨닫는다. 자신이 힘들다고 느낀 어려움은 명확한 실체가 존재하는 것이 아닌, 스스로가 만들어낸 허상이었음을 말이다. 설사 그 실체가 존재한다고 해도 전혀 두려워할 필요 없다. 단 한 번의 발길질로 충분히 쓰러뜨릴 수 있다. 그저 사람들의 나태함이 그 실체의 몸집을 수백, 수천 배로 키우고 있을 뿐이다.

어떤 일이든 제대로 끝을 내지 못하고 도중에 포기하게 되는 이유는 과연 무엇일까? 일이 어렵기 때문이 아니라 해내지 못할 것 같다고 스스로 암시를 걸기 때문이다. 다시 말해 우리는 실패로 말미암아 일을 포기하는 것이 아니다. 바로 두렵다고 주저하다가 실패를 겪는 것이다.

실패가 무섭다고 도전을 피하다 보면 결코 눈앞의 난관을 극복할 수 없다. 무의식중에 계속해서 스스로 '못해!'라고 외친다면 어려움이 닥칠 때마다 항상 소극적인 태도를 취할 수밖에 없다. 모든 어려움 앞에서 '과연 내가 이겨낼 수 있을까?'라며 의심만 하다 보면 정작 중요한 포인트를 놓치게 된다. 자신감을 상실할수록 좁은 시야에 갇혀 출구 하나 제대로 찾지 못 하고 해맬 뿐이다.

언제나 모든 일에 100퍼센트 성공률을 보이는 사람은 없다. '투자의 귀재'라고 불리는 워런 버핏(Warren Buffett)도 항상 투자에 성공한 것은 아니다. 그는 자신 역시 소극적이고 본인의 능력을 의심하던 때가 있었다고 말한다. 하지만 그는 그런 자신의 나약한 모습을 털어내고 용감히 앞으로 나아갔다. 투자 손해나 실패가 두려워서 자신을 옭아매는 어리석은 짓은 하지 않았다. 보다 냉정하게 자신의 현재를 바라보았다. 버핏은 해냈지만, 누구나 쉽게 해낼 수 있는 일은 아니다. 버핏은 미래에 대한 불확실성 때문에 몸을 사리며 적극적으로 행동을 취하지 않는 사람과는 달라도 확실히 달랐다.

마음 속 공포를
드러내라

인생에서 정말로 중요한 일을 하기 싫어하며 미루는 사람들이 있다. 사람들의 잠재의식 속에 아직 겪어보지 못한 일에 대한 걱정이 숨어있기 때문이다. 그들은 현재의 안정적인 상황이 지속하길 바라며 위험을 무릅쓸 용기가 전혀 없다. 좌절과 실패에 대한 두려움도 매우 강하다. 내면에 공포심을 키우고 있는 그들은 자신의 두 눈을 질끈 감고 눈앞에 놓인 중요한 일을 애써 무시하고 모른 척한다. 그리고선 앞으로도 결코 미지의 세계에 도전하는 '어리석은' 행동은 하지 않을 거라고 마음속으로 수백 번 되새김질 한다.

금융 강좌 시간에 윌슨은 과거 자신이 겪었던 심리적 체험 사례를 소개했다. 주식 시장이 전반적으로 주가가 폭락하던 시기, 윌슨은 보다 더 큰 손실을 입게 될까 두려운 나머지 둘도 없는 투자 기회가 찾아왔을 때 쉽게 행동에 나서지 못했다. 그의 머릿속은 온갖 부정적인 생각으로만 가득 찼고, 희망이란 단어는 찾으려야 찾을 수가 없었다.

2001년 뉴욕 주식시장이 크게 휘청거렸을 때, 윌슨은 당시 WWD 자산관리회사에 근무하던 '미국에서 가장 급진적인 투자 전략가'로 유명한 트레이더였다. "당시 하룻밤 사이에 주식이 휴지조각이 되었으며, 지난 2년간 쌓아 올린 신뢰가 한순간에 무너졌습니다. 이게 바로 '세계 종말'이 아니고 뭐겠습니까? 대체 어떻게 고객들에게 현재 상황을 이해시켜야 할까요? 과연 제가 그들의 분노를 잠재울 수 있을까요? 하지만 이런 고민은 오히려 부차적인 문제였죠. 당시 가장 큰 문제는 제가 불확실한 미래를 당당히 마주할 용기를 잃어버렸단 것입니다."

월슨은 생전 처음으로 주가 폭락의 공포를 맛보았고, '투자' 실패의 단면을 생생히 목도했다. 누구나 주식 투자 등의 방식으로 많은 부를 축적하길 원하지만, 바람과 전혀 다른 결과가 나타났을 때 과연 담담하게 이를 받아들이고 이를 극복해낼 수 있는 사람은 과연 몇이나 될까? 아마 이를 극복해내는 사람은 극히 드물지 않을까?

주가 폭락이 일어났던 바로 그해, 주식 투자자였던 아이보(艾伯) 역시 월가에 불어 닥친 피바람을 피하지 못하고 전 재산의 반을 잃고 마음의 상처를 입었다. 물론 주가가 폭락했을 때야말로 저가로 주식을 매수하기 가장 적절한 타이밍이라는 것을 알았지만, 이미 막심한 손해를 입은 뒤라 그는 섣불리 행동에 나서지 못했다. 반면 당시 버핏은 이 타이밍을 놓치지 않았다.

반년 후, 그가 다니던 회사에서 또 한 번 대대적 인원 감축이 벌어졌다. 그와 십 년이 넘도록 동고동락했던 파트너들이 속속 회사를 떠났다. 연이은 불행 속에 아이보는 결국 견디지 못하고 자살을 선택했다. 사실 별거 아닌 일이라 치부할 수도 있었지만, 계속된 실패로 인한 '공포' 속에 함몰되었던 그는 심리적 압박을 견뎌내지 못했던 것이다.

병사들이 전쟁이 무섭다며 아무런 대비조차 하지 않는다면 과연 전쟁에서 적국과 싸워 이길 수 있을까? 결국 전장에서 죽는 것은 자신일 뿐이다. 황량한 벌판에 아무렇게나 널브러진 시체를 떠올려 보라. 오히려 전장에서의 죽음을 두려워하지 않는 병사가 최후의 승자로 남게 된다. 전쟁을 대하는 마음가짐 자체가 다르기 때문이다. 그들은 살아남기 위하여 전심전력을 다해 빗발치는 총알을 피해 적군을 베어낼 테니 말이다.

당신은 살아가면서 실수가 두려워 주저하며 망설였던 경험이 몇 번이나 되는가?

▲ 호감 가는 이성에게 대시할 때, 냉담한 상대의 반응에 기죽어 '나는 역시 못난 놈이야!' 라며 자괴감에 빠진 적이 있다.

실패에 대한 두려움이 가슴 속에 자리 잡게 되면 '나는 무엇을 해도 안돼!' 라는 심리적 암시에 걸리게 된다. 의지가 약해질 때마다 마음속에서 자라고 있던 공포심이 마치 땅에서 솟구치는 샘물처럼 뿜어져 나와 결국 모든 일을 망치게 된다.

▲ "이번에도 안 돼. 역시 난 무엇을 해도 안 되는 걸까? 내가 할 수 있는 일이 있기는 한 거야?"

사실 그저 경험 부족에서 오는 실수일 뿐이다. 부주의로 한번 실패했다고 해도 그 실패를 교훈 삼아 다음번에는 성공하면 그만이다. 하지만 실패로 인한 충격으로 당신은 다시 도전하고자 하는 의지를 잃어버렸다. 당신은 그저 '불행'한 자신의 처지만 떠올리며 이불 속에서 베개를 끌어안고 엉엉 울고만 싶은 건 아닌지?

▲ "이겨내지 못할 바엔 그냥 여기서 멈추자. 아무것도 하지 않고 가만히 있는 게 차라리 나아."

당신은 이미 그 어떤 도전도 할 생각이 없는 상태다. 타조가 모래 속에 머리를 처박는 것처럼 어려움을 겪을 때마다 습관적으로 몸을 움츠리고 현실에서 도피한다. "사실 아무것도 안 하고 가만히 있어도 상관없잖아? 나한테 강요하는 사람도 없는데 뭘."

▲ "이 모든 정황이 말해주듯 난 무엇을 해도 안 되나 봐. 난 정말 이 세상에서 최고로 못난이가 확실해!"

당신은 일격에 찢어지는 얇은 종이처럼 그 어떤 외부 충격도 감내하지 못하는 약한 정신력을 가졌다. 모든 일이 자기 뜻대로 순조롭게만 이뤄져야만 버텨 낼 수 있는 유리 멘탈의 소유자가 아닌가? 당신은 한 번의 조그마한 실패에도 자괴감을 느끼고 자신은 아무것도 할 줄 모르는 쓰레기라고 자책하고 비하한다.

누구나 이런 심리적 압박감을 겪으며 살아간다. 당신은 성공을 꿈꾸며 삶에 대한 자신감으로 똘똘 뭉쳐 있다가 어느 순간 자신이 처한 현실이 과거 학창 시절 상상하던 것처럼 아름답지만은 않다는 것을 깨닫게 될 것이다. 그건 직장 동료와의 불화 때문일 수도 있고, 일상생활의 어려움 때문일 수도 있다. 살다보면 언젠간 큰 벽에 부딪히게 된다. 그리고 그때부터 자신만만했던 자신의 모습은 잃어버리고 스스로 만든 동굴 속에 기어 들어 간다.

사람들은 상처받지 않기 위해 문제가 생기면 일단 문제를 회피하고 숨어버리기 급급하다. 마치 머리부터 땅에 박고 숨어버리는 타조처럼 말이다. 물론 자신을 다시 되돌아보고 언제든 다시 세상을 향해 당당히 맞설 준비를 하는 사람도 있다.

언젠가 다가올지 모르는 좌절과 고통에 적극적으로 대항하기 위해서 자신을 향해 끊임없이 암시를 걸어보자.

▲ "이번에 내가 부주의했어! 다음번엔 꼭 주의해서 이런 실수는 반복하지 말아야지!"

문제의 핵심을 파악하고 그 원인을 찾아 즉시 고쳐나갈 때, 당신의 업무 능력은 한층 제고된다. 혹여 실패하더라도 그것은 천금을 주고도 못 바꿀 귀중한 당신의 자산이 된다.

▲ "난 아직 경험이 부족해. 앞으로 더 적극적으로 동료에게 묻고 선배에게 배워나가야지!"

겸허한 자세로 실패를 마주하고, 객관적으로 자신을 바라본다면 문제점을 쉽게 파악할 수 있을뿐더러 앞으로 해야 할 일도 명확히 찾게 된다.

▲ "이번에 비록 실패했지만 내가 뭘 잘 하는지 알았잖아? 앞으로 내 장점을 살려서 이 분야에서 최고가 되겠어!"

일에 대한 강한 의지와 적극적인 태도, 자신감이 있다면 실패를 겪더라도 그 안에서 자신만의 장점을 발견할 수 있다. 이것이 바로 인생에서 가장 중요한 수확이 아니고 무엇이겠는가? 그러므로 실패했다고 좌절하거나 절망하지 말고 미래에 대해 자신감을 가져라!

'자동차의 제왕'이라고 불리는 포드(Ford)는 "'할 수 있어 혹은 할 수 없어'라는 생각은 오로지 자신이 책임져야 할 문제이다."라고 말했다. 자신의 미래는 현재 자신이 생각하는 방향으로 흘러가기 때문이다. 당신은 마음속으로 상상한 모습대로 변해 있는 자신을 마주하게 될 것이다.

문제에 직면했을 때 그 난관을 이겨내는 것도 중요하지만, 난관 속에서 자신을 보다 긍정적인 방향으로 변화시키는 과정이 더 중요하다. 어리바리했던 자신을 되돌아보고 미래에 대한 확실한 계획을 세워 더 이상 같은 문제로 고민해선 안 된다.

자신감이 부족해 자신을 변화시키지 못하는 사람은 자신의 목표를 실현하기 어려울 뿐더러 오히려 삶의 불행을 자초하게 된다. 하지만 반대로 자신의 능력을 믿고 목표를 이루기 위해 고군분투하는 사람은 좌절을 맛보더라도 살포시 미소 지을 수 있는 여유가 생기고, 성공에 한 발짝 가까워질 수 있다. 자신에 대한 확신을 가지고 보다 효과적으로 미래에 대응한다면 결국 당신은 성공이란 열매를 손에 쥘 수 있을 것이다.

손 놓고 아무것도 하지 않는 사람이 큰 실수를 저질렀다는 소리는 들어본 적 없지만, 성공을 거두었다는 소리 역시 들어본 적 없다. 그저 집 안 소파에 편히 앉아 안락함만을 누리며 자신에게 해가 될 그 어떤 것도 감내하기 싫어하는 자는 평생 집 밖의 아름다운 풍경을 결코 보지 못할 것이다.

　세상에 이름을 남긴 위인들은 과연 어떻게 성공을 거둔 것일까? 그들 역시 살아가면서 수많은 좌절과 고통 속에서 몸부림쳤을 테지만, 주저하지 않고 벌떡 일어나 앞을 향해 끊임없이 달려 나갔다. 그들이 마주친 좌절은 그저 영광의 그날을 위해 잠시 머문 간이역이었을 뿐이다.

회의실에서 죽겠는가
아니면 길에서 죽겠는가?

화장품 회사에 입사하게 된 나는 초반 십여 일 동안 길거리 판매원으로 근무했다. 당시 뛰어난 판매 실적을 올린 난 매니저의 추천으로 마케팅 디자인 부서로 이동됐다. 상점가 안에서 화장품 홍보 행사를 개최하기로 결정되자, 의견 수렴을 위해 마케팅 전략 회의를 열었다. 팀원들은 모두 적극적으로 자신의 의견을 피력하고 나섰다. "현재 그 상점가는 격렬한 홍보 격전지로 이미 과부하 상태입니다. 이제 와서 우리가 그곳에서 홍보 행사를 벌이는 것은 아무런 의미가 없습니다. 기존의 기타 홍보 전략과 차별성을 두지 않는 한 승산이 없어요. 현재 가장 큰 문제는 자금입니다. 홍보에 앞서 투자 대비 회수금 문제를 가장 먼저 생각하지 않을 수 없죠. 적은 투자금으로 최대의 효과를 내는 방법이 먼저 강구되어야 합니다. 회사 자금 사정이야 뻔한데 과연 홍보 행사가 제대로 진행될까요? 이 방안은 재고해봐야 한다고 생각합니다."

선배의 의견에 동의할 수 없었던 난 바로 반대 의견을 내놓았다. "제 생각은 다릅니다. 그건 과한 우려가 아닐까요? 물론 현재 상점가 마케팅 방식에 문제점이 많은 건 사실이지만, 여전히 기존 방식을 고수하며 서로 앞 다투어 홍보 행사를 벌이는 데엔 분명 그만한 이유가 있다고 생각합니다."

팀원들 모두 내 발언에 허를 찔린 듯 아무 말도 하지 못했다. 계획의 실행에 앞서 그 실행 가능성을 논할 때, 이미 그 일을 시작하여 고지를 선점

한 누군가가 있다. 당신은 후발주자로서 그 상황을 그저 바라볼 수밖에 없는 입장이다. 그런 상황에서 대체 왜 쓸데없이 회의실 안에서 시간을 낭비하고 있는가? 왜 테이블에 둘러앉아 공상만 논하고 있는 것인가? 직접 움직여야 할 시점이 아니던가?

마윈(馬雲)은 다음과 같이 말한 적이 있다. "사람들은 밤에 수천 가지 생각을 하며 잠들지요. 하지만 다음 날 아침이 되면 맨 처음 결심했던 일을 하게 된답니다." 이것이 바로 우리의 현재 모습이 아닐까? 우리는 일을 할 때, 사무실을 꽉 채울 만큼 수도 없이 많은 방안을 내어놓지만 그건 그저 탁상공론에 지나지 않는다. 그저 머릿속에 실현 불가능한 의견만 떠올리며 주야장천 걱정만 한다. 결국 그들의 선택은 하나다. "아, 이 일은 쉽지 않겠는걸요. 문제점이 너무 많아요. 어떤 식으로 진행해도 삐걱댈 게 분명해 보입니다. 자칫하면 실패하겠어요. 이 일은 그냥 엎어버립시다!"

계속 영양가 없는 토론만 지속하다가 결국 아무런 소득도 없이 회의는 끝난다. 대체 왜 결론을 얻지 못하고 이렇게 흐지부지 끝나고 마는 걸까?
우리 주변에서 흔히 볼 수 있는 모습들이 아닌가? 그들은 단숨에 성공을 거둔 자신의 모습을 꿈꾼다. 무슨 일이든 하루아침에 이뤄지는 상상을 한다. 그리고 실패를 하면 타이밍이 좋지 않았다거나 주변 여건이 따라주지 않았다는 등 핑계를 대며 자신을 위로한다. 언제나 계획만 무성하게 세울 뿐 전심전력을 다해 실행에 옮기지 않기 때문에 실패할 수밖에 없다. 사람들은 매일 수많은 계획을 떠올린다. 회의 시간이 되면 사장님에게 자신이 세운 계획을 보고하느라 바쁜 그들이지만 정작 그 계획을 실행에 옮기지는 못한다. 그들은 머릿속으로 상상하고 예측하는 데만 정성을 쏟을 뿐, 몇 달이 지나고 몇 년이 지나도 여전히 단 한 가지의 일도 행동에 옮기지 않는다.

당신 지인 중 한 명을 붙잡고 한번 물어보아라. "지금 하시는 일에 만족하세요?"

그는 바로 당신에게 불평불만을 늘어놓을 것이다. "말도 마세요. 사장님이 절 얼마나 무시하시는데요. 팀원들도 은근 절 따돌려요. 회사에서 버티기가 힘듭니다. 제 이상과 포부를 실현하기에 이 회사는 맞지 않아요. 이직하려고요. 내일 사직서를 낼 겁니다. 인재를 알아보는 회사로 옮길 거예요. 이 회사는 정말 아니에요." 하지만 몇 개월 후 다시 그에게 연락했을 때 그는 여전히 그 회사에 다니고 있을 게 분명하다. 당신에게 똑같은 불평불만을 늘어놓으면서 말이다.

생각만 하고 그 생각을 행동에 옮기지 않는 당신! 하지만 그런 자신을 인지하지 못하는 당신! 성공을 방해하는 가장 큰 걸림돌이 바로 그런 당신 자신에게 있다는 걸 깨달아야 한다.

수많은 난관을 뚫고 과감하게 성공을 향해 한 발 내딛는 자는 실행하지 않는 계획은 아무 쓸모가 없다는 걸 안다. 하지만 시작도 해보기 전에 주저앉아버리는 자는 언제나 계획만 세울 뿐 실제로 행동에 나선 적은 단 한 번도 없다.

이 세상 어떤 일도 계획만 가지고 실현되는 건 없다. 성공하는 자들은 과감한 행동을 통해 자신이 세운 치밀한 계획을 구체화한다. 반대로 실패하는 자들은 기획력만큼은 누구 못지않지만 정작 행동에 나서야 할 때 언제나 머뭇거린다. 전전긍긍하며 도전을 두려워한다. 내면의 나약함과 실패를 받아들일 정도의 성숙한 책임 의식이 결여되어 있다. 미래가 불확실하고 안전한 생활이 보장되지 않는다면 그저 세상의 시선을 피해 방 안에 웅크리고 있길 원할 뿐이다.

천(陳) CEO는 "요새 젊은이들은 기회가 주어져도 도전할 생각을 안 합니다."라고 말한다.

중국 기업가 포럼에서 그는 '현실에 안주하려는' 젊은이들의 인생관에 안타까움을 금치 못했다. "도전 정신이 없는 이들을 채용해봤자 무슨 소용일까요?"

2001년, 나는 장강실업공사(長江實業公司)에서 근무하면서 일본 회사로 실습을 나간 적이 있다. 실습 기간 같은 팀원이었던 이와이(岩井) 씨가 가장 기억에 남는다. 마케팅부에서 '짧은 다리의 표범'이라고 불리던 이와이 씨는 외모는 그다지 튀지 않았지만, 그의 행동력만큼은 팀원들 모두 혀를 내두를 정도로 부서에서 최고였다. 팀장이 업무 지시를 내리고 다들 향후 계획을 세울 때, 그는 이미 고객과 미팅 중이었다.

▲ 그는 언제나 누구보다 먼저 일을 행동에 옮기며, 매사 최선을 다해 일을 마무리 짓는다.

▲ 간단명료하게 핵심을 찌를 줄 알며, 시간을 아끼기 위해 언제나 이동 시간에 생각을 정리한다.

▲ 타인과의 의견 교환에서 빠른 피드백을 건네며, 자신만의 주관이 확고하다. 상대가 사장일지라도 용감하게 자신의 의견을 피력할 줄 알고, 회의 시간에 상사와 적극적으로 의견을 주고받는다.

내가 이와이 씨와 함께 일한 건 고작 반년 정도밖에 되지 않는다. 그가 고액 연봉을 받고 일본 최고의 전자회사 파나소닉(Panasonic)의 마케팅 부서 팀장으로 스카우트되었기 때문이다. 1년 후, 홍콩에서 열린 전자기기 설명회에서 그를 다시 만날 수 있었다. 그는 여전히 번개 같은 신속한 추진력을 자랑하고 있었다. 그는 큰 포부를 가지고 사회에 발을 내디딘 지 얼마 되지 않는 후배를 향해 미소를 지어 보였다. 특히 내가 장강실업공사에서 신속한 행동력을 보인다는 사실을 듣고는 내게 더욱 친근하게 다가왔다. "상사가 당신의 업무 스타일에 대해 딴죽을 걸고 나서며 절차를 밟으라고 잔소리를 늘어놓는다면, 당신의 머릿속은 어떻게 될까요? 이미 과부하에 걸렸겠지요? 그때 어찌하겠습니까? 생각보다 행동이 앞서야 합니다. 설사 실수를 하더라도 이를 고쳐나갈 충분한 시간이 있죠. 그러니 실수를 두려워하지 마세요. 행동을 취했을 때 결과도 있는 겁니다. 오랜 시간 고민하고 주저하기만 하면 업무 효율성은 떨어질 수밖에 없죠."

생각의 속도는 언제나 행동을 따라올 수 없다. 가만히 앉아 생각할 시간에 행동한다면 실패하더라도 그 행동에 문제가 있음을 일찍 알아차릴 수 있다. 직접 행동함으로써 그 계획의 문제점을 몸소 증명해 낼 수 있는 것이다. 이는 그저 회의실 안에서 말로만 떠드는 탁상공론과는 다르다. 난 일본에서 만났던 생기 넘치던 직원들을 잊을 수 없다. 지금까지도 미국에서 창업한 중국인에게 항상 당시 일본인의 신속한 추진력과 과감한 결단력에 대해 얘기하곤 한다. 우리는 일찍이 빠른 행동력으로 세계 시장을 제패한 일본의 모습을 보았고, 그것이 바로 최선의 결과를 낳는다는 걸 느끼지 않았던가! 다른 사람보다 먼저 행동에 나설 때, 당신은 더 많은 기회를 손에 쥐게 된다.

효율성이 강조되는 오늘날, 성공을 거두고 싶다면 다음과 같은 법칙을 따라라.

▲ 먼저 고지를 선점하라. 남들보다 먼저 사고하고, 먼저 행동하라.

치열한 경쟁이 벌어지는 시장 체제 속에 누구보다 먼저 고지를 선점하는 것이 승패를 가르는 중요한 요인이다. 중국 속담에 '가장 먼저 게를 먹는 자가 가장 많은 살을 먹는다.'라는 말이 있다. 이미 앞사람이 다 먹고 난 게딱지에 살이 붙어 있을 리 만무하다. 이것이 바로 시장의 성공법칙이자 직장의 처세술이다. 아직 아무것도 모르는 신입사원이든 경험이 풍부한 베테랑이든 먼저 고지를 선점하는 것이 살길임을 명심해라. 성공하고 싶다면 절대 남들 뒤를 그대로 따라가는 짓만은 피해야 한다.

일본 마케팅부 부서의 팀원들이 고객에게 제품을 어떻게 소개할까 고민할 때, 이와이 씨는 이미 이동하는 와중에 전반적인 계획을 머릿속에 그려놓은 상태였다. 그는 언제나 누구보다 먼저 생각하고 먼저 행동에 나섰다. 그런 그이기에 수많은 경쟁자를 누르고 상사의 신뢰를 얻을 수 있었으며 더 나아가 일본 최고 회사의 마케팅부에 스카우트된 것이 아닐까?

그렇다면 현재 당신은 어떠한가? 까다로운 업무와 도전해볼 만한 기회 앞에서 '어떻게 해야 하는 거지? 그냥 남들 하는 대로 따라 하지 뭐.' 라며 관망하는 태도로 결단을 못 내리고 있지는 않은가? 당신이 주저하는 사이, 누군가는 당신보다 앞서나갈 테고 당신은 영원히 그의 발뒤꿈치만 쳐다봐야 할지도 모른다.

▲ 효율성을 따져라. 시간을 아끼고 효과를 극대화하기위해 행동하면서 생각하라.

완벽한 계획을 세운 뒤 행동하려고 시간을 끌지 마라. 다잡은 기회만 놓칠 뿐이다. 눈앞에 호박이 넝쿨째로 굴러온 상황이라면 일말의 망설임도 가져선 안 된다. 당신이 주저하는 사이 당신처럼 호박을 노리는 누군가가 달려들 수 있다는 사실을 명심하라. 비즈니스 세계에서도 마찬가지다. 당신이 놓쳐버린 기회는 자연스레 다른 이의 품으로 날아가 버린다. 멈칫하는 순간 기회는 다른 사람의 몫이 된다. 재차 삼차 리스크를 따지고 있다가는 소중한 기회를 날려버리는 결과만 초래할 뿐이다. 절대 완벽한 계획을 세우려고 노력하지 마라. 계획을 세우고 행동에 옮기려 하면 이미 타이밍을 놓친 후다. 설사 일을 처리하는 데 무언가 부족할지라도 완벽해질 때까지 기다리는 건 자살행위다. 언제 어디서나 무슨 일을 하든 리스크는 존재하기 마련이다. 리스크가 두렵다고 두 손 놓고 있을 수는 없지 않는가?

물론 앞뒤 고려하지 않고 맹목적으로 모든 일에 뛰어들라는 소리는 아니다. 머릿속에 아무 계획 없이 경솔하게 일을 처리하는 자는 그저 다른 사람의 장기짝이나 디딤돌이 되어 줄 뿐이다. 쓸데없이 좋은 기회를 버려선 안 된다. 그렇다면 어떻게 해야 최선의 효과를 보며 성공을 거둘 수 있을까? 바로 행동하면서 생각하고, 그 즉시 잘못된 점을 고쳐나가야 한다. 사고의 틀이 점차 자리 잡아갈 때 당신이 성공하는 그날도 점차 가까워진다.

최고의 의상 디자이너 중 한 명으로 꼽히는 폴리나(Folynna)는 패션 업계의 선구자로 통한다. 그녀가 처음 파리의 한 의상실에서 견습생으로 일할 때부터 그녀는 자신만의 디자인 세계를 구축해 놓은 상태였다. 그녀의 디자인은 과감하고 혁신적이었으며, 수많은 고객의 찬사를 받았다. 훗날 폴리나는 자신만의 의상 회사를 세우며, 고작 28살밖에 되지 않은 젊은 나이에 용감하게 파리 패션계에 뛰어들었다. 당시 파리 곳곳에 수많은 의상 회사가 있었지만, 진정으로 고급 의류 회사라고 불릴 만한 곳은 단 서른 개도 되지 않았다. 폴리나는 과감히 도전하기로 결심했다. "내가 고급 의류 업계에 진출하지 못할 이유가 어디 있어?"

하지만 자금과 실력이 부족한 상황에서 폴리나는 빠르게 목표를 수정했다. 바로 여성 고객을 타깃으로 잡고 고급 기성복을 만들기로 한 것이다. 그는 기존의 사업을 계속 유지함과 동시에 찬찬히 자금을 모으기 시작했다. 우아한 스타일에 높은 퀄리티를 자랑하면서 가격은 상대적으로 합리적인 그녀의 옷은 많은 중산층 여성들의 사랑을 받기에 충분했다. 여성 기성복이 성공을 거두자 폴리나는 바로 남성 고급 의류로 눈을 돌렸다. 다른 의류 회사나 디자이너들이 아직 사업 기획을 짜고 있을 때, 그녀는 시장에 남성복을 출시했고, 순식간에 시장 점유율을 높여갔다. 그녀의 옷은 프랑스뿐만 아니라 유럽 전역에서 불티나게 팔려나갔다.

폴리나의 성장기는 바로 의류 사업을 진행하는 과정에서 끊임없이 생각하고 새로운 분야에 도전했던 그녀의 분투기라도도 할 수 있다. '목표'가 달리기 시합의 결승전이라면 '결심'은 출발선 상에서 울리는 총소리이다. 그렇다면 달리기 선수가 있는 힘껏 달려 나가는 그 시합 자체를 '행동'이라고 할 수 있지 않을까? 가장 빠른 속도로 달리는 선수가 가장 먼저 결승전을 통과한다. 시합 도중 계속 딴생각을 한다면 분명 다른 선수에게 뒤쳐질 테고 결승전 통과조차 요원해질 뿐이다.

▲ 고지 선점 전략: 멀리 내다보고 적극적으로 쟁취하라. 머뭇거림은 사치다.

용기보다 더 중요한 건 안목이다. 성공하기 위해선 기회를 잡는 것도 중요하지만 기회를 알아보는 안목 역시 필요하다. 분명 성공할만한 아이템이지만 제대로 다듬어지지 않은 채 타인의 머릿속에만 머물러 있을 때, 누군가는 벌써부터 실행 가능성 유무를 분석하고 구체적인 방안을 내놓을지 모른다. 즉 성공 여부를 미리 파악하고 알아채는 안목이야말로 '남들보다 먼저 사고하고 행동할 수 있게끔' 도와주는 무기가 되는 셈이다.

결정적인 순간에 발휘되는 날카롭고 예리한 관찰력과 심도 깊은 사고력은 성공을 위해 반드시 갖춰야 할 덕목이다. 관찰력과 사고력을 배양하기 위해선 언제나 정신을 바짝 조이고 모든 사물을 주의 깊게 바라봐야 한다. 동시에 일상 업무와 관련한 정보와 지식 습득에 노력을 기울이고,

일을 행한 뒤 즉시 장단점을 분석해야 한다.

　다음은 내가 장강실업공사에서 함께 일했던 차이(柴)모 씨가 직접 겪은 일화다.

　차이 씨가 입사한 지 두 달이 채 되지 않았을 때였다. 입사 후 줄곧 자신의 능력을 보일 기회가 없었기에 그는 다른 사람 눈에 그저 평범하게만 보였다. 그러던 어느 날 그는 굉장히 놀랄만한 일을 해냈다. 점심 식사를 일찍 끝내고 사무실에 들어온 그는 사장실 앞을 지나다가 사장실 안에서 누군가 다투는 소리를 들었다. 다투는 이유가 궁금했던 그는 무의식중에 사장실 문에 귀를 가져다 대었다. 회사에서 막중한 임무를 맡고 있던 한 직원이 돌연 사직서를 제출했다는 소리가 들려왔다. 곧 열릴 제품 발표회의 홍보를 맡아오던 그 직원이 아직 일의 절반도 마무리하지 않은 상황에서 후임을 뽑기도 전에 회사를 떠나겠다는 것이었다. 사장은 화가 머리끝까지 났고 곧바로 팀장을 불러 일의 경위를 따지기 시작했다.
　순간 이를 기회로 여긴 차이 씨는 바로 자기 자리로 돌아와 자신이 틈틈이 준비해둔 설명회에 출품할 제품의 자료와 설명회 준비 상황에 대한 보고서를 찾기 시작했다. 또한 제품에 관한 전반적인 사용 방안에 대한 보고서도 재빨리 작성했다. 30분 뒤 긴급회의가 소집되었고, 모두 자기변명과 책임 회피에 급급할 때, 차이 씨는 차분하게 자신의 의견을 말하며 자신이 이번 일을 맡아 해결해 보이겠다고 적극적으로 나섰다.
　"이번 일 제게 맡겨주십시오. 아직 늦지 않았다고 생각합니다."
　사장은 매우 놀랐다. 미리 철저하게 준비해 놓은 차이 씨를 보고 감동한 사장은 그 즉시 그에게 제품 발표회의 후속 조치를 맡겼다. 차이 씨는 이번 설명회 준비를 거치면서 자신의 뛰어난 능력을 인정받았고, 장강실업공사에서 확고한 기반을 다질 수 있었다. 2년 뒤, 난 내 사수에게 마케팅부 팀장으로 차이 씨를 추천하며 장강실업공사를 떠났다.

업무 중에 기회를 잘 잡는 것도 성공하는 자들의 공통적 특징이다. 1분 1초도 허투루 사용하지 않으며, 전심전력을 다해 가장 빠른 속도로 모든 일을 처리할 때, 진정으로 승자가 될 수 있다. '용감한 사람에겐 언제나 행운이 뒤따르기' 때문이다. 리스크가 존재하는 일일수록 더 큰 성과를 올릴 수 있다. 완벽한 틀에 맞춰 진행된 일일수록 오히려 큰 문제가 발생하기 쉽다. 다른 사람이 아직 생각만 하고 있을 때, 당신은 과감하게 행동하고 있는 힘껏 도전을 받아들여라. 그래야만 마지막에 웃는 자가 당신이 될 것이다.

행동하면서
생각하라

"모든 일은 신중히 사고하고 결정해야 합니다. 생존은 일종의 두뇌 싸움이죠. 충분히 생각할 시간을 가진 뒤 행동에 나서는 게 맞아요." 이는 플로리다(Florida)에서 온 한 유럽인 유학생이 워싱턴에서 내 강의를 듣고 난 뒤한 말이다. 스스로를 다그치며 성장해야 한다는 내 삶의 철학이 그에게는 잔혹한 '억압'으로 비춰진 모양이다. 그는 내가 마치 아무것도 준비하지 못한 젊은이를 독사와 독충이 득실대는 구덩이 속으로 억지로 떠밀어 버리고는 냉정하게 "살고 싶다면 어서 위로 올라와. 머뭇거리며 생각만 하고 있다간 죽게 될 거야."라고 말하는 잔인한 인물 같다고 비난했다.

"구덩이에서 충분히 빠져나올 수 있는 이들이라면 과연 오랜 시간 머뭇거리며 생각이나 하고 있을까요? 분명 그들은 구덩이에 빠지기 전부터 빠져나올 방법을 생각해 두고, 구덩이에 빠지자마자 행동을 취할 것 같지 않나요?"

그는 주저하며 대답했다. "극히 소수의 사람에게 해당하는 이야기 같습니다. 아마 90퍼센트의 사람은 아무런 대응도 하지 못하고 독사에게 물려 죽겠죠."

"맞아요. 그 나머지 10퍼센트의 사람들이 구덩이를 빠져나와 살아남는 겁니다. 저 역시 무사히 그 안에서 빠져나올 준비가 되어있습니다. 살아가면서 뜻하지 않게 마주칠 수 있는 어려움에 대해 미리 대비하는 게 삶의 의미가 아닐까요? 모든 시간과 노력을 즐거움을 누리고 안락함을 추구하는 데 써버릴 겁니까? 예기치 못하게 맞닥뜨리는 어려움에 미리 준비했을 때 모든 일을 신속하게 처리하고 과감하게 행동에 나설 수 있습니다. 이건 삶의 '억압'이 아닙니다. 자신의 잠재력을 이끌어내고 유지하는 일종의 과정이죠."

사람이라면 무릇 자신에게 독해야 한다. 평상시에 의식적으로 자신의 행동과 사고 능력을 강화하는 연습을 해야만 회사에서 사장이나 고객을 만날 때 혹은 가족 앞에서 당당하게 외칠 수 있다. "난 이미 준비가 되어 있어. 뭐든 할 수 있다고! 모두 덤벼봐!" 자신감이 넘쳐날 때 어떤 어려움도 기꺼이 이겨낼 수 있으며 기회가 왔을 때 과감히 그 기회를 쟁취할 수 있다.

자신에게 다가온 모든 기회를 잡고 싶다면 사장이 지시하는 업무가 어렵다고 거부하지 마라. 특히 사장에게 대놓고 "전 못하겠는데요." 라고 말해선 안 된다. 적극적으로 나서서 사장에게 당신의 능력을 보여줘야 한다. 자신감 있는 행동은 험난한 사회에서 살아남을 수 있는 첫 번째 조건이다. 얼마나 중요한지는 굳이 말하지 않아도 모두 알 거라고 믿는다.

자존감이 낮고 소극적인 성격의 직원을 좋아할 사장은 없다. 나 역시 마찬가지다. 난 나와 함께 일하는 직원들이 모두 '우주 정복'을 외칠 정도로 야심과 자신감이 넘쳐나길 바란다. 일을 완벽히 해내지 못해도 상관없다. 하지만 야망 없는 직원은 거부한다. 당신이 이제 막 사회에 발을 디딘 초짜이든 경험이 풍부한 베테랑이든 무조건 상대방에게 당신의 열정을 보여줘라. 자기 자신조차 이겨내지 못하는 자존감이 낮은 사람에게 과연 회사의 미래를 맡길 수 있을까? 과감하게 도전하여 자신의 능력을 보여줄 수 있는 사람이 바로 회사에 새로운 가치를 창출해 낼 수 있다.

상사 앞에서 순종적인 모습을 보이고 쉽게 자신의 의견을 말하지 못하는 게 현재 우리 사회의 모습이다. 업무에 대한 이해 부족으로 쉽사리 도전하지도 못하고 일이 잘못되었을 때 책임을 피하기 급급해한다. 혹은 자신이 남보다 못하다고 자조하며 자신의 약점을 노출하기 꺼려하고 남과 비교당하기 싫어 자신을 드러내지 않고 꽁꽁 숨어 버린다.

▲ 우리 사회엔 크게 2종류의 바보가 있다. 첫째는 기회가 찾아와도 기회를 알아보지 못하는 자이고, 두 번째는 기회를 제대로 활용하지 못하는 자이다.
▲ 일단 "난 못해!"라고 입 밖으로 뱉어버리면, 아마 앞으로 "난 할 수 있어"라고 말할 기회조차 주어지지 않을지 모른다.
▲ 자신을 드러내기 위해 용기를 내는 사람만이 자신을 더욱 잘 드러낼 수 있다. 능력보단 용기가 더 중요한 법이다.

내가 중국을 떠나 홍콩으로 일자리를 구하러 갔을 때였다. 난 중국과 전혀 다른 업무 환경을 가진 홍콩 생활에 적응하기 위해 코즈웨이 베이(Causeway Bay)에 위치한 광고 회사에서 단기 아르바이트로 일을 시작했다. 출근한 지 얼마 되지 않아 아직 팀원들과 서먹했던 난 그저 일을 열심히 해서 내 능력을 인정받고 싶다는 생각뿐이었다. 그래서 팀원들과의 교류에는 그다지 큰 신경을 쓰지 않았다. 어느 날, 회사 복도에서 마주 보고 걸어오던 사장님이 갑자기 나를 불러 세우며 물었다. "광고 모델을 교체해야 할 것 같네. 6명 정도 새로 뽑아야 하는데 시간이 부족해. 여간 까다로운 문제가 아닐세. 자네가 한번 맡아서 해 보겠나?"

사장님은 얼굴에 미소를 띠며 나를 바라보았다. 물론 당시 사장은 내게 큰 기대를 걸고 물어본 것이 아니었다. 그저 복도를 지나가다 우연히 마주친 내게 가볍게 던진 질문이었을 뿐이다. 그는 아마 내가 무슨 대답을 할지도 생각해 놓은 것 같았다. "아, 아니요. 사장님, 제가 과연 할 수 있을까요? 생각할 시간을 주십시오. 한 3시간 뒤에 답을 드려도 될까요?" 만약 내가 이런 대답을 내어놓았다면 그는 주저하지 않고 그 자리를 떠났을 게 분명하다.

하지만 난 당시 회사에 뛰어난 인재가 많지 않다는 걸 알았다. 정말 그 일을 맡을 만한 적임자가 있었다면 그때 입사한 지 며칠 되지도 않았던 내게 그런 질문을 던지지도 않았을 것이다. 입사 지원 때 제출한 자기소개서를 이미 읽어본 사장은 분명 내 이력에 대해 정확히 알고 있었다. 대학을 졸업하고 길거리 화장품 판매 사원으로 일을 했으며, 마케팅부와 상품기획부 책임자를 거쳐 이 회사에 온 걸 안다. 이는 회사에서 처리하기 난해한 문제를 내가 지금껏 확실히 처리했다는 걸 말해주며, 내게 이 일을 처리할 능력이 있음을 보여주고 있었다.

나는 자신감 있는 목소리로 외쳤다. "네, 열심히 하겠습니다!" 난 이 업무 처리 상황에 대해 전혀 알지 못했지만 내 대답에 조금의 망설임도 찾아보기 힘들었다. "맡겨만 주십시오. 최선을 다하겠습니다." 난 당시 우선 일을 받은 후 해결책을 생각해보려고 했다. 일 해결을 위해 최선을 다해 나선다면 해내지 못할 일이 어디 있겠는가! 난 일단 움직인 후 방법을 찾아보기로 했다.

그날 오전, 나는 약 10분간 모든 거래처 명단을 모아 그 가운데 가장 뛰어난 모델을 보유하고 있는 모델 회사 세 곳에 전화를 돌렸다. 하지만 세 곳 중 두 곳에서 시간이 촉박하다는 이유로 난색을 표했다. 패션쇼가 개최되기까지 고작 3일밖에 남지 않았기 때문이다. 3일이라는 짧은 시간 동안 모델을 선정하고 그들이 무대 동선을 익힐 수 있도록 도와야 했기에 이건 누가 봐도 불가능해 보였다. 세 곳 중 나머지 한 회사는 다행히 거절의 뜻을 비치지는 않았다. 나는 바로 그 회사에 찾아가 카메라 테스트와 영상 녹화 테스트를 진행했고, 12명의 모델을 선발했다. 난 영상을 가지고 회사로 돌아가 팀원들과 회의를 한 후 최종 6인을 선발하였다.

동료들은 계속 나를 걱정했다.

"이게 바로 '업무 함정'이야. 사장이 구조조정을 하거나 누군가를 내쫓고 싶을 때, 그 사람에게 불가능한 업무를 시키지. 임무를 완수하지 못하면 그 책임을 물고 회사를 떠나야 하는 거야."

"고작 주어진 시간이 3일이라며? 이건 누구도 해내지 못할 일이야. 모델 교육은 또 언제 하려고? 그만둔 기존의 모델 6명을 교육하는 데만도 보름이나 걸렸어. 3일 가지고는 택도 없어."

"자네, 사장님에게 뭐 밉보인 일이라도 있나?"

"사장님이 자네를 계속 못살게 구는 거야?"

"이봐, 조심해. 우리 사장님 겉과 속이 다른 양반이야. 종종 이런 방법으로 회사 직원들을 내쫓았거든!"

동료들의 걱정 어린 조언을 듣고 나는 빠르게 현재 상황을 머릿속으로 정리했다.

우선, 이 돌발 사건은 회사 직원 중 누구라도 나서서 해결해야만 한다. 둘째, 난 지금까지 사장님에게 밉보일 만한 일을 한 적이 없다. 마지막으로 이 일은 내게 있어 둘도 없는 기회다. 그러니 최선을 다해 해결해야 한다.

시간을 아끼기 위해 나는 앞으로 3일간 밤 11시까지 교육을 받아야 한다고 모델부터 설득하기 시작했다. 물론 회사에 야식비와 야근 수당을 신청하는 것도 잊지 않았다. 또한 그들의 일일 수당도 더 많이 챙겨주기로 약속했다. 모두 동의했고, 우리는 1분 1초를 아껴가며 남은 3일 동안 10일 치 분량의 교육을 끝마쳤다. 패션쇼 당일, 모델들은 뛰어난 워킹 실력을 보여주었고, 무사히 패션쇼를 마침으로써 사장은 그제야 안심할 수 있었다.

이 일이 있었던 뒤 부가가치가 높은 업무에 있어서 사장은 우선적으로 나부터 찾기 시작했다. 내가 이곳과 단기 계약을 마치고 회사를 떠날 시점이 되자, 사장은 내게 부장급 사원 월급의 두 배를 줄 테니 재계약을 하자며 나를 설득했다. 비록 사장의 청을 물리치긴 했지만, 지금까지 난 사장과 좋은 관계를 유지하고 있다. 종종 전화로 안부를 물으며 서로를 챙긴다. 지금도 그 당시 일을 언급할 때면 그는 여전히 나를 잡지 못해 아쉽다는 뜻을 내비치곤 한다.

신입사원에게 있어 회사 위기 상황이야말로 자신의 능력을 가장 잘 드러낼 수 있는 좋은 기회다. 위기 상황이라면 평상시보다 수십 배의 능력을 발휘해 낼 수 있기 때문이다. 우리 주변엔 고속 승진을 거듭하는 사람들을 종종 찾아볼 수 있다. 그들이 그렇게 빠른 승진을 할 수 있었던 가장 큰 이유는 남들과 다른 뛰어난 위기 대처 능력 덕분이다. 돌발 변수가 생겨 누군가 나서 이 위기를 넘겨주길 바랄 때, 그들은 조금도 주저하지 않고 적극적으로 '해결사' 역할을 자처한다. 일을 처리하는 과정에서 보여준 뛰어난 능력은 자신의 가치를 드높일 뿐만 아니라, 사장의 신뢰도 얻을 수 있다. 동시에 강한 '카리스마'로 동료들의 구심점이 되곤 한다.

그들은 문제에 직면했을 때, 우선 행동하고 나중에 생각한다. 일이 발생하기 전부터 그 일에 대처할 수 있는 준비를 철저히 해놓은 그들은 어떤 돌발 변수가 생겨도 충분히 감내할 능력이 있다. 경솔하게 덤벼 일을 그르치지도 않고, 우왕좌왕하지도 않는다. 고지를 선점하고 싶다면 남들보다 한발 먼저 움직여라. 물론 그 전에 충분한 실력을 키워 놓아야 함은 당연한 일이다. 쓸데없이 이상만 높게 잡거나 자신의 현재 실력도 제대로 가늠하지 못한 채 덥석 덤벼든다면 반드시 좌절을 맛보게 된다. 맹목적인 자신감은 자만심일 뿐이다. 자만하며 일을 처리하는 것은 아무것도 안 하는 것보다 더 최악의 결과를 초래한다.

자신이 결코 해낼 수 없는 일이라면 굳이 위험을 자초할 필요는 없다. 맹목적으로 모든 일을 도맡아 하겠다고 나서지 마라. 당신에게 '슈퍼맨'이 되라고 하는 말은 절대 아니다. 평상시에 미리 위기 상황 대처 능력을 키워야지 기회가 왔다고 무턱대고 나서라는 게 아니다.

"자신감은 감정의 일환이다." 리카이푸(李開復)의 이 말은 무의식중에 많은 사람을 오도하기도 한다. 무언가 일을 추진하려던 사람이 자신의 감정에 빠져 우를 범하게 되는 것이다. 당신의 자신감과 열정이 얼마나 대단한지는 몰라도 감정에 치우쳐 일을 하다 보면 성공률이 낮을 수밖에 없다. 자신감이란 자신에 대한 이성적인 판단 위에 오랜 시간 누적된 일종의 생활 습관이자 업무 습관이다. 또한 자신에 대한 이해와 통찰력을 말한다. 당신은 가장 먼저 자신의 실력에 대해 제대로 파악해야 하며, 자신의 장단점이 무엇인지 알고 있어야 한다. 평상시 자신이 충분히 처리할 수 있는 업무와 그렇지 않은 업무, 개선이 필요한 부분에 대해 파악이 이뤄져야 한다. 이 모든 게 선행되어야만 기회가 왔을 때, 그 기회를 충분히 살릴 수 있다. 미리 준비되어 있는 사람만이 어느 순간에도 당황하지 않는다. 능력도 없고, 쓸데없는 자만심만 가득 차 있다면 분명 실패한다.

왜 경쟁을
주저하는가?

"당신은 왜 그와 겨뤄보지 않나요?" 렌크(Renk)에게 물었다. 그는 한동안 곰곰이 내 질문의 대답을 생각하더니 결국 명확한 답을 들려주지는 않았다. 그저 객관적인 이유만을 강조할 뿐이었다. 자동차 판매회사의 부사장직을 놓고 경쟁을 벌였을 때, 그는 크게 참패했었다. 참패한 이유는 그의 실력이 부족해서가 아니라 본격적으로 맞붙기 전에 그가 스스로 발을 뺐기 때문이라고 한다.

렌크는 찌푸린 얼굴로 어깨를 으쓱하며 말했다. "나도 그때 왜 그랬는지 모르겠어요. 아마도 패배가 두려웠거나 너무 강한 상대 앞에서 심리적으로 위축되었나 봐요. 그저 물러서는 게 최선의 방법이라고 생각했었던 거 같아요. 그래서 결국 경쟁에서 발을 뺀 거죠."

사실 렌크는 결코 실력이 모자란 편이 아니다. 바로 지난달, 그가 이끄는 판매팀이 해외 수주를 성공시켰다. 그 수주로 거둔 수익만으로 회사의 연간 실적목표치 달성을 3개월이나 단축할 수 있었다. 윌슨의 감사 보고서에 따르면 회사 직원들의 70퍼센트 이상이 모두 렌크가 부사장직에 더 어울린다고 답했다. "그는 뛰어난 업무 능력을 지니셨을 뿐더러 특유의 카리스마로 저희를 잘 이끌어주십니다. 그분 밑에서 일할 수 있는 게 저희의 가장 큰 행운이죠."

그런데 그는 대체 왜 경쟁에 나설 용기를 가지지 못했던 걸까? 대체 무엇 때문에 자신의 능력을 과소평가하는 걸까? 안타깝게도 난 그에게 진짜 이유를 듣지 못했다. 그가 금방 교육 센터를 떠나버렸기도 했고, 다른 사람에게 자신의 속마음을 이야기하고 싶어 하지 않았기 때문이다. 자신의 실력을 믿고 안 믿고는 회사에서 큰 문제가 되지 않는다. 하지만 많은 이들이 렌크처럼 어려운 일에 부딪쳤거나 회사 내 경쟁을 해야 할 일이 있을 때, 자신이 먼저 그 상황을 피해버린다면 분명 분쟁은 생기지 않겠지만 어느 정도 자신의 이익도 포기해야 되는 경우가 생긴다.

"해보지도 않고 못 하는 걸 어찌 아는가? 이기고 지는 것도 모두 직접 해봐야 알 수 있다." 난 이 말에 적극 동감한다. 우선 적극적으로 경쟁에 뛰어들어라. 가만히 있으면 실패밖에 남지 않는다. 남들과 겨뤄봐야 승리도 거둘 수 있는 법이다. 경쟁이 치열한 사회에서 위로 올라가지 않으면 뒤로 밀려날 뿐이다. 기회가 왔을 때 왜 그리 바보같이 양보만 하는가? 양보가 일종의 미덕이라 칭송받는다고 해도 무조건적인 양보는 멍청하고 아둔한 행동에 지나지 않는다.

사람들은 '평화제일주의' 원칙에 따라 동료들 사이에서 분쟁을 일으키지 않으려고 애쓴다. 그들은 상대가 자신을 '좋은 사람'으로 봐주길 원하며, 두루두루 친하게 지내며 언제나 '중립적' 태도를 취한다. 결코 남과 다투는 일이 없다. 그들은 순진무구하게도 그것이 바로 서로 공존하는 길이라 여기며 무조건 상대에게 양보만 한다. 하지만 결과를 보라. 그들은 회사 내에서 경쟁력을 잃어버렸다.

결국 그는 동료에게 무시당하는 '호구' 신세로 전락하고 만다. 당연히 상사의 눈에도 들지 못하고 오히려 줏대 없는 인간으로 낙인 찍혀 어떤 업무도 성과를 내기 어렵게 된다. 마땅히 쟁취해야 할 이익을 포기한다면 그에게 남는 것은 주위의 멸시뿐이다. 즉, 무한 경쟁 사회에서 양보는 오히려 독이 될 수 있음을 명심하라. 경쟁이 무서워 항상 양보만 하는 것은 자신의 능력을 믿지 못하고, 자신의 잠재력을 무시하는 행위이다. 이는 나약한 사람으로 비칠뿐더러 공존하고자 했던 본연의 목적과 상반되는 결과를 낳는다. 자신의 방종을 덮기 위한 핑계에 불과하다.

우리는 동료나 친구와 협력이나 경쟁 관계를 이루며 살아간다. 어떤 친구든 이익이 관련되어 있으면 전우가 될 수도 라이벌이 될 수도 있다. 서로의 이익이 충돌하게 되는 경우라면 상대를 향해 철저히 칼을 겨누어라. 한낱 감정에 휘둘려 경쟁을 포기하고 심지어 상대에게 양보한다면 오히려 진심을 다해 당신을 상대하려고 했던 친구의 의리를 모독하는 일이 될 수 있다. 물론 많은 이익을 포기하게 되면서 결국 손해를 입는 건 바로 당신 자신이다. 그렇다고 상대의 존중을 얻게 되는 것도 아니지 않은가?

적극적으로 경쟁에 뛰어든 자만이 살아남을 수 있다. 이 치열한 경쟁 사회에서 살아남는 자가 상대의 존중을 받고, 그 사람 주변으로 사람이 몰린다. 경쟁을 통해 반드시 승리한다고 말할 수는 없지만, 더 많은 성공의 기회를 잡게 되며 경쟁 과정에서 자신의 능력을 보다 더 크게 키울 수 있다. 장군들은 전쟁터에 나가 상대 장수와 싸우며 독하게 자신을 단련시킨다. 이건 우리가 그저 학교 교실에 앉아 수업을 듣는 것과는 차원이 다른 일이다. 옛말에 "장군이 되고자 하는 의지가 없는 병사는 결코 좋은 병사라고 할 수 없다."는 말이 있다. 무한 경쟁 사회에서 버텨내려면 반드시 과감하게 상대와의 경쟁에 뛰어들어야 한다. 경쟁을 통해 수천 번 수만 번 자신을 단련시켰을 때, 용기와 자신감이 생기고 필승의 의지를 다질 수 있다.

우리는 회사에 다니면서 동료들과의 경쟁을 피할 수만은 없다. 이때 경쟁을 하는 태도와 방식이 그 무엇보다 중요하다. 올바른 경쟁을 위해 익혀야 할 점을 알아보자.

▲ 동료와의 경쟁은 '너 죽고 나 살자' 식의 막무가내 싸움이 아니다. 괜한 입씨름으로 상대를 피곤하게 하지 말고 적극적으로 상대의 도전을 받아들여라. 공정한 경쟁을 통해 서로의 발전을 꾀할 수 있다.

▲ 동료와 경쟁할 때, 세세하게 하나하나 따지지 말고, 쓸데없는 분쟁을 일으키지 마라. 반드시 '일적으론 파트너이자 라이벌이지만, 회사 밖에선 친구이자 지기' 임을 명심하라.

▲ 동료와 경쟁할 때 뭐가 중요한지 그 핵심을 파악하는 게 우선이다. 눈앞의 조그마한 이익을 위해 큰 그림을 놓쳐선 안 된다. 순간의 이득을 얻기 위해 자신의 미래를 버리지 말아라. 자신이 진정으로 원하는 게 무엇인지, 경쟁을 통해 얻고자 하는 게 무엇인지 정확히 인지하고 있어야 한다. 이익의 경중을 따져보고 행동했을 때 보다 자신의 이익을 극대화시킬 수 있다.

회사 동료 간의 선의의 경쟁은 회사의 발전을 이끌며, 회사의 미래를 보장한다. 끊임없는 경쟁이 있어야만 직원 개개인의 능력이 제고되고 회사

실적 향상으로 이어진다. 동료 간의 경쟁은 반드시 필요하다. 무섭다고 피하기만 하면 언젠간 도태될 뿐이다.

많은 사람이 경쟁을 무서워하고 피하지만 우리는 반드시 유형, 무형의 형태로 존재하는 경쟁의 참모습을 제대로 직시할 줄 알아야 한다. 경쟁이 점차 치열해지고 있는 사회 속에서 경쟁을 피하고픈 마음은 그저 어리석은 생각에 지나지 않는다. '드러나거나', '드러나지 않은' 직장 내 경쟁이 무서워 피하겠다고 한다면 차라리 집 안에 틀어박혀 '히키코모리'가 되는 게 낫다. 대체 왜 세상과 싸우려고 들지 않는가? 언제나 당신 마음 한편에 자리 잡고 있는 그 원대한 포부와 꿈은 다 어디 갔는가? 당신의 꿈을 위해 한 몸 불사를 각오는 정녕 없는 것인가? 회사 동료와의 경쟁을 통해 부단히 자신의 능력을 드러내고 가다듬으며 자신의 가치를 인정받을 때만이 상대방의 존중과 신뢰를 얻을 수 있다. 또한 직장 내에서 확고하게 자리 잡을 수 있으며, 순조롭게 모든 업무를 처리할 수 있고 마침내 자신의 꿈과 포부를 실현하게 된다.

전 세계적으로 인구가 급증함에 따라 일자리 수와 구직자의 비율 차가 점점 커지고 있다. 이에 취업난은 공통적으로 모두의 골칫거리가 되었다. 동시에 회사 간의 경쟁도 점차 가열되면서 회사들도 스스로 자신의 경쟁력 제고에 힘쓰고 있다. 이를 위해 끊임없이 구조조정을 단행하며 우수한 인재 영입에 열을 올리는 중이다. 반면 자신의 능력을 충분히 보이지 못한 이들은 퇴사를 권고 받는 실정이다. 계속 새로운 피를 수혈 받을 때만이 회사의 심장도 활력을 찾고 계속 뛸 수 있다. 이런 상황 속에서 경쟁은 점점 더 치열해질 수밖에 없고 경쟁을 회피하는 자는 결국 도태된다. 따라서 자신의 능력을 키워 자신이 회사에 반드시 필요한 인재라는 점을 증명해 내라.

그렇다면 상대방에게 어떻게 자신의 가치를 증명해 내야 할까? 회사는 오로지 '결과'만 가지고 직원을 평가한다. 동료와의 경쟁에서 이겼을 때 비로소 자신의 실력을 인정받을 수 있다. 다시 말해 회사에서 더 많은 결과물을 내기 위해선 다른 사람이 당신을 주목하게 만들어야 한다. 예를 들어 매일 야근을 하는 것도 하나의 방법이다. 다른 팀원들보다 더 많은 양의 일을 처리한다거나 팀원의 일을 적극 나서 도와줌으로써 호감을 사는 것도 좋은 방법이 될 수 있다. 당신이 성실한 '노력파'라는 이미지를 심어주도록 하라. 하지만 효과가 그리 크진 않을 것이다. 노력파라는 이미지를 심어주는 것보다 업무 실적을 내는 편이 보다 확실하게 자신을 인식시킬 수 있다. 그러므로 상대와의 경쟁을 통해 자신의 실력을 드러내라. 진정한 자신의 모습을 보여주기 위해서는 반드시 자신만의 핵심 경쟁력을 키워야 한다. 자신의 특기를 찾아 핵심 사업에서 상대방을 누르고 실적을 냈을 때 당신의 가치가 올라가고 사장이나 상사의 핵심 오른팔 역할을 하게 된다. 젊은 청년들이 반드시 명심해야 할 부분이다.

과감히 경쟁에 뛰어드는 것은 그저 첫걸음에 불과하다는 것을 알 수 있다. 무엇을 가지고 경쟁을 하느냐가 가장 중요하다.

평생 이름 없는 졸병으로 생을 마감할 텐가? 끊임없는 노력과 연습을 통해 최고가 되어라. 하지만 최고가 되었어도 자신만 알고 있다면 그게 무슨 소용인가? 반드시 상대방에게 당신의 출중한 능력을 알려야 한다.

당신을 따라올 자가 없다는 것을 인식시켜라. 그러면 저절로 명예가 따라올 것이다. 당신만의 핵심 경쟁력을 갖춘 이 순간, 과감히 경쟁에 뛰어들어라.

물론 맹목적인 경쟁은 옳지 않다. 갓 대학을 졸업한 젊은이가 기업의 회장과 겨루겠다고 한다면 누구나 콧방귀를 끼지 않겠나? 당신에게 충분한 잠재력이 있다고 해도 그걸 다듬을 충분한 시간이 필요하다. 경쟁은 두려운 게 아니다. 두려운 건 무지한 채로 상대에게 덤비는 거다. 경쟁을 하거나 상대방에게 도전장을 내밀기 전, 반드시 자신의 현재 능력을 파악하라. 물론 자신을 비하하거나 쉽게 경쟁을 포기하라는 소리는 아니다. 이성적인 태도로 경쟁에 임할 때, 승률은 높아지고 자신감도 상승한다.

"서로 경쟁하지 않으면 나무는 크게 자라지 않으며, 삶에 대한 부담을 느낄 때 사람은 성장한다." 기회는 자신이 쟁취하는 것이며, 경쟁을 통해 잡을 수 있다. 소위 '강자'는 끊임없는 경쟁을 통해 성장한다. 나무 아래서 편히 휴식을 취하는 자보다 더 높은 곳을 향해 올라가려는 자가 인생의 최고 가치를 발견하게 되는 게 아닐까? 서로 더 크게 자라려는 나무들처럼 우리도 더 큰 가치를 추구하며 높게 올라가려 애써야 한다. 그래야 더 많은 햇빛과 더 많은 양분을 얻을 수 있다. 그저 가만히 있는 다면 다른 큰 나무에 가려져 하늘로 뻗어 나가려던 원대한 포부는 어느 샌가 사라지고 말 것이다.

남들보다
1시간 더 투자하라

　자신을 독하게 다루기 위해선 경쟁에 몸을 맡기는 것 외에도 자신의 삶에 좀 더 '투자'해야 한다. 매일 남들보다 1시간씩 더 투자하라. 매일 조금씩 더 걷다 보면 언젠가 상대방보다 앞서 있는 자신을 발견하게 될 것이다. 누군가 내게 성공의 비결을 묻는다면 상대보다 더 노력하고 더 자신을 다그치며 독하게 대해야 한다고 대답할 것이다. 경쟁 사회에서 전진하지 않으면 도태되기 십상이다. 언제나 앞을 향해 나아간다면 상대보다 더 높게 더 멀리 갈 수 있다.

　자신을 타고난 인재라고 생각하지 마라. 노력하지 않고도 뭔가를 얻을 수 있다고도 여겨선 안 된다. 남들보다 더 독하게 자신을 다그쳐야만 성공을 거둘 수 있다. 하지만 우리는 주변에서 흔히 다음과 같은 두 종류의 인간을 만나게 된다.

　첫째, 기회주의자다. 가만히 앉아 하늘에서 떡고물이 뚝 떨어지거나 금괴를 만나길 기다린다. '한방'의 인생 역전을 바라는 부류다.

　둘째, 자신이 최고로 잘난 줄 아는 사람들이다. 그들은 맹목적으로 '자신의 생각대로 모든 것을 이룰 수 있을 거라고' 생각한다. 자신의 능력이 남들보다 월등히 뛰어나다는 믿음 때문이다. 자신의 현재 능력은 그들의 고려 대상이 아니다. 그저 가만히 있으면 성공이 알아서 자신에게 찾아오는 줄로만 안다.

"매일 조금씩 노력하고, 매일 조금씩 발전하면 성공은 반드시 찾아온다!"

당신이 천재도 아니고 로또에 당첨될 확률도 없다면 일단 마음을 가다듬고 차근차근 계획을 세워 성심을 다해 노력하라. 매일 남들보다 1시간씩 더 자신을 위해 투자하고, 하루의 업무를 되돌아보며 다음날 계획에 반영하라. 현재 자신에게 부족한 지식과 능력을 보충하는 시간을 가져라. 작은 일부터 하나하나 시작한다면 조만간 당신의 꿈을 이룰 수 있을 것이다.

단순히 성공만을 바라는 공상가들을 제외하고 이 치열한 경쟁 사회에서 모든 사람은 노력을 아끼지 않는다. 자신의 재능을 드러내고 싶다면 남들보다 더 시간을 들이고 더욱 노력하는 수밖에 없다. 난 일찍이 이를 깨닫고 몸소 실천해 왔다. 계획표대로 따라하지는 못했지만 적어도 포기하지는 않았다. 내가 스스로 노력할 때 내가 원하는 걸 얻을 수 있다는 걸 알았기 때문에 나는 그저 가만히 내게 기회가 오길 기다리기 보다는 적극적으로 기회를 찾아 나섰다. 처음 구직활동을 시작하며 면접관 앞에 설 기회가 왔을 때, "어서 내게 기회를 줘!"가 아닌 "내 장점을 제대로 드러내려면 어떻게 해야 할까?"란 생각이 가장 먼저 내 머릿속에 떠올랐었다.

난 언제나 적극적으로 나를 보여주고 드러내려고 했기 때문에 지금 이 순간 동일한 출발 선상에서 시작한 다른 친구들보다 더 멀리 올 수 있었다.

미국의 갤럽(Gallup) 연구 조사 결과 역시 마찬가지였다. 약 100명의 사회 명사를 대상으로 그들의 성공 경력을 조사했더니 놀랍게도 한 가지 공통점이 있었다. 그들은 매일 남들보다 1시간 더 자신의 삶을 위해 노력했던 것이다.

당신에게 1시간이 주어진다면 무엇을 하겠는가? 게임이나 영화라고 대답한다면 당신은 아직 자신의 분야에서 최고가 될 준비가 되지 않은 사람이다. 아직 자신의 업무가 익숙하지 않고, 시간의 중요성을 모른 채, 자신을 독하게 다그칠 방법도 모르고 그저 즐거움만을 추구하고 있기 때문이다.

회사 동료를 보면 언제나 자신보다 뛰어난 이가 있기 마련이다. 사실 우리는 그들이 흘린 땀과 눈물을 보지 못한 채 그의 등 뒤에 번쩍이는 후광에만 집중할 뿐이다. 사회생활을 하면서 결코 아무런 노력 없이 결과를 얻을 수는 없다. 사람들은 단지 승승장구하는 동료를 부러워하며, 회사의 대우가 불공평하다고 불만을 터뜨린다. 하지만 정작 자신을 되돌아보는 이는 없다. 자신이 걸어온 길을 되짚어보며 자신이 바라는 만큼 노력을 기울였는지 체크해보자. 이 세상에 금수저를 물고 태어난 사람은 극히 드물다. 성공을 거둔 이들 모두 그들의 노력이 뒷받침된 결과이다.

우민(吳敏)은 부단한 노력을 통해 성공을 거둔 입지적인 인물이다. 그의 이름을 듣고 여자 같다고 생각하는 사람도 많겠지만, 그는 자신의 분야에서 독보적인 성공을 거둔 상남자 중의 상남자이다. 그는 현재 중국에서 한 반도체 공장 CEO를 맡고 있다. 처음 회사에 입사했을 때부터 지금의 자리에 오르기까지 그는 고작 3년의 시간이 걸렸을 뿐이다. 주위에서 그저 운이 좋았기 때문이라고 말할 때마다 그는 조용히 고개를 가로 짓는다. 그가 지금껏 해온 그간의 노력을 그 누가 알아주겠는가? 회사에 입사한 첫날부터 그는 다른 사람들과 달랐다. 모두 9시까지 출근할 때마다 그는 언제나 1시간 일찍 회사에 나와 책을 읽거나 업무와 관련된 각종 정보를 수집했다. 그는 본래 반도체 제조공정 업무 담당이었지만 디자인, 포장하는 방법도 공부하고 시장 조사도 소홀히 하지 않았다. 여러 방면에서 자신의 업무를 파악하려 힘써왔다. 매일 1시간씩 자신에게 투자함으로써 우민의 실력은 쑥쑥 늘어만 갔다. 시야가 넓어지고, 고정관념에서 벗어나 사물을 바라볼 수 있게 되었다. 또한 남들보다 빠르게 어려움을 극복하고 문제점을 해결해 나가는 능력이 생겼다.

어느 날, 회사에 문제가 터지자 약 20명의 직원이 머리를 맞대고 고민하기 시작했다. 장장 1주일의 시간이 흘렀지만, 해결책은 나오지 않았다. 그걸 바라보고 있던 우민은 도저히 안 되겠던지 직접 문제 해결에 나섰고, 만 하루도 채 지나지 않아 해결책을 제시하였다. 팀원들은 모두 놀라며 우민에게 어떻게 해결한 거냐고 묻기 시작했다. 우민은 웃으며 대답했다. "기존의 연구 틀 안에서 새로운 각도로 접근했을 뿐입니다. 연구 방향을 조금 바꿔보았지요."

매일 퇴근하기 전 우민은 1시간 동안 언제나 그날 자신의 업무를 정리하고 다음 날 계획을 세웠다. 이렇게 꾸준한 그의 끈기와 노력에 힘입어 그는 빠른 발전을 이뤘다. 언제나 적시에 문제점을 찾아내면서 회사 발전에 크게 공헌했다. 수많은 경쟁자들을 물리치고 언제나 승리를 거두었던 우민은 결국 지금의 CEO 자리까지 오르게 된 것이다.

많은 사람이 성공을 꿈꾸지만 정작 성공을 거둔 이는 극히 드물다. 그 이유가 대체 뭘까? 열심히 노력했지만 성공하지 못했다고 말하는 사람도 있고, 노력한 만큼 대가가 따라오지 않았다는 사람도 있다. 사실 거꾸로 생각해 보면 바로 답이 나온다. 사람들이 가진 '냄비근성' 때문이다. 무슨 일이든 장기전으로 돌입하게 되면 열정이 식고 곧 일을 포기한다. 매일 1시간씩이 아니라 1분씩만 더 투자하라고 말해도 그들은 부담을 느낀다. 꾸준함도 습관이다. 반드시 해야 할 일을 미루고 그저 즐거움만 쫓다 보면 결국 서서히 나태함에 물들어 가게 될 뿐이다.

자신을 독하게 다그치며 세심한 학습과 업무 계획을 세우고서는 실행 과정에서 이런저런 핑곗거리를 찾고 있지는 않은가? "오늘은 아이가 아팠잖아. 내일은 오랜만에 만나는 친구와 약속이 있어. 내일모레는…" 당신과 마찬가지로 많은 사람이 자기 일에 핑곗거리를 찾는다. 물론 이 일들이 중요하지 않다는 게 아니다. 그 즉시 해결해야 되는 일임엔 분명하다. 하지만 설령 그렇다고 하더라도 자신의 하루를 모두 소비해야만 할까? 만약 당신이 자신을 좀 더 독하게 대하고자 마음먹었다면 이 일들을 처리하고 난 뒤 시간을 좀 더 내어 자신이 본래 세웠던 계획대로 움직였어야 했다. 정말 꾸준하게 하기로 결심했다면 당신은 무슨 수를 써서라도 계획표를 따랐겠지만, 결국 나태함이 당신을 이겨버린 것이다.

짧은 시간 내에 원하는 결과를 얻지 못했다고 바로 포기하는 사람들이 있다. 조급하게 성과를 바라는 태도는 옳지 않다. 모든 일은 하루하루가 쌓여 변화를 겪는 법이기 때문이다. 어느 정도 시간이 흘렀을 때야 당신의 노력은 빛을 보게 되며 비로소 원하던 성공을 거둘 수 있다.

사실 자신에게 독하게 대하는 법은 그렇게 어려운 일이 아니다. 밤을 새워 공부를 하라는 것도, 식음을 전폐하고 일을 하라는 것도 아니다. 성공을 위해 목숨을 걸 필요는 더더욱 없다. 그저 쓸데없는 일에 인생을 허비하지 말라는 의미일 뿐이다. 순간의 즐거움을 누리기보다 그 시간에 자신에게 의미 있는 일을 했을 때 당신은 성공에 한발자국 더 다가설 수 있다. 매일 경기를 관람하고 커피숍에서 보내는 1시간을 자신의 업무와 관련된 지식 습득에 활용해 보는 건 어떨까? 언젠가 분명 일을 하면서 그 지식이 필요한 순간을 만나게 될 것이다. 삶의 즐거움만을 추구하는 것이 당신에게 아무런 도움이 되지 않는다는 걸 깨닫게 되는 순간 당신의 모든 일은 순조롭게 풀리며 당신에 대한 상사의 신뢰는 커져만 갈 것이다.

▲ 남들보다 1시간씩 더 투자한다면 1년 365일 동안 총 365시간을 더 투자하는 셈이다. 하루 근무시간 기준을 8시간으로 잡았을 때 당신은 남들보다 46일 더 일하게 되고 1년 동안 411일의 시간을 벌게 된다.
▲ 남들보다 1시간씩 더 투자한다면 공부할 시간을 더 많이 확보하게 되고, 배움의 양이 늘어나면서 성공의 기회 역시 늘어난다.
▲ 남들보다 1시간씩 더 투자한다면 조금씩 발전하는 자신을 발견하게 되고, 당신의 인생은 180도 바뀌어 있을 것이다.

세상은 넓지만, 기회는 많지 않다. 누구나 아름다운 꿈을 꾸지만, 누구나 그 꿈을 실현하는 것은 아니다. 이것이 바로 우리의 현실이다. 당신이 노력하든 안 하든, 분명 이 세상에 노력하는 이들은 넘쳐난다는 사실을 잊지 말아라. 절대 상대방에게 뒤처지지 마라. 상대에게 기회를 빼앗기고 나서 다시 절치부심 노력해도 그땐 이미 늦었다. 기회가 주어졌을 때 그 기회를 놓쳐선 안 된다. 좌절하고 실패를 맛보았다고 해서 세상이 불공평하다며 원망하지 마라. 자신이 충분한 노력을 기울였는지 기회를 잡고 라이벌을 뛰어넘을 능력을 충분히 갖추었는지부터 면밀히 따져보아야 한다.

큰 그림을 그려라:
성공한 자와 친해져라

"미국 선박왕 밴더빌트(Vanderbilt)의 전기를 읽고 무엇이 가장 인상 깊었나요?"

IBM 회사 마케팅부 팀장 카누(Kanu)는 답했다. "전 그의 탁월한 사업 확장 능력이 가장 기억에 남습니다. 자신의 인맥을 이용하여 사업을 확장할 줄 알고, 적재적소에 인재를 사용하는 모습이 가장 멋졌습니다."

우리는 '성공한 자'들 곁에서 그들의 장점과 성과를 자신의 것으로 만들어야 한다. 하지만 책을 덮고 난 뒤 당신은 지금 뭘 하고 있는가? 카누 씨는 난처한 얼굴로 말했다. "머리로는 알지만 아직 밴더빌트의 사업 확장 능력을 제 사업에 응용하지 못했습니다. 보기엔 쉬워 보였지만 정작 밴더빌트를 따라 인맥 활용을 할 생각을 차마 하지 못했네요."

우리는 성공한 자들을 존경의 눈빛으로 바라보곤 한다. "정말 멋져요. 존경합니다!" 하지만 언제나 그뿐이다. 실제 생활에서 그들의 장점을 활용할 생각은 전혀 하지 못한다. 사람들은 언제나 고정관념에 박혀 사고한다. 성공한 자들의 모습이 멋있고 그들의 모습을 배우려고 한다. 하지만 나는 달랐다. 난 그들의 경험을 그저 따라하는 게 아니라 나만의 방식으로 승화시켜 내 삶에 적용하려고 애쓰며 내 기존 생활 방식을 견지해 나갔다.

하지만 당신이 알지 못하는 세상에 발을 디디고자 할 때 성공한 자의 발자취를 따라간다면 시간과 노력을 절약할 수 있을 것이다. 사실 대부분의 성공은 모두 타인의 모방을 통해 이루어진다. 형식뿐만 아니라 그 안에 내포한 의미까지 모두 배워야 한다. 문제를 처리할 때, 기존성공 방안과 타인의 경험을 참고한다면 보다 쉽게 성공을 거둘 수 있다. 그렇지 않으면 조타석 방향키를 잃은 선박처럼 우왕좌왕하다 시간만 허비하게 된다. 타인의 성공 경험을 통해 문제를 해결하는 것은 성공을 위한 지름길 중 하나다.

우리는 문제에 직면했을 때 그 문제를 뛰어넘으려 자신의 능력을 최대한 발휘하고 잠재력을 끌어냄과 동시에 다른 사람의 경험을 배워야 한다. 상대방의 장점과 능력을 보고 배워 적절히 자신의 것으로 만드는 게 가장 중요하다. 자신의 것으로 승화시켰을 때 보다 빠른 일 처리가 가능해진다.

미국 국적의 로버트 케일리(Robert Cayley) 교수는 십 수 년간 직장 생활 성공에 관한 연구에 몰두해 왔다. 그는 직장 내에서 평범한 직원들은 우물 안 개구리처럼 좁은 시야로 세상을 바라보는 한편 잠재력을 지닌 직원들은 시야가 넓고 '성공한 자'들과 인맥을 쌓는다고 밝혔다. 또한 그들은 자신의 일에 인맥을 어떻게 활용해야 하는지 충분히 인지하고 있다고 한다.

월마트(walmart)의 창시자인 샘 월튼(Samuel Walton)은 말했다. "사실 내가 했던 모든 일은 타인의 모방에서 비롯된 것입니다." 여기서 그가 말한 '모든 일'에 주목하자. 그는 마치 먹을 것이 충분하지 못하여 굶주린

자가 눈앞에 나타난 음식을 흡입하듯 끊임없이 성공한 자들의 경험을 흡수했고 그걸 성공의 초석으로 삼았다. 그렇게 그는 세계에서 가장 유명한 기업의 창시자 중 한명에 이름을 올릴 수 있었다.

빠르게 변화하는 오늘날 결코 내일 무슨 일이 일어날지 누구도 예측하지 못한다. 하지만 만약 당신이 내일 일어날 일들에 대비하기 위해 선인의 경험을 토대로 현재의 일을 대비한다면, 당신은 보다 쉽게 성공을 거둘 수 있는 기본적 소양을 갖추게 되는 것이다. 변화무쌍한 현대 사회에서 그저 자신의 주관에만 의지해 일을 처리한다면 분명 사회에서 도태되고 말 것이다. 열린 마음으로 세상을 바라보고 모든 일과 사물을 자신의 것으로 받아들였을 때, 이 사회에서 살아남을 수 있고 남들보다 더 성공한 삶을 살 수 있다.

상대의 장점, 일 처리 방식, 경험 특히 좋은 이념을 적극 배우고 그걸 반드시 자신의 삶에 활용하라. 여기서 말하는 좋은 이념이란 모두가 인정한 그들의 지혜와 체계적 관념을 말한다. 이미 실행 가능성이 충분하다고 검증을 거친 이념이다. 예를 들어 보자. 최근 기업 교육 강좌가 우후죽순 생겨나고 있다. 우리는 이에 대응하기 위해 맞춤형 교육 강좌를 개설하여 경쟁력 확보에 나섰다. 주요 대상은 기업 CEO와 임원들이다. 서양 기업의 경영 이념을 중국 기업의 일반 직원과 관리층 직원에게 전달하는 게 목적이다.

성공한 사람일수록 다른 사람에게서 배울 점을 찾는다. 타인의 장점을 보고 배울수록 성공할 확률은 높아진다. 당신의 사장이나 상사조차 지금도 부단히 공부하고 계속해서 상대의 좋은 이념을 배우기 위해 노력하고 있는데, 일반 사원인 당신은 대체 왜 상대의 장점을 보고 배우려고 하지 않는가? 설사 당신이 매우 뛰어난 인재로서 창의력과 과감한 행동력을 보이며 성공에 보다 가까이 다가섰다고 하더라도 타인의 장점을 배우지 않아도 되는 이유는 전혀 없다. 더 많이 배우고 자신의 것을 승화시킬 때 당신의 발전도 빨라진다.

따라서 "시야를 크게 넓혀라. 결코 아집에 휩싸여선 안 된다. 다른 사람의 경험을 그저 과거의 일로 치부하지 마라. 보다 겸손한 자세로 세상을 대할 때 당신은 성공할 수 있다." 이것이 바로 내가 현재 중국 젊은이들에게 해주고 싶은 말이다.

눈을 크게 뜨고 세상을 바라봄과 동시에 눈을 감고 자신을 되돌아보라. 세상의 모든 좋은 이념들을 자신의 삶에 활용할 줄 알아야 보다 내면이 튼실해지고 자신의 인생에서 성공할 수 있다.

당신 역시 타인의 성공 사례를 적극 연구하고 참고하라!

회사에는 보통 다음과 같은 두 가지 유형의 사람이 있다. 업무 효율이 높고 뛰어난 성과물을 내놓는 사람이 있는 반면 남들보다 더 오랜 시간 일을 하지만 낮은 퀄리티의 성과물을 내놓는 사람이 있다. 관련 연구 결과에 따르면 업무 효율성이 높은 직원은 자신의 업무에 도움이 될 수 있는 성공 사례를 적극 수집한다. 그들은 일상생활에서 의식적으로 자신의 업무와 관련된 사례들을 찾아 공부하고 자신의 업무에 적극 응용한다. 자신의 실제 상황에 맞춰 자신의 것으로 소화시키는 것이다. 이렇게 되면 업무 처리 시간이 절약될 수밖에 없고 업무 효율성도 당연히 높아진다.

타인의 성공 경험을 통해 자신의 업무 효율을 높일 수 있다. 하지만 아무리 열심히 성공 사례를 찾아 공부한다고 해도 자신의 삶에 응용하지 못하면 그게 다 무슨 소용인가? 당신은 매일 집을 나설 때마다 자신이 직접 길을 새로 내는가? 물론 아닐 것이다. 이미 누군가가 길을 닦아 놓았을 테니 말이다. 당신은 그저 목적지를 향해 그 길 위를 걷기만 하면 되며, 목적지까지 가는 방식은 당신 스스로 정하면 그만이다. 물론 언제나 무료로 모든 길을 이용할 수 있는 건 아니다. 일정한 세금이나 통행료를 지불해야 할지도 모른다. 하지만 당신이 직접 길을 내는 것보다 더 비용과 노력이 절약되지 않는가? 당신이 굳이 시간과 노력을 들여 직접 길을 낼 필요는 전혀 없다.

학습과 모방을 통해 당신은 더 크게 성장할 수 있다. 다른 사람의 생각과 아이디어가 당신에게 영감을 주어 더 혁신적인 생각을 떠올리게 될 수도 있다. 상대방을 배우고 모방하면서 그들의 경험과 방식을 적재적소에 이용하라. 기존의 틀 위에 상대방의 장점과 자신만의 독창적인 감각이 더해진다면 상대방의 혁신이 곧 자신의 것이 된다.

잠재력 발굴의 권위자 웨이안둥(威安東)은 말했다. "전 모방이야 말로 성공의 지름길이라고 생각합니다. 그래서 전 시간과 노력을 들여 무조건 타인의 뛰어난 성과를 모방하려 애쓰죠. 그리고 마침내 그들과 같은 성과를 내는 제 자신을 발견하게 되었습니다."

내가 장강실업공사 마케팅부에 근무하던 때였다. 나는 종종 상사와 함께 업무의 전반적인 사항에 대해 토론했다. 그는 자신의 판매 및 관리 전략과 성공 이념을 이야기하며 항상 내게 강조하곤 했다. "성공이 뭐라고 생각하나? 성공이란 말이야, 정신력과 성실함 그리고 모방 능력의 결합물일세. 정신력과 성실함은 성공하기 위해 반드시 갖춰야 할 전제 조건이라면 모방 능력은 일종의 방법론이라고 할 수 있지. 다시 말해 일과 삶 속에서 내리는 판단과 선택을 위한 수단이지. 이건 바로 자신의 일 더 나아가 일상생활 전반에 걸쳐 성공을 거둘 수 있는지 가늠하는 중요한 요소라네."

예를 들어 창업을 결심했을 때, 성공의 절반을 결정짓는 가장 중요한 요소가 바로 좋은 창업 아이템의 선정이다. 성공한 자들이 이미 취한 방식을 살펴봄으로써 우리는 시간과 노력 및 돈을 절약할 수 있다. 그들이 이미 겪어보았고 성공했던 경험을 '모방', '흡수' 하여 자신의 것으로 만들어야 한다. 버핏을 따라 주식을 사거나, 머독(Murdoch)처럼 신문사를 세워 보는 건 어떨까? 물론 당신이 이를 실현할 수 있는 충분한 능력이 뒷받침되었을 때 말이다.

당신의 발전에 도움이 될 만한 직업을 선택했다면 이미 당신은 성공을 향한 첫 발을 내딛은 거나 마찬가지다. 당신의 직장 생활을 위한 첫 단추를 제대로 꿰맨 것이나 다름없다. 그럼 과연 어떻게 이 직업이 당신에게 유리한지 불리한지 판단할 수 있을까? 다른 사람의 경험을 참고하여 자신의 상황에 대입시켜 보자.

'행동 모방' 과 그 무한한 가치의 중요성에 대해 깊이 인식하고 있다면 우리는 그걸 어떻게 행동으로 옮겨야 할까? 그저 형식만 따라 해서는 안 된다. 성공한 자들이 남긴 명언을 트위터나 위챗에 올리는 건 누구나 쉽게 할 수 있는 일이다. 형식만이 아닌 그 진정한 의미까지 행동에 담아야 한다. 그러기 위해 다음과 같은 연습이 필요하다.

▲ 시야를 넓혀라.

언제나 주변을 살피고 자신의 시야를 넓히도록 노력하라. 다른 사람의 성공 경험을 취사선택 할 줄 알아야 한다. 자신의 상황에 맞게 선별하여 수용하고 승화시켜 적재적소에 활용하라.

▲ 예리한 통찰력을 키워라.

예리한 통찰력과 시장에 대한 끊임없는 모니터링이 필요하다. 새로운 사물과 이념을 발견했을 때, 반드시 앞으로 자신의 발전에 도움이 되는지, 도움이 된다면 어떤 방식인지부터 확실히 따져야 한다. 그다음 합리적인 방식으로 이 정보를 가공하고 흡수하라.

▲ 자신의 일에 시간과 노력을 투자하라.

이것이 가장 중요한 전제조건이다. 자신이 하는 일에 아무런 흥미도 느끼지 못하고 계속 겉돌기만 한다면 다른 사람의 경험을 배워봤자 말짱 도루묵이 될 뿐 아닌가? 성공 사례를 공부하고 수용하는 일 역시 논할 가치조차 없다.

성공한 자들과 가까이 지내며 그들의 성공 경험을 눈에 담아라. 하지만 기계적으로 껍데기만 받아들인다면 아무 소용이 없다. 자신의 현재 상황에 맞는 취사선택이 필요하다. 타인을 그대로 따라 하기보다 '창조적 모방'이 이뤄져야 한다. 상대방의 장점을 받아들이며 동시에 자신만의 특색을 잃지 마라. "나를 배우는 자는 살고, 나를 베끼는 자는 죽는다."라는 제백석(齊白石)의 말처럼 독창적 모방이 얼마나 중요한지 알 수 있다.

모방은 구체적인 대상이 필요하다. 선인의 경험을 보고 받아들이는 과정이기 때문이다. 자신의 발전에 유리한 점은 받아들이고, 자신에게 맞지 않는 것은 바로 버려야 한다. 다른 사람의 장점을 자신의 현재 상황에 맞게 수용하고 승화시켜 자신의 것으로 만들어라. 그래야만 모든 문제를 제대로 해결할 수 있고, 발전할 수 있는 것이다.

성공한 자의 경험을 모방함과 동시에 자신만의 색깔을 잃지 않도록 노력해야 한다. 남들과 차별화된 자신만의 핵심 경쟁력을 갖춰라. 언제든 독창적인 자신의 매력을 드러낼 때, 타인의 '그림자'가 아닌 차별화된 '나 자신'을 보여줄 수 있다.

당신의 장점은
무엇입니까?

로스앤젤레스에서 열린 한 강연에서 있었던 일이다. 각지에서 참가한 100여명의 대학생들이 열정적으로 자신의 꿈과 향후 5년간의 청사진에 대해 이야기하였다. 하지만 내가 그들에게 장점이 무엇이냐고 묻자 모두들 고개를 숙이고 쉽게 입을 떼지 못했다. 소위 말하는 미국 일류 대학 출신인 그들이었지만 "학교에서 무엇을 배우고 있나요? 당신이 가장 잘 하는 건 뭐죠?"라는 내 질문에 다들 멍한 표정만 지을 뿐이었다.

내가 다시 한 번 묻자 그레인(Grainne)이라고 이름을 밝힌 펜실베이니아에서 온 백인 여학생이 농담조로 웃으며 대답했다. "전 담을 잘 넘어요. 고등학교 때부터 단련된 저만의 특기죠. 제가 다녔던 사립 고등학교는 출입이 자유롭지 못했거든요. 매일 남자친구를 만나러 몰래 나가기 위해 수없이 담 넘는 연습을 했어요. 담 넘는 것 외엔 특별히 떠오르는 장점은 없습니다."

그녀의 대답이 채 끝나기도 전에 강의실은 온통 웃음바다가 되었다. 그렇다. 물론 담 넘는 기술도 일종의 장점이라고 할 수 있다. 하지만 우리가 살아가는 데 반드시 필요한 기술은 아니지 않는가! '성공'을 논할 때 '장점'이 가장 중요한 요소라는 점을 난 이 자리에서 분명히 강조하고 싶다. 내가 말하는 장점이란 담 넘는 기술이 아니다. 물론 게임에서 일격에 상대를 쓰러뜨리는 필살기를 의미하는 것도 아니다. 바로 당신의 삶을 더욱 윤택하게 만들어 주고 상대방보다 더 존경과 신뢰를 받을 수 있는 결정적인 한방을 말한다.

어느 날 난 회사 동료인 샤오리(小李)에게 물었다. "네 장점은 뭐야?"

그녀는 한참을 곰곰이 생각하더니 "성실한 태도?"라고 답했다.

그게 과연 장점이라고 할 수 있을까? 누구나 마음만 먹으면 샤오리처럼 성실한 태도로 일할 수 있지 않는가? 이건 일하면서 누구나 공통적으로 가져야 하는 기본 소양일 뿐이지 자신만의 개성이라고 보기는 어렵다. 만약 당신이 '성실한 태도'를 자신만의 장점이라고 생각한다면 큰 오산이다. 난 샤오리에게 담담한 목소리로 이야기했다. "샤오리, 성실한 태도도 좋아. 하지만 거기에 당신만의 특별한 무기를 더해보는 건 어떨까? 그러면 업무 효율이 배가 되지 않을까?"

성실한 근무 태도 위에 자신의 발전을 위한 노력이 더해졌다면 업무 효율성 제고와 더불어 회사 내에서 그녀와 대적할 만한 적수는 아마 찾아보기 힘들었을 것이다. 그게 바로 장점이다. 누구나 모두 할 수 있는 일은 아니기 때문이다.

직장 내에서 말하는 '장점'이란 다른 사람이 대신 해줄 수 없는 자신만의 핵심 경쟁력을 뜻한다. 우리는 어떤 일을 하든 성공하고 싶다면 자신만의 핵심 경쟁력을 길러야 한다. 경쟁력을 갖추었다면 새로운 직원이 입사하더라도 쉽게 도태되지 않으며, 오히려 더 뛰어난 업무 실적을 낼 수 있다. 자신만의 장점을 개발했다면 당신 앞에 무한한 가능성이 열리게 되고 보다 높은 자리로 올라설 수 있다. 모든 회사에서는 멀티태스킹이 가능한 복합형 인재를 선호한다. 자기 발전을 꿈꾸는 직장인으로서 당신은 반드시 자신만의 장점을 찾아야 한다. 장점은 당신이 가진 최고 가치와 최종 가치가 빚어낸 산물이다. 즉, 자신의 영향력을 드러낼 수 있는 중요한 수단인 것이다. 장점이 하나도 없다면 동료들과 상사의 신뢰를 얻기 힘들며, 사회에서 쉽게 성공을 거둘 수 없다.

직장은 마치 사방이 적으로 둘러싸인 수풀과 같다. 도처에 총알이 장전된 방아쇠를 당기려고 기회를 엿보는 사냥꾼이 깔려있다. 사냥꾼들이 호시탐탐 사냥감을 노리고, 서로를 향해 총구를 겨누고 있는 살벌한 전쟁터이다. 이런 곳에서 살아남으려면 정신을 바짝 차리고 언제나 사방을 주시하며, 곳곳에 귀를 기울여야 할 뿐만 아니라 어떤 공격도 막아낼 수 있는 자신만의 비기가 필요하다. 당신이 성실하게 주어진 일만 한다면 한평생 회사 내에서 기계적으로 눈앞의 일만 처리하는 그저 그런 삶을 살게 될 것이다. 하루하루 아무 의미 없는 8시간을 보내고 출근과 퇴근을 반복하며 적은 연봉만을 손에 쥐게 된다. 승진, 보너스, 해외 학술 연수 등은 아마 평생 꿈도 꿔보지 못할 것이다.

그 이유는 대체 무엇일까? 그건 바로 그만큼의 일은 누구나 다 하기 때문이다. 다들 거기에 만족하지 않고 자신만의 경쟁력을 갖추려 노력한다. 이런 상황에서 사장의 눈에 당신은 별다른 장점도 없이 그저 시키는 일만 하는 평범하기 그지없는 수많은 대체품 중 하나로 비춰질 것이다.

따라서 성실한 근무 태도보다 더 중요한 것은 자신만의 장점을 발굴해 드러내는 일이다. 체조 경기를 떠올려 보라. 체조 선수들은 가산점을 얻기 위해 기본 동작 외에 자신만의 '필살기'를 준비한다. 당신도 당신만의 필살기가 필요하다. 누구나 쉽게 따라하지 못하는 동작을 선보이는 체조 선수처럼, 다른 직원들에게는 없는 자신만의 장점을 살린다면 분명 살벌한 경쟁 사회에서 충분히 승산이 생긴다.

'장점'이란 개념에 대해 정확히 이해하고 있는 사람은 많지 않다.

난 샤오리 뿐만 아니라 다른 동료들, 그리고 내 강의를 수강한 서로 다른 국가에서 온 직장인에게도 같은 질문을 했었다. 그들 모두 머뭇거리며 쉽게 대답을 내어놓지 못했다. "음, 제 장점이 뭐냐고요?" 한참을 고민해 봐도 쉽게 답이 떠오르지 않는 모양이었다. 많은 사람들은 '장점'이라는 단어를 들었을 때, 본능적으로 노래, 춤, 스포츠 등 업무 능력 이외의 것을 떠올린다.

미국 남부 출신인 코니(Connie)는 말했다. "전 장점이 없는 것 같아요. 일 하는 것 빼고는 할 줄 아는 게 없거든요."

사람들은 모두 일반적으로 코니처럼 생각한다. 하지만 사실 장점의 개념은 우리의 생각보다 매우 넓다. 일상생활 뿐 아니라 전반적인 업무 상황도 그 범위에 포함된다.

뛰어난 고객 응대 실력이라든가 기술적 문제 해결 능력 혹은 분위기를 맞출 줄 아는 능력 모두 개개인이 가질 수 있는 장점에 해당한다. 이것들은 모두 일반 업무상의 장점이다. 심리학에서 '업무적 장점'은 기업의 승패를 결정 짓는 핵심 포인트라고 한다. 무한 경쟁 시대에 당신은 반드시 자신의 업무상 장점이 무엇인지 자신만의 핵심 경쟁력이 무엇인지 파악해야 한다.

회사가 시장에서 확실한 우위를 점하려면 상대가 가지지 못한 경쟁 우위를 확보해야 한다. 이 경쟁 우위가 확보되었을 때 소비자의 탄탄한 신뢰를 얻을 수 있다. 마찬가지로 직장 내에서 동료와 사장의 신뢰를 얻고 승진의 기회를 잡으려면 반드시 남보다 뛰어난 그 무언가가 있어야 한다. 그것이 바로 당신의 '장점'이자 당신만의 경쟁력이다. 당신의 장점을 무기로 개발하고 기업의 가치 창출에 기여했을 때 당신은 회사 내에서 자신의 꿈을 펼칠 수 있을 것이다.

장점이 많은 것은 물론 좋은 일이지만 '깊이'가 없는 장점은 없느니만 못하다. 아는 것이 많지만 전문성이 떨어진다면 결코 경쟁력을 지닐 수 없다. 우선 한 분야에 대한 전문성부터 길러라. 적어도 한 분야에서만큼은 남들이 넘볼 수 없는 출중한 능력을 키우는 게 중요하다.

구직활동을 하던 한 대학생은 이력서에 자신의 장점을 빼곡하게 작성하였다. 면접 때 한 인사담당자가 그에게 물었다. "당신이 가장 잘 하는 것은 무엇입니까?" 그 학생은 질문이 떨어지자마자 기다렸다는 듯이 자신의 장점을 줄줄이 읊기 시작했다. 이것도 잘하고 저것도 잘하고, 마치 팔방미인처럼 자신의 장점을 이야기했다.
대답을 다 듣고 난 인사담당자는 고개를 내저으며 말했다. "잘하는 건 많지만, 진짜 당신의 '장점'은 없는 것 같군요."

난 한 작가에게 왜 글을 쓰냐고 물은 적이 있다. 그는 글 쓰는 데만큼은 누구도 자신을 따라올 수 없다고 대답했다. 99퍼센트의 사람들보다 더 글을 잘 쓸 수 있다고 말했다. 맞다! 그는 상위 1퍼센트의 실력을 지닌 뛰어난 작가라 자신의 분야에서 큰 성공을 거두었던 것이다.

아시아든 구미지역이든 전 세계적으로 박학다식한 젊은이들이 넘쳐나지만 자신만의 전문성을 지닌 이들은 오히려 찾아보기 힘들다. 모든 분야에서 '합격' 점수를 받는 젊은이들은 많지만 '90점' 이상을 받는 사람은 없다. 그들에게 똑똑히 말해주고 싶다. 그건 결코 장점이 아니란 사실을 말이다. 그들은 장점의 중요성을 전혀 인지하지 못하고 있다. 얕지만 넓은 지식만으로도 충분히 자신의 꿈과 이상을 실현할 수 있다고 믿지만, 그것은 절대 성공의 조건이 될 수 없다. 깊이가 없는 지식보다는 한 분야의 전문성을 키워야 한다.

그렇다면 자신만의 장점을 키워 핵심 경쟁력을 지니려면 어떻게 해야할까?

▲ 자신의 성격을 제대로 파악하고 분석하라.
성격이 운명을 결정한다. 장점을 발굴하기 위해선 우선 자신이 어떤 유형의 사람인지부터 살핀 후 자신의 성격을 토대로 장점을 찾아야 한다. 노력보다 선택이 더 중요한 순간이 있다. 자신에게 맞는 선택을 할 때, 자신의 장점을 발굴해낼 수 있다. 억지로 하는 일은 결코 좋은 결과를 낼 수 없음을 명심하라.

▲ 자신의 취미를 찾기 전에 어떤 사람이 되고 싶은지부터 정하라.

목표를 정확히 세워라. 목표가 정해지면 그 목표를 향해 최선의 노력을 다하라. 자신의 흥미를 찾고 그에 맞춰 일을 정하라. 만약 판매원이 되고 싶다면 마케팅 관련 지식을 습득하여 이 분야에서 최고가 되어라.

▲ 현재 자신의 생활 및 업무 환경을 파악하고 상대방의 장점을 확실히 인지하라.

자신뿐만 아니라 상대방에 대한 조사도 필요하다. 자기 혼자 잘났다고 성공할 수 있는 사회가 아니다. 반드시 자신의 성격과 취미를 찾은 후 상대의 장점을 파악해야 한다. 그 후에 자신과 상대의 전력을 정확히 분석하고 비교하여 자신의 장점을 드러낼 수 있는 부분을 찾아라. 사람은 사회적 동물임을 잊어선 안 된다. 당신이 사회에서 어떤 경쟁력을 지녔는지, 어떤 가치가 있는 사람인지 확실히 인지한 뒤 나아갈 방향을 정해야 한다. 자신보다 더 뛰어난 사람들이 지금 어디에서 무얼 하고 있는지, 그들의 장점은 무엇인지 그들에게 배울 점은 무엇인지 정확히 파악하라. 그게 바로 자신의 장점을 기를 수 있는 지름길이다.

경쟁이 치열한 오늘날, 누구나 자신의 장점 하나쯤은 가지려고 노력한다. 자신만의 장점이 없는 사람은 이 사회에서 발붙이고 살기 힘들다. 그러므로 자신의 장점을 개발하고 드러내어 자신만의 브랜드를 만들고 핵심 경쟁력을 갖춰라.

PART 2

정글의 법칙

실패를 두려워 마라. 연이어 실패하더라도 두려워할 필요 없다. 우리가 가장 경계해야 할 것은 실패를 겪고서 낙담하여 다시 일어서지 못하고 주저앉아버리는 것이다. 인생이란 실패를 딛고 일어나 계속해서 새로운 역사를 써 내려가는 일련의 과정이다. 우리가 자신을 독하게 다그치지 않는다면 성공의 길목에서 주저앉게 될 뿐이다. 그저 머리로만 이해하고 실제로 행하지 않는다면 성공은 그저 요원한 바람일 뿐이다. '독함'이란 스스로 기를 수 있는 일종의 성격이자 마음자세로 어려움에 맞서 싸울 수 있게 정신무장을 하는 것을 말한다. 이는 성공하는 자들이 반드시 갖추어야 할 필수 덕목 중의 하나이다.

준비가 끝날 때까지
기다려라

보례닝(博列寧)은 내가 아는 가장 뛰어난 투자자 중의 한 명이다. 1980년 대 말부터 금융 시장에 뛰어든 그는 연달아 4개의 증권 회사를 설립했다. 하지만 과격한 그의 성향 탓인지 2년 새에 모두 문을 닫아야만 했다. 그는 매우 짧은 기간에 천만장자에서 무일푼 신세로 전락했다.

1991년, 그는 돌연 월가에서 자취를 감추었다. 그의 그간의 행보와는 맞지 않는 모습이었다. 사람들은 그가 자살했을 거라고 조심스럽게 추측 했다. 〈월스트리트저널〉의 한 전문 칼럼니스트 제프리 캐나다(Geoffrey Canada)는 "그는 일주일 새에 2억 달러에 달하는 고객과 돈을 잃고 자책 할 게 분명하다. 아마 해변가로 차를 몰고 간 후 동틀 무렵 홀로 목숨을 끊지 않았을까! 로맨틱 가이였던 그의 성격 상 거금을 잃었더라도 낭만적 인 장소에서 쓸쓸히 최후를 맞이했을 것으로 보인다. 실로 안타깝기 그지 없는 일이 아닐 수 없다!"

물론 캐나다의 말은 사실이 아니다. 그는 그렇게 쉽게 자신의 목숨을 끊지 않았다. 단지 잠시 몸을 숙이고 때를 기다리고 있었을 뿐이었다. 그는 마음속에 일렁이는 실패에 대한 고통을 천천히 억누르며, 실패의 원인을 분석했다. 이성적으로 자신의 부족했던 점을 되돌아보고 재기할 그날만 을 기다렸다. 그는 뉴욕 근교의 한 허름한 집에서 지내며 매일 1시간 씩 경제 금융 관련 기사를 공부했고, 나머지 시간에는 모든 업계의 자료를 수집했다.

6년 후, 미국 정부가 새로운 저금리 정책을 내놓았을 때, 그는 이미 클린턴의 민주당 정부의 금융 시장에 대한 전반적인 정책과 방향에 대해 충분히 판단한 후였다. 보례닝은 지금이 적기라고 판단했고, 곧바로 4000만 달러의 자금으로 증권투자 회사를 설립했다. 1년 후, 그의 회사 자본은 2배로 늘어났고, 그해 순수익만 1억 달러에 달했다. 그의 회사에 투자한 고객들 역시 300퍼센트의 수익률을 올릴 수 있었다.

　나는 강의를 할 때마다 버핏의 잠복학습법을 자주 언급한다. 그 역시 운명에 기대어 성공한 금융맨이 아니다. 뛰어난 인내심과 예리한 감각, 기회를 포착하기 위한 끊임없는 관찰과 노력이 그의 성공 요인이다. 버핏은 자신을 드러내지 않고 조용히 지냈다. 자신의 눈앞에 기회의 문이 열리기 전까지 조금도 움직일 줄을 몰랐다. 그는 말없이 때를 기다리며 자신의 실력을 키워나가다가 마침내 기회가 찾아왔을 때, 전광석화처럼 그 기회를 잡아챘고 큰 성공을 거둘 수 있었다.

　큰 성공을 거둔 사람들은 자신의 단점이 무엇인지 확실히 안다. 적어도 지금 현재 무엇이 부족한지 인지하고 있으며, 인내심을 가지고 부족한 부분을 채우려 노력한다. 기회가 오기 전까지 결코 경거망동 서두르지 않는다. 성공에 대한 갈망과 실패에 대한 공포를 극복하기 위해서는 조급한 맘을 버리고 천천히 기회를 기다리며 엄격하게 자신을 다그쳐야 한다. 이것이 바로 내가 미국에서 만났던 월가 금융맨의 성공 비법이다. 그들은 모두 하나같이 독종들이다. 자신의 부를 믿고 함부로 투자를 결심하지 않는다. 언제나 자신을 독하게 다그치며 마음속 욕망을 억누를 줄 안다. 시장 정세 변화에 민첩하게 반응하며 가장 적절한 투자 순간을 포착하는 데

탁월하다.

우리는 주변에서 흔히 '독종'이라 불리지만 성과가 미미하거나 심지어 인생의 실패를 맛본 사람들을 볼 수 있다. 그들은 진정한 독종이 아니다. 몸을 숙이며 때를 기다릴 줄 모른다. 회사에서도 언제나 열정적으로 모든 시간과 노력을 회사 일에 바치기만 하는 이들이 존재한다. 그들은 분명 열심히 하지만 성과가 없다. 분명 매사에 적극적이지만 항상 결과가 좋지 않다.

이런 상황에 부딪쳤을 때, 사람들은 가장 먼저 원망부터 하기 마련이다.

"날 무시하는 이런 회사 때려치우고 싶어! 대체 사장님은 왜 날 몰라봐 주는 거야? 다들 내게 무슨 유감이라도 있나?"

"일부터 날 괴롭히려는 게 분명해. 내 승진을 막으려고 기회조차 주지 않잖아!"

"내가 여기서 더 참아야 되는 건가? 아니! 당장 가서 담판을 지어야겠어! 내가 응당 받아야 할 몫은 챙겨야 될 거 아냐!"

당신 역시 이와 같은 상황이라면 참지 못하고 원망의 말부터 늘어놓지 않을까? 그랬다면 당신은 바로 아웃이다! 왜 참지 못하는가? 대체 왜 매번 비슷한 일을 겪으면서도 항상 똑같은 실수를 반복하는가? 문제가 발생하면 우선 문제의 원인이 자신에게 있는지, 자신에게 엄격하게 굴었는지부터 따져보아라. 그 다음 일단 화를 가라앉히고 해결 방안을 찾아라. 문제에 직면하자마자 바로 불만부터 터뜨리며 모든 책임을 다른 사람에 미루는 이런 경솔한 태도를 보인다면 성공은 요원할 것이다.

문제에 직면했을 때 물러서지 않고 그 즉시 맞서 싸우는 자는 위험을 무릅쓸 줄 아는 도전 정신이 뛰어나지만 사방을 제대로 살필 줄 모르기 때문에 현재 자신이 처한 상황에 대한 판단이 느리다.

일단 기회가 찾아오면 과감하게 그 기회를 잡아야 하고, 미리 대비를 해 놓는 자세가 필요하다. 아무런 준비 없이는 나서지 마라. 준비 없이 요행만 바라서는 절대 성공할 수 없다. 경쟁이 치열한 현대 사회이든 고대 전쟁터이든 '객기'만 가지고 덤비는 자는 언제나 실패했고, 성공과는 거리가 멀었다. 아무런 계산 없이 경솔하게 행동한다면 그저 성공을 위해 차근차근 준비해 온 자들의 앞길을 밝혀줄 희생양으로 전락할 뿐이다.

현재 가장 이슈가 되고 있는 대학 취업률을 살펴보자. 취업난은 이미 사회의 가장 심각한 문제로 자리 잡았다. 대학 졸업생의 취업은 정말 그렇게 어려운 일인가? 사실 꼭 그렇지만도 않다. 나만해도 대학 졸업 후 바로 취업을 하지 않았던가? 아무런 업무 경험도 없는 상황이었지만 난 꾸준한 모니터링을 통해 결국 취업 기회를 잡았다.

많은 사람들이 왜 쉽게 일자리를 구하지 못하는 걸까? 그들은 많은 시간을 들여 스펙 쌓기에 열을 올리지만 정작 업무에 필요한 능력을 키우는 데는 소홀히 한다. 회사에서 구직자에게 바라는 기본 소양을 전혀 알지 못하며 심지어는 지원하는 회사 이름조차 모르는 사람이 많다. 서류 전형에서 통과되었더라도 면접에서 업무 관련 질문을 받으면 단 한마디도 하지 못한다. 꾸준히 구직 활동을 벌이며 면접 기회를 잡아 면접관에게 자신을 알리고자 하여도 아무런 준비가 되어 있지 않다면 모두 시간 낭비일 뿐이며 결국 자신감 하락으로 이어진다.

캘리포니아에 위치한 자회사에 면접을 보러 온 중국인 지원자가 유독 기억에 남는다. 그는 중국에서 대학을 졸업하고 큰 뜻을 펼치고자 미국으로 건너와 일자리를 구하는 중이었다. 마지막 2차 면접시험 때는 내가 직접 면접관으로 참석했었다. 면접을 보기 전 인사담당부서 직원에게 건네받은 그의 이력서를 미리 훑어보았다. 모두들 그에 대한 평가가 매우 후한 편이었다.

난 이 지원자에 대해 궁금증이 일었다. 이제 막 대학을 졸업했을 뿐인 젊은이가 까다롭기로 소문난 우리 회사 인사담당부서 직원들에게 어찌 이런 높은 점수를 받을 수 있었을까? 난 면접 때 그에게 회사의 기업 문화 가치관 및 현재 우리 회사의 업계 발전 추세에 관해 물었다. 그는 자신의 생각을 조리 있게 정리해서 말할 줄 알았다. 아직 서툰 감은 있지만 논리 정연하고 자신의 주관이 뚜렷했다. 우리 회사에 대해 철저한 분석과 조사를 했다는 반증이다.

난 그에게 물었다. "이번에 대학을 졸업하고 미국으로 건너왔다고 했는데, 언제 이렇게 면접 준비를 철저히 한 거죠?" 그는 머쓱하게 웃으며 대답했다. "면접 공지를 받자마자 회사 홈페이지에 나와 있는 모든 정보를 프린트한 뒤 계속 연구했습니다. 현재 회사의 업계 현황과 향후 발전 추세에 대해 상세히 분석했죠,"

그는 마치 자신이 좋아하는 놀이를 하는 것처럼 회사에 대해 철저히 연구하고 준비했다. 난 그의 열정과 노력에 매료되었다. 회사에는 그처럼 열정이 넘치는 직원이 필요하다. 최종 합격 후 회사에 근무하면서 그는 자신의 일을 누구보다 완벽하게 빠른 속도로 처리했다. 이런 직원이야말로 충분히 믿고 일을 맡길 수 있으며 반드시 놓쳐서는 안 되는 인재다. 이런 인재를 마주하게 되면 반드시 충분한 기회를 주어 더 많은 성과를 올릴 수 있는 기반을 만들어 주어야 한다.

성공을 위해 우리는 인내심을 가지고 때를 기다릴 줄 알아야 하며, 결코 경거망동해선 안 된다. 마음을 다스리고 가장 중요한 일의 본질을 찾아라.

다음 사례를 보면 인내심이 성공의 가장 중요한 덕목이라는 사실을 알 수 있다.

곧 퇴직을 앞둔 전설의 '판매왕'은 마케팅 협회와 사회 각계 인사들의 초청을 받아 도시에서 가장 큰 규모의 체육관에서 고별 연설을 하기로 했다. 그날 당대 최고 판매왕의 연설을 기다리는 수많은 사람으로 체육관은 만석이었다.

연설을 위해 마련된 무대 위에는 철제 받침대가 세워져 있었고, 그 위에 커다란 쇠 구슬이 박혀 있었다. 관객들의 열화와 같은 환호 속에 빨간색 운동복을 입고 흰색 운동화를 신은 한 노인이 느릿느릿한 걸음으로 철제 받침대 옆으로 다가갔다.

모두 그가 어떤 행동을 보일지 숨죽이며 바라보았다. 그때 직원 두 명이 무대 위로 올라와 철제 받침대를 노인 앞으로 가져다 놓았다. 사회자는 관중을 향해 외쳤다. "자신의 근력이 강하다고 생각되시는 분이 있다면 지금 바로 무대 위로 올라와 주십시오." 수많은 젊은 관객 가운데 동작이 날쌘 두 명의 젊은 남성이 가장 먼저 무대 위로 올라왔다.

노인은 그들에게 규칙을 설명했다. 쇠망치로 받침대 위에 달린 쇠 구슬이 떨어질 때까지 두드리면 되었다.

젊은 청년이 쇠망치를 들고 호기롭게 나섰다. 그는 있는 힘껏 쇠 구슬을 향해 망치를 내리쳤고 순간 커다란 굉음이 온 체육관을 뒤덮었다. 하지만 쇠구슬은 조금의 미동조차 없었으며 그가 뒤이어 연거푸 망치질을 했지만 여전히 쇠 구슬은 그 자리에 붙어있었고, 무대 위에는 젊은 청년의 거친 숨소리만 가득할 뿐이었다.

또 다른 한 명의 청년 역시 자신만만하게 나서며 쇠망치로 구슬을 내리쳤지만, 역시 역부족이었다.

무대 아래 관중들의 함성은 어느샌가 잦아들었고, 그들은 쇠망치가 아닌 다른 방법이 있다고 확신하며 모두 노인의 입만 쳐다보고 있었다.

체육관 안의 소란이 멎자 노인은 자신의 상의 주머니에서 조그마한 망치를 꺼내 들더니 진지한 표정으로 거대한 쇠 구슬을 내리쳤다. 그는 한 번 망치질을 하고는 잠시 쉬었다가 다시 한 번 '탕' 소리가 나도록 망치질을 했다. 사람들이 궁금증을 담아 쳐다보았지만, 그 노인은 멈추지 않고 계속 같은 행동을 반복할 뿐이었다.

10분이 흐르고, 20분이 지났다. 이미 그 노인의 행동에 주목하는 관중은 단 한 명도 없었다. 심지어 노인을 향해 욕을 하는 사람도 나타났다. 그들이 아무리 불만을 터뜨려도 노인은 묵묵히 망치질을 멈추지 않았다. 마치 무대 아래 관중들의 고함이 전혀 들리지 않는 사람처럼 말이다. 시간이 지날수록 화가 나 집으로 돌아가는 관중의 수는 늘어만 갔다. 남아있는 관중들은 고함을 지르는 것도 지쳤는지 체육관 안의 소리는 점차 잦아들었다.

노인이 망치질을 한 지 40분쯤 지났을 무렵 무대 앞줄에 앉은 한 여성이 갑자기 큰 소리로 외쳤다. "쇠 구슬이 움직였어요!" 순식간에 체육관은 쥐 죽은 듯이 고요해졌고, 사람들은 모두 쇠 구슬에 집중했다. 자세히 살펴보지 않으면 알아채기 힘들 정도로 미세한 움직임이었다. 노인은 여전히 망치질을 멈추지 않았고, 횟수가 늘어날 때마다 움직임의 정도도 커져만 갔다. 순간 '쾅' 소리와 함께 쇠 구슬이 무대 바닥으로 떨어졌고, 이를 지켜보던 관중의 가슴 속에도 '쾅' 소리와 함께 감동이 물밀 듯 스쳐 지나갔다. 사람들은 체육관이 떠내려갈 정도로 박수를 치기 시작했고, 노인은 망치를 다시 주머니에 넣으며 천천히 관중을 향해 돌아섰다.

마침내 입을 연 노인은 단 한마디의 말을 내뱉었을 뿐이었다. "성공하고 싶나요? 성공이 찾아오기 전까지 인내심을 가지고 기다릴 준비가 되어 있지 않다면 결국 당신이 마주하는 건 실패뿐입니다."

침착한 태도로 인내심을 가지고 자기 일을 하는 사람이 과연 얼마나 될까? 최선을 다해 자기 일에 몰두하거나, 일을 시작하기 전에 충분히 사전 준비를 하는 사람은 많지 않다. 그들은 100퍼센트 힘을 쏟아부어야 할 때, 고작 70퍼센트의 준비만 겨우 할 뿐이다. 판매사원으로서 자신의 제품을 고객에게 판매하고 싶다면 인내심과 사전 준비는 필수적이다. 고객의 구매 성향을 우선 파악하고 고객 심리를 파고들 줄 알아야 한다. 고객의 성향에 따라 자신의 제품에 대한 강점을 강화하라. 아무런 공도 들이지 않고 그저 단순히 제품 설명만 늘어놓는다면 고객들은 당신에게 등을 돌리게 된다. 기회는 준비된 자에게 찾아온다. 당신이 남보다 더 빨리 더 멀리 앞서나가고 있다고 해도 충분한 사전 준비가 되어 있지 않다면 기회는 당신을 비켜 나가게 된다.

내가 일본 기업에서 실습하던 때 자주 들었던 파나소닉에 근무하는 한 판매사원의 이야기이다. 그는 매일 언제나 가장 먼저 고객을 응대하고 퇴근 시간이 지나 지친 몸을 이끌고 회사로 복귀하곤 했다. 하지만 그의 판매 실적은 저조했고 한때는 해고당할 위기도 겪어야만 했다. 그는 자신의 동료에게 신세 한탄을 늘어놓았다. "나처럼 억세게 운 나쁜 놈이 또 있을까?" 한 동료는 그에게 물었다. "네가 응대했던 고객에 대한 정보는 파악했어? 고객의 성향쯤은 다 알고 있었겠지?" 그는 고개를 가로저었다. 동료는 다시 물었다. "오늘 만났던 고객은? 고객 정보에 대해 공부했어?" 그는 또다시 고개를 가로저었다. 동료는 재차 질문을 던졌다. "내일 만나기로 한 고객에 대해선? 공부했지?" 그는 이번에도 가만히 고개를 가로저을 뿐이었다.

동료는 그에게 말했다. "넌 운이 나쁜 게 아니야. 네가 아무런 사전 준비 없이 고객을 응대했기 때문이지. 봐봐! 넌 네 고객에 대해 아무것도 모르고 있잖아. 계속 이런 식이라면 넌 절대 성공할 수 없어."

비즈니스 기회를 잡고 싶다면 적어도 상대와 고객에 대한 전반적인 상황 파악이 선행되어야 하며 그에 따라 적절한 판단을 내려야 한다. 반드시 이러한 일련의 준비 과정을 거쳐야 한다. 귀찮다고 아무런 준비 없이 뛰어든다면 기회가 찾아와도 결코 잡을 수 없다. 보례닝(博列寧) 역시 실패를 겪고 철저한 준비의 필요성을 깨달았다. 그는 세상과 등지고 살던 몇 년 동안 철저하게 자신의 실패 요인을 파악하고 이를 고쳐나가기 위해 노력했다. 그래서 기회가 찾아 왔을 때 그 기회를 잡아 월가의 투자자로 다시금 이름을 날릴 수 있었다.

사람들은 일하면서 인내심이 부족하고 가시적인 성공만을 좇는 경향이 강하다. 이익과 성과를 내기 위해 경솔히 달려들곤 한다. 성과 역시 일종의 기회는 맞다. 당신이 이뤄놓은 성과물을 동료나 상사가 가로챈다면 그걸 가만히 참고 있을 사람은 없다. 하지만 이런 불공평한 상황이 우리 주변에서 비일비재하다는 점을 기억하라. 언제나 성실한 자세로 아무런 불평불만 없이 묵묵히 일해 왔지만 아무도 자신을 알아봐 주지 않을 때 당신은 어떻게 하겠는가? 그 즉시 가서 따지겠는가? 그건 현명하지 못한 행동이다. 성과를 내는 것보다 인성이 우선이다. 그러므로 섣불리 따지고 드는 것은 옳지 않다. 그렇다면 어떻게 해야 할까?

▲ 당신의 성과물을 상사에게 빼앗겨 분노가 치미는 상황이어도 일단 진정하고 가장 효과적인 해결방안을 모색한다.

▲ 성과를 둘러싸고 팀원들을 적으로 돌리지 말라. 자신의 무덤을 파는 격이다.

▲ 당신의 총구가 겨누어야 할 방향은 자신의 이익만을 좇고 주변을 살피지 않는 사람이다.

사람은 모두 이 사회에서 홀로 살아갈 수 없기에 반드시 함께 더불어 사는 법을 배워야 한다. 사람이 모인 곳에선 갈등이 존재할 수밖에 없고 이익 분쟁이 발생할 수밖에 없다. 이건 어느 국가나 기업에서 모두 나타나는 현상이다. 이익 분쟁이 발생했을 때보다 이성적이고 합리적인 태도를 취해야 한다. 반드시 취해야 할 자신의 권리라면 무슨 일이 있어도 포기해선 안 되지만, 그게 아니라면 몸을 낮추고 때를 기다릴 줄 알아야 한다.

'직급이 높은 사람은 어깨에 힘이 들어가기' 마련이다. 이 말을 명심하고 윗사람에게 대들지 마라. 돌아가더라도 보다 효과적으로 일을 해결할 수 있는 방법을 찾아야 한다.

남들보다 뛰어난 업무 성과를 거두었을 때, 누구나 항상 사장의 인정을 받고 싶어 한다. 이건 사람이라면 모두 느끼는 보편적인 바람이다. 당신의 사수나 상사 역시 사장의 인정을 받아 승진을 하고픈 욕망을 품고 있다. 그들은 당신과 공동으로 완성한 프로젝트나 혹은 당신 단독으로 성공시킨 프로젝트를 냉큼 자신의 성과물로 둔갑시켜 당신의 공을 가로채기도 할 것이다. 그때 당신이 사장에게 바로 달려가 일의 전모를 밝힌다 한들 손해 보는 것은 당신이다. 회사라는 조직 사회에서 앞으로 당신이 설 자리는 이제 사라졌다고 봐도 무방하다.

당신의 상사가 상사라고 불리는 데에는 그만한 이유가 있다. 적어도 사장은 당신보다 당신의 상사를 더 신뢰하며, 당신에 대한 상사의 평가가 당신을 바라보는 사장의 평가에 영향을 끼칠 수밖에 없다. 그러므로 성과를 빼앗기는 상황이 오더라도 우선 자신에게 가장 이득이 되는 것이 무엇인지 따져보아라. 결코 섣불리 행동해선 안 되며 참고 인내해야 한다. 개인의 이득과 회사 이득 사이의 균형점을 찾는 능력이 필요하다. 이익의 경중을 따지고 취사선택을 하는 것도 사회에서 살아남는 일종의 '생존 학문'이다.

특히 팀 업무에서 이익의 경중을 잘 따져야 한다. 팀원 간 노력이나 공헌도에 차이가 분명 존재한다. 하지만 세세하게 노력의 정도를 따지고 들며 자신의 공을 내세우게 된다면 팀워크를 해치게 되며, 팀원에게 배척당하게 된다. 당신의 실적 역시 팀원 모두가 함께 이룬 결과물이라는 것을 잊지 말아라. 지나치게 자신의 성과나 이익만을 강조한다면 아무것도 얻을 수 없게 되고 심지어는 자신의 공마저 인정받지 못하게 되는 최악의 결과를 초래하게 된다. 성공하는 자들은 언제나 자신보다는 모든 공을 팀원, 파트너, 가족, 친구에게 돌리는 대범함을 지녔다. 이것이 바로 자신을 '독하게' 대하며 몸을 낮추는 그들만의 처세법이다.

대체 왜 자신의 공을 상대에게 양보하지 못하는가? 상사나 팀원에게 당당히 외쳐라. "제가 한 일이 뭐가 있다고요. 이건 모두가 합심해서 해낸 일입니다!"

손에 쥔 걸 내려놓았을 때 또 다른 무언가를 얻을 수 있다. 꼭 쥐려고만 하지 말고 내려놓아라. 그러면 생각지도 못한 선물을 받게 될 것이다. 개인의 역량이 아무리 뛰어나도 다른 사람의 도움 없이는 아무것도 이룰 수 없기 때문이다. 자신의 능력을 키움과 동시에 나눔의 미학도 배워라. 당신이 먼저 상대에게 베풀 때, 상대도 그만큼 당신에게 베풀 것이다.

특히 당신이 막 사회에 발을 디딘 후거나 새로운 환경에 적응해야 할 때라면 우선 '내려놓기'부터 배워야 한다. 참고 인내할 줄 알아야 하며, 사사건건 시비를 가리거나 죽자 살자 매달리지 마라. 하지만 여기서 말하는 '인내'가 모든 일에 그저 양보만 하라는 뜻은 아니다.

무조건적인 인내와 양보, 이 극단적인 선택은 피하라.

내가 어릴 적 아버지는 항상 내게 말씀하셨다. "갖은 고생을 견뎌내야 비로소 큰 사람이 되는 거란다." 아버지는 내가 이 말에 자극받아 열심히 공부하길 바라셨다. 당시에는 그 말뜻을 제대로 이해하지 못하고, '아버지께서 하신 말씀이니 무조건 옳겠구나.' 라는 생각이었다. 하지만 나이를 먹고 업무 경험이 쌓이자 아버지의 말씀에 한마디를 더 추가해야 비로소 완벽해짐을 깨달았다. "갖은 고생을 견뎌내야 그제야 사람 구실을 하고, 억울함을 겪어봐야 비로소 큰 사람이 된다." 난 이 말에 담긴 뜻을 이제야 제대로 느낀다.

인내심은 목적이 아니라 수단에 불과하다. 이는 직장인의 시련과 체념을 상징적으로 드러내는 말뿐 아니라 직장 생활의 효과적인 무기이기도 하다. 이 세상에 완벽한 공평함이란 존재하지 않는다. 그러므로 누구나 공정한 태도로 당신을 대할 거란 생각은 버려라. 성인군자도 일을 행함에 있어 완벽한 공평함을 행하지 못하는데, 우리 같은 범인이야 논할 가치조차 없지 않은가? 공자는 인(仁)을 추구했지만 그 전에 계급제도를 지지하던 인물이었다. 사람은 계급 사회에서 누군가의 아래에 존재하게 된다. 위 계급에 지배당하고 무조건적인 복종을 바칠 뿐이다.

이런 상황 속에서 성공을 거둔 사람들은 불공평한 대우를 당해도 불평을 하지 않는다. 그들의 성공은 하늘에서 한순간 뚝 떨어진 게 아니다. 성공하는 사람들은 새로운 일에 도전할 때, 그저 남들보다 강점이 많다고 여길 뿐 더 많이 참고 더 많이 인내한다.

성공한 자들이 자신이 걸어온 길을 되짚어 보며 자신의 삶을 정리했다.

▲ 당신의 일 처리가 완벽하지 않다며 사장이 지적을 했을 때, 설사 당신이 한 일이 아니더라도 그 자리에서 사장의 말에 반박하지 마라. 다음

번에 같은 실수를 반복하지 않도록 겸허한 자세로 사장의 훈계를 받아들여라.

▲ 처음 회사에 입사하게 되면 누구나 잡다한 업무를 도맡아 하기 마련이다. 그때 자신의 능력을 드러낼 기회가 없다고 불평하지 마라. 묵묵히 자신 앞에 놓인 일을 완벽히 끝마치는 데에만 집중하라.

▲ 상사가 당신과 다른 팀원을 차별한다고 불평불만을 쏟아 내선 안 된다. 자신의 부족한 점을 찾고, 보완해 가는 과정에서 기회를 노려라. 기회는 노력하는 자만이 얻을 수 있다.

▲ 보잘것없는 일자리라도 묵묵히 업무를 배우며 인내심을 가지고 끝까지 버텨내라. 옛말에 '금은 언젠가 반드시 빛이 난다.'는 말도 있지 않은가?

▲ 상사, 동료, 고객이 계속 당신에게 불만을 터뜨려도 결코 동요하지 마라. 이 모든 것이 당신을 신뢰한다는 방증이다. 그들의 말을 경청하라. 그들의 말 속에서 자신에게 도움이 되는 정보를 찾고 적극적으로 이용해야 한다.

오늘날 대학생들의 수는 1980년대처럼 적지 않다. 1980년대 대학 졸업장은 마치 금덩이와 같았지만, 현재는 시장의 배추만큼 흔해졌다. 매년 우수한 성적으로 수많은 대학생이 사회로 쏟아져 나온다. 요즘 소위 고학력자들은 발에 챌 만큼 넘쳐난다. 이력서에 줄줄이 적힌 수상 경력과 자격증이 가득하다. 하지만 대학 졸업장과 자격증 가지고 성공의 성패를 가릴 수는 없다. 이것은 단지 남들보다 조금 앞선 출발 선상에 서 있게 할 뿐, 더 멀리 더 빨리 달리게 해 주는 만병통치약은 결코 아니다.

열정과 의욕이 넘친다고 억울함을 견딜 수 있는 것은 아니다. 회사에 막 입사한 신입사원은 젊은 혈기로 불평불만 없이 야근한다. 그들은 기꺼이 어떤 고생도 마다하지 않지만 억울한 일을 당했을 땐 참지 못한다. 한 회사 관리자는 요새 젊은이에 대해 다음과 같이 얘기한다. "뭐라고 말을 꺼내야 할까요. 요새 젊은이들은 말이죠, 무슨 말만 하면 발을 동동 구르기나 하고 무책임하게 손을 놔버리더라고요. 이런 젊은이들이 많아서 눈앞의 많은 기회를 그냥 놓쳐버린 적이 한두 번이 아니랍니다."

내 사촌 동생은 대학 시절 줄곧 동기들 사이에서 두각을 드러내었지만, 대학 졸업 이후 2~3년 동안 계속 회사를 옮겨 다니며 정착을 하지 못했다. 한 회사에 길어야 반년 정도 근무할 뿐이었다. 마치 유람 나온 할아버지들이 시장에 장 보러 다니듯 이 회사에서 저 회사로 옮겨 다녔다.

그의 능력 자체는 매우 뛰어났고, 언제나 성실히 근무했다. 두말하지 않고 야근도 묵묵히 해내던 그였다. 단지 하루빨리 구체적인 성과를 올려 자신의 능력을 보여주지 못해 안달이 났을 뿐이다. 하지만 회사에 다닌 시간이 상대적으로 적어, 좋은 기회가 있어도 그에게까지 차례가 오지 않았다. 오히려 그보다 능력이 훨씬 떨어지는 직원이 더 오래 근무했다는 이유로 기회를 낚아채는 경우가 비일비재했다.

이런 상황을 겪으면서 그의 마음속에는 점차 불만이 자리 잡아갔다. "내가 더 열심히 노력했잖아? 내 능력이 훨씬 뛰어나단 말이야! 대체 왜 날 봐주지 않는 거지? 혹시 내게 무슨 유감이라도 있나? 그래서 일부러 그놈 편만 드는 거 아냐?" 생각하면 할수록 화가 솟구쳤던 그는 바로 사직서를 제출하고 더 좋은 일자리를 찾아 나섰다. 하지만 다른 곳으로 이직을 했어도 같은 상황은 계속 반복될 뿐이었고, 그때마다 그는 또다시 이직을 선택하며 현실 도피를 택했다.

　이건 비단 내 사촌 동생 얘기가 아니다. 현재 대다수 대학 졸업생들의 현실이다. 그들은 타인의 무시와 냉담한 시선을 견디지 못한다. 자신의 체면을 위해 이직을 선택하는 것이다.

　이직하는 사람들은 모두 공통된 생각을 한다. "이런 곳에서 굽실대며 일하고 싶지 않아! 여기 아니더라도 날 받아주는 곳 하나 없을까 봐?" 포부는 원대하고 그 기세가 하늘을 찌를 듯하지만, 옮겨간 회사에서도 똑같은 상황은 반복되고 만다. 그들은 어쩔 수 없이 평생 이직이라는 악순환의 고리에서 빠져나오지 못하는 것이다.

　능력을 인정받지 못하거나 남이 알아주지 않는 것은 기회를 잡지 못했거나 당신의 능력이 부족하기 때문이다. 그러므로 자신의 능력을 과신하지 마라. 아직 기회가 오지 않았거나 충분한 능력을 키우기 전까지 인내하는 법을 배우고 정확한 목표 설정과 능력 제고에 힘써라. 이 점을 제대로 인지하지 못한다면 당신은 예측하기 어려운 변화무쌍한 격전지에서 결코 살아남지 못할 것이다.

　난 일을 함에 있어 언제나 나 자신뿐만 아니라 내 부하직원에게도 엄격했다. 내 비서 일을 맡아 하던 직원들 모두 내 밑에서 일하는 게 결코 쉽지 않았다고 말한다. 내 요구사항이 까다로웠을 뿐만 아니라 업무의 양도 매우 과중했다. 그래서 많은 이들은 2~3주 만에 백기를 들고 나섰지만 뛰어난 일 처리로 아직 기억에 남는 직원도 있다.

그는 내 스케줄 관리를 담당하던 직원이었다. 너무 일이 바빠서 그에게 내 일정을 제대로 알려주지 못한 적이 있었다. 나에게 전달받지 못해 스케줄 관리가 꼬였던 그에게 나는 불같이 화를 내었다. 앞뒤 상황조차 살펴볼 생각도 하지 않고 그를 다그쳤다. 하지만 그는 단 한마디의 변명조차 없이 내 말을 자세히 경청하고는 내 스케줄을 다시 짜기 시작했다.

일이 마무리된 후에서야 난 내 실수였다는 사실을 알았다. 그에게 화를 내던 내 모습이 떠오르면서 미안한 마음과 함께 묵묵히 내 화를 받아주던 그에 대한 신뢰가 높아졌다. 이런 억울한 일도 담담히 견뎌낼 줄 안다면 다른 일 역시 충분히 이겨낼 수 있지 않을까? 얼마 후, 나는 그의 출중한 업무 능력을 높이 사 인사부 직원에게 그를 마케팅부 팀장으로 추천했다. 지금보다 더 막중하고 중요한 자리였다.

사실 내 직원이 겪었던 일처럼 당신도 상사의 실수로 억울한 일을 겪을 수도 있다. 고의든 실수든 이건 당신의 인내심 테스트의 일환으로 봐야 한다. 일부러 당신을 시험하는 걸 수도 있다. 자신과 함께 일할 직원을 뽑기 위해선 다방면으로 그 사람의 됨됨이를 알아봐야 하기 때문이다. 언제 어디서 불시에 테스트를 진행할지 모른다. 미리 마음의 준비를 해 놓았다면 억울한 일을 당하더라도 이성을 잃고 눈앞의 기회를 놓치는 멍청한 짓은 피할 수 있다.

진정으로 성공하고 싶다면 반드시 평상심을 가지고 불공정한 대우에 맞서야 한다. 불공정한 상황 속에서 기회를 찾고 이 상황을 반전시킬 방법을 찾아라. 억울하다고 칭얼대서도 안 되고 답답함 속에 자포자기해서도 안 된다.

 살아가면서 당신이 얻고 잃은 것이 있다면, 남들도 마찬가지라는 것을 명심하라. 상대는 그 틀을 깨고 나왔는데, 당신은 아직 그 틀 안에 머물러 있다면 당신은 그저 승승장구하는 상대방을 부러운 눈빛으로 쳐다만 봐야 할 뿐이다.

아무도 알려주지 않는 '여우의 법칙'

회사에서 우리는 일종의 '관찰' 대상이며, 잘못된 처신으로 좌절을 맛보기도 한다. 직장 내에서 관찰은 언제 어디서나 이뤄지며 이를 제대로 인정하고 받아들이지 못한다면 결코 성공하는 삶은 누리지 못할 것이다.

관찰 대상으로서 당신은 '여우의 법칙'에 따라 현명하게 대처해 나가는 방법을 익혀야 한다.

▲ 의도적으로 당신의 뛰어난 능력을 숨기고, 천천히 성장해 나가라. 당신 직속 상사의 경계심을 늦춰야 한다.
▲ 굳이 두각을 드러낼 필요가 없다면 조용히 몸을 사려라. 회사에 문제가 생겼어도 결코 경솔히 나서지 말라. 당신 말고도 문제를 해결할 직원은 많다.
▲ 다른 사람의 실수를 맘에 두지 말고, 그저 앞만 보고 자신의 길을 걸어라.

난관을 효과적으로 극복하려면 이것 외에도 상사가 당신을 관찰하는 의도가 무엇인지 정확히 파악해야 한다. 상사의 입장에서 문제를 사고하는 능력을 키워라. "날 관찰하는 의도가 뭐지? 대체 왜?" 선불리 덤벼들지 말고 원인부터 정확히 파악한 뒤 차분하게 대응해야 한다.

일반적으로 상사가 당신을 관찰하는 이유는 당신이 업무에 얼마나 적극성을 띠고 덤비는지 알아보기 위해서다. "과연 이 업무를 해낼 수 있는 자인가? 충분한 잠재력이 있는가? 위기 대처 능력은 뛰어난가?" 사장이 당신을 관찰하는 의도가 바로 여기에 있다. 그들은 절대 남을 쉽게 믿지 않는다. 반드시 당신이 믿을 만한 사람인지 알아볼 게 분명하다. 물론 당신에 대한 관심의 표현일 수도 있다. 회사 조직 내에서 당신이 얼마나 능력껏 제 몫을 다하는지 살펴보고 싶어 한다.

굳이 시간과 노력을 들여 당신을 관찰하는 이유는 회사에 대한 당신의 기여도를 판단하기 위함이다. 전혀 당신에게 관심이 없고, 당신과 말 한 마디도 나누지 않고 그저 멀리한다면, 그건 당신에 대해 일말의 기대도 없다는 뜻이며 곧 해고가 멀지 않았다는 의미이기도 하다.

즉 관찰에도 일장일단이 있다. 결과에 따라 해고당할 수도, 중히 기용될 수도 있다. 이 모든 건 다 당신 하기에 달렸다. 반드시 마음가짐을 단단히 먹고 현명하게 대처하라. 그렇다면 상사의 '관찰' 유형과 그 목적이 무엇인지부터 살펴보자.

첫째, 갑작스럽게 생소한 업무를 맡긴다.

생소한 업무가 주어졌을 때, 경험 부족으로 업무를 완성하지 못해 상사에게 나쁜 인상을 심어주게 될까 봐 소극적으로 행동하는 사람이 많다. 혹은 상사에게 밉보였나 지레짐작하며 걱정부터 하는 사람도 있다. "혹시 이번 기회에 나를 해고하려고?" 하지만 사실 이건 모두 당신의 착각일 뿐이다.

사장은 절대 자신 회사의 이익을 가지고 장난치지 않는다. 당신에게 새로운 업무를 맡겼다는 건 당신의 잠재력을 확인하고자 하는 사장의 의도가 숨어 있다. 이건 당신에게 기회가 될 수 있다. 사장이 당신에게 기대를 걸고 있고, 그만큼 당신을 신뢰한다는 방증이기 때문이다. 물론 그 동기가 그렇게 단순하지만은 않기에 다른 의도가 존재할 가능성 역시 배제할 수는 없다. 그러므로 신속한 상황 판단 능력과 분석 능력을 키워야 한다.

둘째, 인사부 담당자가 당신을 찾아와 이것저것 묻는다.

인사부 직원은 그럴듯한 명분을 내세워 비정기적으로 당신에게 업무적 면담을 요청하기도 한다. 직원들의 의견을 수렴하여 보다 나은 근무 환경을 조성하겠다는 것이 그 취지다. 사실 이건 함정이다. 하지만 순진하게도 많은 직원이 이 함정에 빠진다. 인사부 직원의 물음에 자신의 불만을 가감 없이 말하고, 상사에 대한 불평도 있는 그대로 털어놓는다.

인사부 직원 역시 회사의 이익을 위해 움직인다는 점을 결코 간과해선 안 된다. 당신이 어떤 말을 해도 그들은 절대 당신을 동정하지 않는다. 당신을 동정한다고 해도 절대 당신을 위해 나서주지 않는다. 그들과의 면담이 끝난 후, 서로 나눈 내용은 모두 상사에게 보고된다는 점을 기억하라. 평상시에 상사가 당신을 못마땅히 여기고 있었다면 오히려 혹을 붙이는 셈이다. 게다가 자신에 대한 부하 직원의 불만을 제3자의 입을 통해 듣는다고 생각해 보라. 분명 민망하고 껄끄러운 일이 아닐 수 없다. 당신에게 남는 건 해고 통지뿐이다.

인사부와의 면담 역시 일종의 '관찰'이다. 그러므로 쉽게 상대를 믿으며 당신의 속마음을 전부 털어놓아선 안 된다.

셋째, 승진의 문턱에서 미끄러진 후 상사가 당신을 찾는다.

승진을 둘러싼 동료와의 경쟁에서 당신이 패했을 때, 상사는 당신을 불러 위로의 말을 건넬 게 분명하다. 하지만 이는 패배 앞에서 당신이 얼마나 의연히 대처하는지, 자신의 패배를 승복하는지 알아보고자 하는 상사의 의도가 깔려있다. 당신이 넓은 마음으로 이를 포용하는 자세를 보일 때, 상사는 다음번 승진 대상자에 당신 이름을 올릴 수도 있고, 더 나은 다른 직책을 맡길 수도 있으며 다른 방식으로 보상을 해줄 수도 있다.

그러므로 혹여 억울하거나 결과에 승복하지 못한다 하더라도 결코 상사에게 있는 그대로 말해선 안 된다. 그건 스스로 화를 불러오는 길로써 상사에게 실망감을 안겨주고 반전의 기회조차 막아버리는 행위다.

회사에 입사한 지 얼마 되지 않은 신입사원들은 상사에게 쉽게 자신의 불만을 토로하곤 한다. 상사가 알아서 자신의 문제를 해결해 줄 거라고 믿으며, 속마음까지 있는 그대로 털어놓는다. 하지만 반드시 기억하라! 회사는 학교가 아니다. 당신의 괴로움을 함께 공감하고 해결해주며 당신의 성장을 기다려 주지 않는다. 그저 냉혹한 포식자의 눈으로 당신을 바라볼 뿐이다. 당신이 기업의 발전에 도움이 된다고 판단했을 때 당신에게 기회가 돌아온다. 순진하게 당신의 생각을 모두 털어놓아보았자 상사는 당신의 어려운 처지를 전혀 공감하지 못할 것이고 아무런 도움도 주지 않는다. 그는 그저 어리숙한 당신의 태도를 바라보며 회사에 도움이 될 만한 인재인지 따져볼 뿐이다.

상사와의 면담 시에 불평불만을 늘어놓는다면 당신의 평가가 최악으로 치달을 수 있다는 점을 명심하라. 상사 앞에서 말을 아끼고 문제를 명확히 하며 불평불만을 삼가야 한다.

그렇다면 상사의 '관찰' 앞에서 어떤 태도를 취해야 할까?

첫째, 사장의 입장이 되어 일하라.

'사장의 입장'이란 과연 무엇일까? 회사 업무를 그저 단순한 돈벌이로만 생각하지 않고 자기 일처럼 나서라. 전심전력을 다 해 일에 매진하고 사장의 입장에서 사고해야 한다. 사장이 자신을 '관찰'할 때도 사장의 입장에 서서 살펴보아라. "대체 왜 날 관찰하는 거지? 사장님이 걱정하시는 게 뭘까? 대체 사장님은 무슨 생각을 하시는 거야?" 여러 각도에서 생각해본 후에 행동에 나서야 한다.

사장의 입장에 서서 말한다면 사장은 분명 당신을 같은 편이라고 여기겠지만, 그게 아니라면 쉽게 그의 신뢰를 얻기란 힘들다. 개인의 이익만을 좇아선 안 된다. 사장의 이익이 곧 나의 생명줄이며 사장의 이익을 위해 봉사한다는 생각을 지녀라. 그게 바로 이 세상을 살아가는 생존 법칙이다.

둘째, 우수 사원이 되기 위해선 기본기부터 다져라. 항상 성실한 태도로 모든 일에 임하며 동시에 개인 업무 능력 제고에도 힘써야 한다. 상대가 당신을 어떤 식으로 관찰하고 평가하든 그 모든 걸 이겨낼 만한 능력을 갖추어라.

사장이 당신에게 새로운 업무를 맡길지를 판단하고 결정을 내리는 그 과정이 당신에게는 기회가 된다. 반드시 이 기회를 놓치지 말고 잡아라. 하지만 눈앞의 기회를 잡기 위해선 우선 충분한 능력을 키워야 한다. 항상 자신의 일을 완벽하게 처리함과 동시에 관련 지식을 습득하고 부족한 점을 메우며 부단히 자신을 발전시켜 나가라. 또한 라이벌보다 더 강한 우세와 경쟁력을 갖춰라!

셋째, '여우'의 처세법을 배워라.

이 사회에서 살아남기 위해서 반드시 갖춰야 할 덕목이 바로 '눈치'다. 직장은 잔혹한 전쟁터와 같다. 여자라고 나이가 어리다고 절대 봐주지 않는다. 오로지 자신의 능력으로만 살아남아야 한다. 한 사람의 사회인으로서 냉혹한 세상 속에서 살아남으려면 반드시 처세술을 배워야 한다.

'여우'의 법칙을 반드시 기억하라. 상사와 이야기 할 때는 반드시 신중하게 어휘를 골라야 한다. 설사 회사에 대한 불평불만이 가득하더라도 우선 자기 자신부터 되돌아보고, 이런 자신에게 기회를 준 회사에 감사하는 마음을 가져라. 문제에 봉착하게 되면 가장 먼저 자신에게서 그 원인을 찾아야 한다. 회사는 결코 당신에게 맞춰주지 않는다. 당신이 회사에 맞춰 나가야 한다. 절대 제3자에게 당신 상사에 대한 불만을 털어놓지 마라. 불만이 있다면 직접 찾아가 얘기하는 게 옳다. 제3자에게 털어놓는 순간 순식간에 소문은 퍼져 나가 상사 귀에까지 들린다면 그 피해는 고스란히 당신이 져야 한다. 결국 회사를 나가야 할지도 모른다.

상사의 '관찰'도 제대로 이겨내지 못하는 사람이 어찌 변화무쌍한 사회에서 견뎌낼 수 있을까? 과연 넓디넓은 망망대해에서 정착할 곳을 찾을 수 있을까? 그러므로 반드시 회사 내에서 기본기를 다져야 한다는 것을 명심하라.

　모든 일의 사소한 부분도 허투루 넘겨선 안 된다. 사소한 부분이 일의 성패를 결정짓는 법이다. 자신의 미래는 한순간의 판단에 의해 좌우된다. 실수로 말 한마디 잘못해서 지금까지 이뤄놓은 모든 것이 한순간에 무너질 수도 있다.

　그러므로 매사 신중히 생각하고 행동하라. 과도한 의기와 기개는 버려라. 영웅호걸이 될 필요는 없다. 닌자 거북이가 되어라.

　거북이라고 하면 가장 먼저 '겁쟁이(목을 잔뜩 움츠린 거북이)'가 떠오를 것이다. 이는 줄곧 부정적인 단어로 인식되어 왔다. 하지만 거북이가 그저 두려워 숨기 바쁜 겁쟁이로 보이는가? 실상은 그 반대다. 거북이처럼 바짝 엎드려 자신의 힘을 키우는 것이 바로 진정으로 자신을 독하게 대하는 자의 자세다. 당신의 주변에 흔히 '독종'이라 불리는 자들을 보라. 모두 인내하며 때를 기다리고 있지는 않은가?

　아마 소위 '상남자'라고 불리는 자들은 반박하고 나설지 모른다. 하지만 오늘날과 같은 적자생존 시대에 진정한 의기를 가진 '상남자'는 시대의 흐름을 읽을 줄 알며 무턱대고 나서지 않는다. 때와 장소를 가리지 않고 자신을 뽐내다간 이 사회에서 살아남기 어렵다.

　회사에서나 일상생활에서 약한 모습을 보이는 것은 결코 부끄러운 일이 아니다. 오히려 상사의 신뢰와 동료의 찬사를 얻을 수 있다.

거북이는 '겁쟁이' 외에도 행동이 느리다는 특징이 있다. 거북이처럼 상대보다 반 박자 느리게 행동해야 할 때가 있다. 언제나 빠름을 추구하는 LTE 시대라고들 말하지만, 아직 제대로 자신의 능력을 갖추기도 전에 치열한 경쟁에 뛰어든다면 강자에게 먹히고 말 뿐이다.

치열한 경쟁 사회에서 우리는 더 많은 것을 쟁취하기 위해 싸운다. 하지만 아무 준비 없이 덤벼도 되는 것은 아니다. 현재 자신이 처한 상황을 우선 살피고, 주변 여건에 따라 움직일 줄 알아야 한다.

사람이란 자고로 체면을 중시하는 동물이다. 중국의 옛말에 "사람은 존엄성을 위해 존재한다."라는 말이 있다. 언제나 마음속에 커다란 포부와 기상을 품고 최선을 다해 살아간다는 의미다. 하지만 오늘날 들어 "우선 살아남아야 존엄이든 체면이든 논할 수 있다."는 의미로 바뀌었다. 예로부터 전해져 내려온 그 의미가 완전히 바뀌어 버린 것이다. 커다란 포부를 품었다고 하더라도 절대 드러내지 않고, 때를 기다리며 인내해야 한다. 뜨거운 가슴을 가졌지만 차가운 표정을 지을 줄 아는 자가 최후에 웃을 수 있다.

그렇다면 살아가면서 체면은 전혀 중요하지 않은가? 아니다, 물론 체면도 중요하다. 하지만 내가 아닌 상대가 세워줘야 한다. 이 세상에 공짜는 없다는 말처럼 자신의 체면을 세우고 싶다면 우선 상대의 면부터 세워 줘야 한다.

성인군자가 아닌 이상 자신의 감정에 초탈하는 사람 없고, 돈 앞에 초연에 지는 사람도 없다. 진정으로 자신의 꿈과 이상을 이루려면 일의 경중을 따져 행동하고, 참고 인내하라. 모든 일에 큰 그림을 그리고, 한순간의 그릇된 판단으로 일을 망쳐선 안 된다.

▲ 아직 준비되기 전에는 모든 일에 신중을 기하라.

아직 준비가 덜 되었다면 섣불리 행동하지 말고 양보할 건 양보하며 손해도 감수할 줄 알아야 한다. 자신의 힘을 키우기 위해선 결코 경거망동해선 안 된다. 2보 전진을 위해 1보 후퇴할 줄 알아야 더욱 강해지고 효과적으로 경쟁에서 승리할 수 있다.

▲ '조화'의 중요성을 인식하라.

사람 사귐의 기본은 '조화'에 있다. 원만한 대인 관계를 구축하지 못했다면 이 사회에서 자리를 잡기 어렵다. 한순간에 영웅이 되고 싶은 마음에 상대뿐만 아니라 자신에게도 불리한 일을 한다면 다시는 그들과 친해질 수 없다. 문제가 생겼을 때, 상대에게 양보하지 않고, '조화'를 버리고 팔부터 내민다면 결국 둘 다 망하는 지름길이다.

성공하는 자는 어려운 일에 직면해도 쉽게 동요하지 않으며 자신의 감정을 다스리고 이성적인 판단을 내린다. 그들은 '조화'를 대인 관계의 기본으로 삼는다. 그것이 바로 그들의 이 사회에서 성공한 그들만의 처세술이다. 조금도 손해 보기 싫어하며, 자신의 '체면'만을 중시하는 사람도 있다. 항상 상대와 마찰을 일으키는 사람은 일을 더 복잡하게 만들 뿐이다.

사람은 감정을 가진 동물이다. 우리는 이성적으로 자신의 감정을 다스려 일을 처리할 줄 알아야 한다.

▲ 손해는 더 큰 그림을 그리기 위한 밑거름이다.

"무언가를 얻기 위해선 손에 쥔 걸 버릴 줄 알아야 한다." 다른 물건을 집기 위해선 우선 손에 쥐고 있는 것부터 내려놔야 한다. 큰 수익을 올리기 위해선 투자가 이뤄지듯, 대인 관계에서도 마찬가지다. 대가 없이 무언가를 바랄 수 있을까? 넓은 마음을 가지고 손해에 담담히 대처하라. 더 큰 이익을 위해서 눈앞의 사소한 이익은 버릴 줄 알아야 한다. 앞으로의 더 큰 성공을 위해 약한 모습을 보일 줄 알아야 하며, 나서지 말아야 할 데는 나서지 말고, 양보하며 손해를 감수해라. '손해'는 순간이다. 잠시 가지고 있는 것을 놓을 수 있다면 앞으로 더 큰 이익으로 돌아올 것이다.

멀리 내다볼 줄 아는 안목이 있어야 성공한다. 아직 능력이 부족하다고 여겨진다면 자신의 능력을 키우는 데 주력하라. 먼저 자신의 실력을 키우고 그다음 발전을 도모해야 보례닝(博列寧)의 사례처럼 강자가 우글거리는 밀림에서 살아남을 수 있으며, 실패를 딛고 성공을 거둘 수 있다.

냉정해져라

워싱턴에 거주하는 모디성(莫迪生)은 월가의 한 증권회사에서 자문 위원으로 활동 중이다. 그의 명성은 월가 안팎으로 자자했다. 지금까지 단 한 번도 투자에 실패한 적이 없었으며, 한 번의 투자로 최소 200퍼센트의 수익을 거두었다. 3년 전, 한 고객이 그에게 거액을 맡기며 선물 거래를 부탁했다. 고객은 기대감에 들뜬 목소리로 말했다. "선생님만 믿겠습니다. 4~5배의 수익은 올려주시겠죠? 물론 더 큰 수익이 나면 좋고요. 사례는 섭섭지 않게 해드리겠습니다."

"그런 큰 기대는 버리십시오. 고객님, 죄송하지만 제겐 그런 능력이 전혀 없습니다. 제가 고객님께 드릴 수 있는 유일한 말씀은 이것뿐입니다. 전 몇 배 이상의 수익을 올리려는 생각보다 어떻게 하면 고객님의 돈을 지킬 수 있을지만 고민할 뿐이에요."

그 뒤로 반년이 채 지나지 않아 런던 선물시장에 유례없는 호황기가 찾아오면서, 많은 투자자가 대박을 꿈꾸며 너도나도 선물시장에 투자하기 시작했다. 하지만 모디성은 마치 옆집 불구경하듯 단 한 푼도 투자하지 않았다. 애가 탄 고객은 뜨거운 물속에 빠져 허둥대는 개미처럼 매일 모디성에게 50통 이상의 독촉 전화를 걸었다.

"선생님, 지금이 바로 적기입니다!"

모디성은 시종일관 단호한 목소리로 말했다. "아니요. 조금 더 기다리십시오."

다음날 이른 새벽, 그 고객은 다시 전화를 걸었다. "아직도 때가 아니란 말씀입니까?"

　모디성은 대답도 하지 않고 바로 수화기를 내려놓았다. 그의 냉정한 태도에 고객은 점점 절망의 구렁텅이로 내몰리는 기분이었다. 이런 상황이 장장 7개월 가까이 지속되자 고객은 결국 모디성에게 맡겨 두었던 돈을 찾아오기로 결정했다. 하지만 바로 그때 선물시장이 폭락했다는 소식이 들려왔다. 초창기 선물시장에 투자했던 투자자들 모두 빈털터리가 되어 길바닥에 나 앉게 되거나 심지어 투신자살을 한 자들도 있었다. 사람이 가장 행복할 때, 끝도 보이지 않는 절망의 무저갱으로 떠밀어 버리는 것이 바로 투자의 잔혹성이다.

　모디성은 바로 이 순간을 기다려왔다. 오랜 시간 시장의 흐름을 분석하고 투자 종목을 일찌감치 정해둔 그는 저돌적으로 저가매수를 시작했다. 3개월 뒤, 그는 고객의 바람대로 4~5배의 수익률을 올렸을 뿐만 아니라, 거액의 사례금도 챙길 수 있었다. 고객 역시 매우 기뻐했다. 하지만 당신이라면 과연 모디성처럼 끝까지 냉정하게 사태를 바라볼 수 있었을까? 그처럼 행동할 수 있는 자가 과연 몇이나 될까?

　한 수강생이 한참 만에 입을 열었다. "전 절대 모디성처럼 제 욕망과 싸워 이길 자신이 없습니다. 아마 다른 사람들처럼 선물시장에 투자했다가 패가망신의 길을 걸었겠지요."

　인생의 호기에서 침착하고 냉정하게 앞으로 닥쳐올지 모르는 위기에 대응하려면 어떻게 해야 할까? 반대로 인생의 절망 속에서 냉정하게 상황을 판단하려면 어떻게 해야 할까? 성공을 위해 절치부심 노력하는 과정에서 불공평한 대우를 받게 되었을 때 과연 당신은 끝까지 초심을 유지할 수 있는가? 어떤 상황에서든 결코 이성을 잃어선 안 된다. 냉정하고 긍정적인 마음을 유지한다면 그 어떤 어려운 일을 마주해도 슬기롭게 극복해 나갈 수 있다.

살아가면서 누구나 좌절과 실패를 맛본다. 좌절을 겪었다고 그대로 주저앉기보다는 평상시와 똑같이 자신이 해야 할 일을 해야 한다. 동요하지 말고 자신의 업무를 처리하고 침착하게 자기 삶의 방식을 유지하라. 냉정하고 침착하게 행동해야만 인생의 승리자가 될 수 있다.

변화무쌍한 현대 사회에서 언제나 실패만 하는 사람은 없다. 물론 언제나 성공만 거두는 사람도 없다. 성공과 실패 간의 조화를 찾아 자신만의 인생을 완성하는 길은 모두 당신의 태도에 달려있다.

당신의 태도가 인생의 결과를 좌우한다.

성공과 실패는 마치 한 쌍의 쌍둥이와 같이 언제나 함께 움직인다. 사실 우리는 매일 성공과 실패의 갈림길에 서 있다. 사람마다 세상을 바라보는 태도가 다르기 때문에 선택지도 달라질 뿐이다. 사실 성공으로 가는 길은 매우 험난하고 긴 여정임에 틀림없다. 하지만 당신이 끊임없이 성공을 향해 발걸음을 멈추지 않는다면 결국 원하는 바를 이루게 될 것이다.

사람은 인생의 실패와 좌절을 겪으며 진정한 삶의 의미와 인생의 참맛을 깨우친다. 난 일본에 있을 때 인생의 참맛을 느꼈다. 일본에서 실습할 기회를 얻으며 앞으로 더 성장할 수 있는 발판을 마련하였지만, 동시에 수많은 좌절을 겪기도 했던 시간이었다.

난 회사에 지각을 한번 한 뒤로 3일간 상사의 따가운 눈초리와 냉대를 견뎌야 했다. 그는 내게 단 한마디의 말도 건네지 않았을 뿐더러 아무런 업무도 지시하지 않았다. 이 난감한 상황 속에서 난 하루하루 가시방석 위에 앉은 것만 같았다.

어느 날 그가 나에게 말했다. "네 태도가 맘에 드는군."

난 순간 매우 놀랐다. "지난 3일간 전 이곳에서 아무것도 할 수 있는 게 없었습니다. 오랜 고민 끝에 사표를 내고 중국으로 돌아가려던 참이었는데, 갑자기 칭찬을 들으니 얼떨떨하네요."

그는 미소를 지으며 말했다. "참 난감했을 텐데 차분하게 대처하는 모습이 참으로 대견해 보이더군."

'아, 내가 지난 3일간 무얼 했었더라?' 난 평상시와 마찬가지로 사무실에서 커피를 마시며 일본 신문을 읽은 후, 업무 일지를 작성하고 마케팅 계획을 세웠다. 상사의 냉대 어린 시선에 주눅 들어 내 본연의 임무에 결코 소홀하지 않았다. 또한 섣불리 중국에 계시는 부모님과 지인들에게 전화로 하소연을 하며 시간을 헛되이 쓰지도 않았다. 조금의 서운함도 떠오르지 않는 내 얼굴을 보며 상사는 내게 큰 점수를 주었던 것이다.

좌절하고 실패를 겪었다고 걱정만 하며 해결방안을 찾을 생각을 않는다면 더 큰 화를 불러일으키고 영원히 성공과는 요원해진다. 가슴을 활짝 펴고 용감하게 현실을 마주할 때, 실패는 성공을 위한 거름이었다는 걸 알게 될 것이다.

고난 앞에 넘어지더라도 오뚝이처럼 벌떡 일어나 목표를 향해 달려 나가라. 삶의 즐거움과 자신의 매력은 스스로 만들어 나가는 것이다.

실패가 없다면 진정한 성공도 거둘 수 없다. 인생은 실패와 좌절의 연속이다. 실패를 두려워하지 마라. 실패에 대한 반성 없이 그저 무기력하게 하루하루를 보내는 자신을 두려워해야 한다. 하지만 많은 사람은 오히려 극단적인 방법을 취하기도 한다. 그들은 자신의 삶을 포기하려는 게 아니다. 그저 제대로 실패를 마주할 방법을 모르는 것뿐이다. 이성적으로 실패를 대처하지 못하고 더 큰 좌절 앞에 무너진다.

냉정하게 실패의 원인을 분석하고 자신의 약점을 파악하여 해결 방안을 모색하라. 실패를 통해 자신을 되돌아보고 자신을 믿으며 자신감을 키워야만 성공의 여신이 당신을 향해 손을 흔들 것이다.

고난을 겪으면 사람은 더욱 단단해진다. 실패를 겪으며 얻는 교훈은 성공을 통해 얻는 교훈보다 파급력이 크다. 물론 사람마다 실패의 원인은 다양하다. 실패의 원인을 찾으면서 조그마한 실수가 모든 일을 망칠 수도 있다는 것을 몸소 깨달아야 한다. 한비자(韓非子)는 "거대한 산에 깔릴 위험은 없지만, 조그마한 돌부리에 걸려 넘어질 순 있다."라고 말했다.

좌절을 겪었다고 괴로워하지 마라. 오히려 좌절을 기회로 삼아 감정을 다스리는 법을 배우고, 자신의 인생에 끼어든 조그마한 돌부리를 찾아내야 한다.

이상과 포부가 강한 자는 실패를 두려워하지 않는다. 남들과 다른 그들만의 특징은 무엇일까?

첫째, 담담하게 실패를 마주하며 다시 용감하게 새로운 도전에 나선다.

둘째, 자신의 이상을 실현하기 위해 끊임없이 노력하며, 평상심을 가지고 결과에 일희일비하지 않는다.

그 어떤 고난과 좌절을 겪더라도 다시 일어설 용기만 있다면 실패는 당신의 성공을 위한 밑거름이 될 것이다. 시련을 감내할 줄 아는 사람만이 실패를 딛고 다시 일어설 수 있다.

우리의 재능은 역경과 좌절 속에서 사그라들기보다는 더욱 만개할 뿐이다. 발자크(Balzac)는 좌절에 대해 다음과 같이 말했다. "좌절은 하나의 돌과 같아요. 약자들에겐 앞길을 막는 장애물이지만, 강자에겐 밟고 멀리 뛸 수 있는 디딤돌이 되죠."

세상에는 직접 해보기도 전에 백퍼센트 성공을 확신하는 일은 결코 존재하지 않는다. 성공의 관건은 바로 끈기와 노력에 달렸다.

성공을 위한 가장 중요한 요소가 바로 끈기와 노력이다. 반드시 성공한다는 신념과 의지, 끈기가 있을 때 성공을 향해 당당히 한 걸음 내디딜 수 있으며 갖은 고난을 충분히 극복해 낼 수 있다. 이로써 타인의 신뢰와 지지를 얻으며 보다 빠르게 성공을 거두게 된다.

성공을 추구할 때와 마찬가지로 실패 앞에서도 당당해라. 어제의 실수를 가지고 좌절하거나 후회만 해선 안 되며, 아직 일어나지도 않은 일의 성공 여부를 놓고 걱정만 해서도 안 된다.

당신은 어느 날 순간 깨닫게 될지도 모른다. 지금까지 당신은 수많은 좌절을 겪어왔고, 자신도 모르는 새에 그 좌절을 견디어 냈다는 사실을 말이다. 순간의 성공에 자만하지 마라. 순간의 성공을 몇 번 거두었다고 평생 평탄한 길만 걸으리란 법은 없다. 진정으로 독하게 자신을 다그치는 사람은 계속해서 새로운 도전을 주저하지 않는다.

성공의 단꿈에 젖어 마냥 기뻐하거나 실패했다고 슬퍼하지 마라. 보다 더 침착한 태도로 성공과 실패에 대응해야 한다. 매일 아침 새로운 태양이 떠오르듯이 누구에게나 아침은 새로운 인생의 시작점을 의미한다. 어제의 괴로움은 모두 잊고 열정과 기쁨으로 새로운 하루를 시작하라.

당신이 순간의 성공에 취해 자만할 때, 당신의 적들은 움직이기 시작한다. 그러므로 어떤 경우에도 언제나 냉정함을 유지하라. 냉정한 이성으로 세상을 바라보는 자가 최종 승리자가 된다. 침착하게 한발 뒤로 물러나 상대의 허를 찌를 기회를 노려야 한다. 이것이 바로 가장 효과적인 생존 전략이다.

그렇다면 당신은 다음과 같은 상황에 부딪혔을 때 어떻게 반응하겠는가?

▲ 동료들이 괴롭힐 때
동료들이 당신의 뒷담화를 늘어놓고, 상사에게 당신에 대한 잘못된 정보를 흘리며 당신을 함정에 빠뜨린다면 당신은 어떻게 하겠는가? 아마 그들에게 화를 내거나 그 즉시 자신의 결백을 증명하기 위해 반격에 나서지 않을까? 하지만 이는 오히려 긁어 부스럼을 만드는 꼴이다.
상대가 당신을 괴롭힐 때 충동적으로 대응한다면 오히려 상대가 쳐놓은 덫에 빠지게 된다. 이렇게 뒤에서 꼼수를 부리는 자들은 본디 무능한 자로 당신에게 커다란 위협이 되지 못한다. 그런 그들에게 괜히 시간과 노력을 들일 필요는 없다. 충동적으로 맞섰다가는 직장 내 웃음거리가 되거나 도리어 제3자가 생각지도 못한 이득을 취할지도 모른다. 어떤 경우에도 당신에겐 득보다 실이 많다.

가장 효과적인 대응 방법은 바로 냉정하게 사건을 바라보는 것이다. 동료들이 당신을 괴롭히는 이유는 뛰어난 당신의 능력을 질투하기 때문이다. 하지만 동시에 타인의 눈에 비친 당신의 허술함을 드러내기도 한다. 그러므로 부단히 부족한 점을 채워 다른 사람에게 책잡히지 않도록 노력하라. 냉정하게 상황을 관찰하게 대응책을 세운다면 당신을 괴롭힌 그들은 오히려 자신이 친 덫에 걸려들게 되어 당신은 예상외의 소득을 얻게 된다.

▲ 상사로부터 모함을 당할 때

입사 초반에 상사로부터 억울한 모함을 받았을 때, 섣불리 대응하지 말고 침착하게 행동하라. 당신이 억울하다며 상사에게 대들면, 상사는 그런 당신의 태도를 빌미로 회사에서 당신을 쫓아내려고 할지 모른다. 물론 당신의 공은 상사가 가로채고 말이다.

신입사원과 기존 직원 간의 알력 다툼이 벌어지면 회사는 언제나 기존 직원 편에 선다. 당신이 능력이 뛰어난 신입사원이라고 해도 회사는 절대 당신의 손을 들어주는 법이 없다. 대기업에서 하루빨리 승진하고 싶다면 우선 인내하며 꾸준히 자신의 능력부터 키워라. 냉정하게 행동하지 않는다면 입사하자마자 도태되어 날개를 펼 기회조차 박탈당하게 된다.

▲ 동료와 의견 차이로 말다툼을 했을 때

서로 의견 차이가 생기면 종종 입씨름으로 발전하곤 한다. 회사에서 동료와의 말다툼은 결코 현명한 처사가 아니다. 당신 의견이 맞는다고 하더라도 동료와의 말다툼은 스스로의 이미지를 훼손시킬 뿐이다.

상대방이 당신에게 큰 소리로 고함을 친다고 해도 당신은 마음의 평정을 찾고 냉정하게 그 자리에서 돌아서라. "목소리가 크다고 다 이기는 게 아니다." 자신감이 없는 사람일수록 오히려 목소리를 높인다. 분노는 무능함의 또 다른 모습이며, 미소는 이 모든 것을 아우르는 대범함의 상징이다. 바락바락 큰소리를 내는 사람과 냉정하게 사태를 바라보는 사람 중 과연 누가 승자일까? 그 해답은 두 사람의 싸움을 바라보는 모든 이가 알고 있을 것이다.

자신감이 없는 사람이 당신에게 20분 이상 불만을 늘어놓았을 때 당신이 그저 가만히 아무런 대꾸도 하지 않는다면 서서히 화가 가라앉으며 기분이 저조해질 것이다. 상대방의 화가 좀 가라앉으면 솔직한 태도로 당신의 의견을 밝힌다면 긍정적인 효과를 거둘 수 있다.

회사에서 동료와 원만한 관계를 유지하는 것은 매우 중요하다. 회사마다 시비를 조장하거나 이간질을 하는 자들이 반드시 존재한다. 언제나 예의 바르게 그들을 상대하라. 일부러 눈에 띄게 그들을 멀리한다면 분명 심리적 거리감이 생기게 되고 쉽게 그들과 어울리기 힘들어진다.

당신의 뒷담화나 일부러 당신을 비하하는 말을 들었을 때 절대 경거망동해선 안 된다. 아무렇지 않은 얼굴로 냉정하게 반격의 기회를 찾아라.

회사에서 마주칠 수 있는 그 어떤 상황에서도 당신이 냉정함을 잃지 않을 수만 있다면 머지않아 성공의 단맛을 맛볼 수 있을 것이다. 적어도 성공하기 위한 가장 기본적인 처세술만큼은 완벽하게 숙지할 수 있다.

경거망동하지 마라

무슨 일을 하든 성공하고 싶다면 반드시 양적 성장과 질적 성장이 동시에 이뤄져야 한다. 성공의 열매가 매우 달콤하지만 그만큼 성공을 이뤄나가는 과정은 고되고 힘들었을 게 분명하다.

나는 작년에 삼프도리아(Sampdoria)에서 회사를 운영하는 친구를 알게 되었다. 30대 초반에 이미 자신의 사업체를 가지고 있었다. 뛰어난 재능과 사려 깊은 마음씨, 지혜로움까지 삼박자를 고루 갖추었기에 그는 남들보다 더 빨리 성공할 수 있었다. 이미 회사가 안정기에 접어들었지만, 그는 직원을 채용할 때마다 언제나 직접 직원 교육에 참여했다. 그가 신입사원 교육 첫날마다 하는 말이 있다.

"무슨 일이 있어도 절대 경거망동하지 마세요!"

그는 직원들에게 성실히 자신의 업무를 처리하고 동료와의 원만한 관계를 유지하며 조급한 마음은 버리라고 충고한다. 우선 차근차근 자신의 내실부터 다진 후 기회가 찾아왔을 때 그 기회를 잡아야 한다. 그는 회사에 입사하고 나서 단 한 번도 회사 업무를 가볍게 여기며, 자신이 회사의 주역이라는 자만심을 가져본 적이 없다. 이건 그가 능력이 없어서도 아니고 경험이 부족해서도 아니다.

"당장 대규모 프로젝트를 맡아 회사의 주역이 되고 싶나요? 그럼 당신은 다른 뛰어난 직원들은 전혀 고려하지도 않는 건가요? 당신의 눈에는 회사 직원들 모두가 당신이 이 회사를 일으켜 세워주길 기대하는 것처럼 보이나요?"

섣불리 회사에서 자신의 능력을 드러내는 행동은 자신감이 아니라 오만함이다. 진정한 독함이 아니라 그저 생각 없는 행동일 뿐이다. 현명한 자들은 언제나 자신을 낮추고 기회가 오기 전까지 자신의 실력부터 키운다.

한 젊은 화가는 데뷔한 지 3년이 지나도록 단 한 점의 그림도 판매하지 못하여 매우 괴로워했다. 고심 끝에 그는 세계적으로 유명한 화가를 찾아가 가르침을 청하기로 결심했다. 노장 화가는 그의 고민을 듣더니 미소를 띤 얼굴로 그에게 물었다. "얼마 만에 그림 한 점을 완성하시오?" 그는 대답했다. "보통 하루 이틀 걸립니다. 길어야 사흘을 넘기지 않습니다."

"젊은이, 그럼 그림 그리는 방식을 바꿔보면 어떻겠소? 그림 한 점을 3년 동안 그려보시오. 내 장담하리다. 3년 동안 그린 그 그림은 아마 하루 이틀 내로 구매하겠다는 고객이 나타날 거요. 늦어도 사흘 내로는 분명 팔릴 테니, 한번 이 사람의 말을 믿어보시구려." 이 젊은 화가는 노장의 말대로 그림 그리는 방식을 바꾸었고, 3년 뒤 큰 대박을 터뜨렸다.

이 단순해 보이는 이야기에서 우리는 성공의 진리를 깨달을 수 있다. 성공은 결코 하루아침에 이뤄지는 게 아니다. 꾸준히 실력을 쌓은 후에야 그 진가가 발휘되는 것이다.

내실부터 다져야 성공할 수 있다. 그렇다면 성공을 위해 우리는 어떤 준비가 필요할까?

우선, 자신의 목표를 확실히 정하라. 목표가 뚜렷이 결정되면 자신이 가야 할 방향이 보인다. 목표를 설정했다면 다음과 같은 몇 가지 사항을 주의하라.

첫째, 내실을 다져라.

풍부한 지식 습득이 선행되어야 한다. 자신의 업무에 대한 전문 지식이 없는 자는 결코 효과적으로 일을 처리할 수 없다.

둘째, 이론을 실제에 적용하라.

이론을 바탕으로 실전연습이 필요하다. 실전을 통해 경험과 지식을 늘려라.

셋째, 노력파가 돼라.

어떤 업무도 경시해선 안 된다. 당신에게 주어진 업무가 '누워서 떡 먹기'라고 할지라도 절대 무시하지 말고 완벽하게 그 일을 완성하라. 그 일을 처리하는 과정에서 끈기와 직업 정신을 배울 수 있다.

넷째, 포기하지 마라.

누구나 살아가면서 실패를 겪는다. 그 실패 속에서 교훈을 찾는 자만이 다시는 똑같은 실패를 반복하지 않고 오히려 실패를 기회로 바꿀 수 있다.

다섯째, 팀워크와 협력을 배워라.

사람들은 홀로 이 사회에서 살아갈 수 없다. 당신은 반드시 상대방과 성과를 공유하고 타인의 경험과 장점을 배워야 한다.

여섯째, 창의력을 키워라.

창의적인 아이디어를 내어놓는다면 당신은 회사에서 단단한 입지를 구축할 수 있다.

일곱째, 전략적으로 움직이고 인내심을 키워라.

입사 초기, 회사의 대우나 자신의 직위에 연연해선 안 된다. 이는 언제고 쉽게 바뀔 수 있는 것들이다. 자신이 지금보다 더 성장할 수 있고, 직원 교육 시스템이 탄탄한 회사를 선택하라. 사장의 인품 역시 회사를 선택하는 기준이 되어야 한다. 회사에서 오래 살아남기 위한 장기적인 안목이 필요하다. 고액 연봉이나 처우에만 신경 쓴다면 아마 쉽게 자신의 약점이 드러나게 되고, 이는 상대에게 이용당할 소지가 크다. 왜냐하면 당신은 이미 이익에 따라 움직일 수 있는 사람이란 걸 보여줬기 때문이다. 이는 당신의 미래에도 악영향을 끼칠 수 있다.

내실을 충분히 다진 후 신중하게 자신의 인생을 선택해야만 진정한 강자라고 할 수 있다. 물질만능주의가 만연한 현대 사회에서 많은 사람은 눈앞의 이익만 좇으며 불로소득을 꿈꾼다. 하지만 이는 성공의 장애물이자 더 큰 대가를 치러야만 한다.

성공하기 위해선 반드시 내공을 쌓아라. 기초가 튼튼하지 않다면 어떤 상황에서건 경거망동해선 안 된다. 섣불리 자신의 약점을 드러내는 우를 범하지 마라.

위기 속의
고슴도치 전략

　모든 동물은 각자의 생존 전략을 가지고 위험으로부터 자신을 보호한다. 그 가운데 고슴도치의 생존 전략 대해 알아보자. 고슴도치는 적을 만나면 바로 자신의 몸을 둥글게 말아 온몸의 가시로 자신을 보호한다. 고슴도치를 공격하는 순간 먼저 상처를 입게 되고, 온몸의 가시로 중무장한 고슴도치는 상대의 공격을 허용할 그 어떤 틈도 보이지 않는다. 위험이 물러간 뒤, 고슴도치는 아무 일 없었다는 듯이 태연하게 둥글게 말았던 몸을 펴고 계속 가던 길을 간다.

　타조 역시 자아 보호 의식이 뛰어난 동물 중 하나이지만, 그들은 그저 몸을 말아 숨기만 할 뿐이다. 최소한의 방어는 할 수 있지만, 상대에 대한 공격은 전혀 하지 못 한다. 이것이 바로 고슴도치의 생존 전략이 더 뛰어난 이유다. 고슴도치는 가시라는 최대의 무기를 가지고, 적이 방심하는 틈을 타 맹렬히 공격할 줄 안다. 방어와 공격을 동시에 가하는 대표적인 동물이다.

　우리의 삶은 역경과 순경이 반복된다. 역경을 겪든 순경을 맞이하든 여기에 고슴도치의 방어와 공격 전술을 응용해 보는 건 어떨까? 삶의 역경 속에서 우리는 갖은 고난과 압력에 시달릴 때마다 역경 속에 뛰어들어 자신의 능력을 증명해내고 싶을지 모른다. 하지만 이때 당신에게 필요한 것은 바로 '방어' 전략이다. 자신의 힘을 비축하고 다시 기회가 올 때까지 절치부심 기다리는 자세가 필요하다. 반면 하는 일마다 순조롭고 운이 따르는 시기에는 '공격'적 자세를 취함으로써 더 높은 하늘로의 비상을 꿈꿔라.

업무나 일상생활에서 방어와 공격을 적절히 운용할 줄 알아야 한다. 삶의 가장 기본적 전술 중 하나로써 개인적 삶이나 조직 생활 성공을 결정짓는다.

월왕 구천(越王句踐)은 만인지상의 자리에도 올라가 보았고, 원수를 갚기 위해 온갖 어려움도 참고 견뎌냈던 인물이다. 인생의 굴곡을 겪으며 결국 최정상의 자리를 끝끝내 지켜낸 그는 방어와 공격 전략을 누구보다 효과적으로 활용했다. 그는 몸을 잔뜩 웅크린 고슴도치마냥 십 수 년 동안 반격의 기회를 노렸고 결국 기회가 찾아왔을 때, 일격에 적을 쓰러뜨릴 수 있었다.

우리는 살아가면서 있는 힘껏 노력하지만 모든 일이 생각처럼 쉽게 풀리지만은 않는다. 그렇다고 그 일에만 외곬처럼 매달리지 마라. 길을 가다 큰 벽을 만나면 그 벽을 돌아서 갈 줄도 알아야 한다. 자신의 앞을 가로막는 적을 만났을 때, 몸을 웅크려 자신의 가시를 드러내는 고슴도치처럼 행동할 줄 알아야 한다. 적이 당황하는 틈을 노려 난관을 극복한 뒤, 계속 자신이 가던 길을 가면 된다.

고슴도치 정신을 어떻게 활용해야 할까? 자신의 경쟁자를 그저 적이라고만 치부해선 안 된다. 때때로 그가 당신의 좋은 스승이 될 수도 있다. 당신에게 없는 상대만의 장점을 보고 배우는 기회로 삼아라. 상대방을 적이라고 여기고 수단과 방법을 가리지 않고 밟으려고만 든다면 당신은 그 어떤 성장도 이룰 수 없다. 경쟁 관계에 있지만 상대를 적이 아닌 아군으로 바라본다면 최후의 웃는 자는 당신이 될 것이며, 미래의 선택지도 보다 넓어질 것이다.

자신의 실패 속에서 새로운 성공의 길을 찾아라. '방어와 공격'의 기술을 적재적소에 사용해야 한다. 상대를 향해 이빨을 드러낼 때와 넓은 아량을 베풀 때를 아는 자만이 성공을 거둘 수 있다. 고슴도치는 온몸을 감싸고 있는 가시로 상대를 위협도 하지만 자비도 베풀 줄 안다. 고슴도치처럼 상대를 향한 적의를 거둬들이고 당신의 적에게 기회를 주어라. 당신이 상대방에게 미소를 짓는 그 순간, 인생에서 가장 소중한 아군이 생기게 된다.

경쟁에서 승리했다면 맘껏 기뻐해도 좋다. 하지만 보다 더 높게 비상하려면 주변의 끊임없는 찬사와 환호 속에서 중심을 잡고 서 있을 줄 알아야 한다. 영광의 최정상에 올랐더라도 항상 주위를 살피고 경계를 늦춰선 안 된다. 당신을 위협하는 위험이 언제 어디서 당신에게 다가올지 모르니 말이다.

인생은 도박과 같아서 당신이 살아가면서 어떤 패를 손에 쥐게 될지 전혀 예측하기 어렵다. 그러므로 고슴도치처럼 언제나 자유자재로 방어와 공격 간의 태세전환이 필요하다. 적절한 타이밍의 방어와 공격 전술을 통해 당신의 능력은 더욱 빛을 발하게 되고 결국 최후의 승자가 될 수 있다.

PART 3

고독한 사냥꾼

세상은 본래 잔혹하고, 조물주 역시 냉혈한이었다. 단지 우리가 이 사실을 믿고 싶지 않았을 뿐이다. 약육강식의 법칙이 존재하는 밀림에서 절대 최강자는 언제나 우리 곁에 머물러 있었고, 피를 보고 나서야 그들의 존재를 깨닫는다. 사람이 동물과 다른 점은 최강자를 '계약'이라는 이름으로 묶어 놓을 수 있다는 것이다. 그러므로 사람과의 협력, 교류를 이어나가고, 이익 창출, 분배를 통해 서로 어울려야 한다. 홀로 고립된 자는 쓸쓸히 죽어나 상대의 모함에 당할 수 있다.

언제 어디서 날아올지 모르는
폭탄을 조심하라

사람들은 인간의 본성에 따라 남을 의심하고 몰래 상대의 뒤통수를 치곤 한다. 우리가 살고 있는 이 세계는 어두컴컴한 숲과 같아서 복잡하고 거대한 운영 법칙이 존재한다. 이 세계의 법칙 속에서 우리는 포식자가 되기도 피식자가 되기도 한다. 더 많은 사냥감을 얻기 위해 포식자들끼리 협력 체계를 구축하기도 하고, 상대방의 사냥감을 빼앗기 위해 포식자들끼리 물어뜯기도 한다.

이런 살벌한 숲에 사는 우리는 언제나 위험에 노출되어 있다는 점을 명심하라. 이 사실을 간과하고 대수롭지 않게 여기는 사람이 있는 반면, 예리하게 이를 포착하고 일찍이 대비하는 사람도 있다.

리자(李佳)는 대학 졸업 후 대형 광고 회사에 들어갔다. 대우가 좋은 직장이자 처음 입사한 회사라 그녀는 매사 조심스럽게 행동했다. 사무실 안에서 언제나 조용히 말을 아꼈고, 자신의 업무와 전혀 상관이 없는 일이라도 동료가 부탁하면 언제나 웃으며 도와줬다.

'좋은 사람'이라는 소리를 듣고 싶었던 그녀는 군말 없이 타인의 일을 도와주면서 선량한 이미지를 구축해나갔다. 하지만 시간이 지날수록 그녀의 앞에는 동료들이 마무리 짓지 못한 업무들이 쌓여만 갔고, 완성 못한 업무가 있으면 으레 그녀에게 미루는 게 모두의 습관처럼 굳어졌다. 심지어는 자신들이 맡고 싶지 않은 새로운 업무조차 그녀에게 미루기 일쑤였다. 일을 제대로 마무리 짓지 못하면 가장 먼저 추궁 받는 건 그녀였으며, 그녀는 다른 동료들의 비난이 두려워 자신을 위한 단 한마디의 변호조차 하지 못했다. 상대에게 잘 보이고 싶어 스스로 시작한 일이라 리자의 고통은 말로 다 표현하기 어려웠다.

사실 신입사원이라면 리자처럼 언제나 '좋은 사람' 이고 싶은 마음에 매사 조심히 움직이게 된다. 언제나 온화한 얼굴을 하고 상냥한 모습만을 보여주던 사람은 정작 화를 내야할 때 쉽게 자신의 감정을 드러내기 어렵다. 항상 양보만 하던 리자는 결국 자신의 업무도 제대로 처리하지 못하고, 타인의 잘못도 모두 뒤집어쓰는 희생양으로 전락하고 말았다.

리자는 그저 상대의 요구를 들어주고 맘껏 베풀 줄만 알았지 정작 자신을 위한 그 어떤 요구도 하지 못했고, 상대의 요구에 대한 보답도 받을 줄 몰랐다. 계속 이런 식으로 살다간 자신의 발목에 영원히 풀리지 않는 족쇄를 채울 뿐이다. 이미 회사 동료들 사이에 자리 잡은 그녀의 이미지 때문에 이런 상황을 한순간에 바꾸기란 쉽지 않다. 이번 일을 교훈 삼아 다른 회사로 이직하여 새롭게 시작하는 수밖에는 달리 방법이 없다.

'온화한 태도' 는 버려라. 직장에서 필요하다면 거절할 줄도 알아야 한다. 거절을 하지 못한다면 상대에게 계속 끌려 다니게 된다. 거절할 줄 안다면 상대가 파놓은 함정을 피할 수 있고, 숨어 있는 또 다른 상대의 총구에서 벗어날 수 있다. 전쟁터와 같은 이 사회에서 안전하게 살아남으려면 상대의 제안을 확실히 거절하는 법을 배워야 한다.

원칙을 세워 놓은 자들은 현명하게 거절할 줄 안다. 우선 원칙부터 세워

라. 자신만의 기준 없이 우왕좌왕하며 우유부단하게 행동해선 안 된다. 주관과 생각 없이 그저 남들이 하자는 대로 부화뇌동하는 태도를 취한다면 상대의 무시를 당하는 건 물론, 사회 집단의 희생양으로 전락하게 된다. 바로 모두의 '제물'이 되는 것이다.

당신이 자신만의 원칙을 견지해나갈 때, 아무도 함부로 당신에게 무리한 요구를 하지 못할 것이다. 자신이 세운 원칙에 따라 일을 처리한다면 주변 사람과의 조화로운 삶뿐만 아니라 자신의 이익도 지킬 수 있다.

하지만 시시때때로 당신을 향해 이빨을 드러내는 포식자들의 위협에 맞서 싸우는 일은 결코 쉽지만은 않기에 우선 그 이유부터 파악하고 사전에 대비해야 한다. 숨어서 힘을 기르고, 신중하게 계획에 따라 차근차근 행동하는 것이 필요하다. 원칙도 없이 그저 남들이 시키는 대로 한다면 더 많은 고난에 부딪치게 되고, 가장 먼저 타깃이 된다. 그렇게 된다면 당신이 할 수 있는 일이라곤 그저 수동적으로 끌려 다니다가 파멸하게 될 것이다.

그러므로 언제나 눈에 보이지 않는 위험에 대비하라. 상대를 두려워 말고 적극 나서 자신의 이익을 지키고 원칙을 견지해나갈 때, 당신을 노리는 음험한 포식자의 시야에서 벗어나 더 많은 이익을 얻을 수 있다.

동맹 법칙:
공동 이익 라인을 구축하라

국가 간이든 사람 사이든 관계를 맺고 경쟁을 하기 위해선 '동맹'을 맺는 것이 가장 기본이다. 사람 사이의 대인관계는 성공을 위한 가장 중요한 초석이다. 집단 간의 협력 관계 역시 공동의 이익을 취하는 가장 빠른 지름길이기도 하다. 중국 고대의 성현들은 "뭉치면 살고, 흩어지면 죽는다."라고 말했다. 협력의 중요성이 가장 잘 드러나는 말이다.

"팀워크가 곧 힘이다."라는 말이 있다. 모두가 한 방향을 바라보고 뛰며, 서로가 조금씩 힘을 보탤 때, 보다 쉽게 목표를 달성할 수 있다.

공동 이익 라인 구축이 가장 필요한 곳이 어딜까? 바로 상점가다. 오늘날의 시장경제 시대에 수많은 회사가 우후죽순 생겨나고 있다. 그중 멀리 내다보지 못하고 눈앞의 이익만을 좇는 회사들 역시 넘쳐난다. 그런 회사들이 많아질수록 시장질서가 무너지고, 원칙을 지켜나가는 선량한 기업가들이 피해를 보는 것이다. 이런 시장 환경 속에서 어떻게 해야 시장 질서를 해치지 않고 기업들이 자신의 이익을 지켜낼 수 있을까?

상하이에서 회사를 운영하는 쉬(許) 사장이 바로 오늘날 시장경제 체제 속에서 확고하게 자리를 잡은 대표적인 인물이다. 나는 일찍이 쉬 사장의 초청으로 그의 회사 직원을 대상으로 교육을 진행하기도 했었다. 중국 내 경기 침체로 많은 회사가 악화 일로를 걷는 와중에도 쉬 사장의 회사는 설립 이후 10년 동안 줄곧 흑자를 기록해 왔다. 게다가 건전한 자산 운용 정책에 힘입어 향후 발전 전망도 밝았다.

후에 그가 캘리포니아로 출장을 왔을 때, 회사로 나를 찾아와 많은 수강 생들과 진솔한 대화를 나누기도 했었다. 그는 동종 업계에 종사하는 회사들을 모아 협회를 만들 계획을 세우고, 발전 전망이 밝은 회사들을 모으는 중이었다. 협회에 가입한 회사들끼리 긴밀한 협력 관계를 구축하며 하나의 통일된 라인을 형성했고, 시장질서 확립에 나섰다. 그들이 힘을 합쳐 동고동락하며 시장을 좀먹는 벌레들을 박멸해 나갔다.

쉬 사장의 행보에서 알 수 있듯이 동종 업계 종사자들은 서로를 물어뜯는 적이 아닌 서로 협력하는 전우가 되어야 함께 생존할 수 있다. 물론 모두가 당신의 파트너가 되는 것은 아니다. 최대한 당신의 파트너를 많이 만드는 것이 가장 중요하다. 다수와 소수가 경쟁했을 때 과연 승자는 누구일까? 금방 답이 나오지 않는가?

같은 뜻을 품은 사람들이 함께 모여 공동의 이익을 위해 함께 싸울 때, 아무리 커다란 어려움도 쉽게 극복할 수 있다. 파트너와의 상호 작용으로 그 어떤 고난과 역경도 귀중한 기회가 될 수 있다.

이는 회사끼리의 협력뿐만 아니라 직장 내에서도 마찬가지로 적용된다. 서로의 힘을 모았을 때, 불가능해 보이던 일도 변화시킨다. 다수로 소수에 대응하라. 10명 가운데 한 사람이 큰 잘못을 저지른 상황이라고 치자. 잘못을 저지른 한 사람을 향해 9명이 한목소리를 내야 한다. "당신이 틀렸어!" 잘못을 저지른 자가 아무리 감언이설로 상대를 현혹하며 자신의 잘못을 회피하려고 해도 결코 혼자서는 여론의 힘을 당해낼 수 없다.

상대방과 힘을 합쳐 자신이 원하는 목표를 실현하기 위해선 어떻게 해야 할까?

▲ 자신과 상대가 각각 원하는 바가 무엇인지 정확하게 파악해야 한다. 서로가 지향하는 바가 같다면 공동의 목표를 향해 힘을 합칠 수 있다. 그러므로 우선 자신이 원하는 게 무엇인지, 또한 친구나 상대가 바라는 게 무엇인지 분명히 캐치해내야 한다. '지피지기면 백전백승'이라고 하지 않던가! 서로의 니즈 파악이 전제될 때 당신의 승리는 더욱 가까워진다.

▲ 같은 라이벌을 가진 파트너를 찾아라.
파트너와 의견 충돌이 있어선 안 된다. 공동의 라이벌에 함께 대항하고 이득을 취한다면 최대의 효과를 거둘 수 있다. 애매한 태도를 취하는 파트너라면 오히려 역효과가 날 뿐이다. 당신과 당신 라이벌 사이에서 저울질하다 자신에게 더 이익이 되는 쪽에 붙는 박쥐같은 인간은 멀리해야 한다.
온전히 같은 라이벌을 향해 당신과 함께 움직이는 파트너가 아니라면 언제든 상대를 향해 당신의 정보를 팔아넘길 수 있다는 점을 기억하라. 그럴수록 당신의 승률은 낮아질 것이고, 완패하여 다시는 재기하지 못할 수도 있다. 비즈니스 세계와 직장 내에서 쉽게 볼 수 있는 일이다.

▲ 조용히 힘을 기른 후 움직여라.
당신의 라이벌이 상사라면 조용히 힘을 기르는 자세가 더욱 필요하다.

상사와 이견이 생긴다면 신중한 태도로 접근하라. 당신 혼자 아무리 상사에 대한 불만을 털어놓는다고 해도 회사는 결코 당신 편에 서지 않는다. 하지만 팀원 전체가 그 문제의 상사에게 불만을 가지고 있었다면 상황은 달라진다. 회사는 분명 그 상사의 태도에 주목하게 될 것이고 합당한 조치를 취하게 된다.

행동에 나서기 전 아직 맞서 싸울 능력이 없다면 자신을 드러내지 않고 때를 기다려라. 섣불리 상대에게 덤벼들었다가 당신이 힘들게 포섭해 놓은 '동맹'이 와해될 수도 있다.

▲ 파트너에게 우선 이익을 양보하라.

파트너와 '동맹'을 맺었을 때 혹시 상대방이 더 많은 이익을 취하게 되고 자신은 손해만 보는 것이 아닐까 하고 걱정하지는 않는가? 이것이 바로 동맹을 깨뜨리는 불안 요소 중의 하나다. 일상생활에서 맺은 '동맹'은 일종의 도박과 같아서 누구나 자신만의 패를 가지고 있다. 그중 기본적으로 좋은 패를 가지고 이를 잘 운용하는 사람이 존재하기 마련이다. 이때 당신이 적극적으로 좋은 패를 가진 당신의 파트너를 도와라. 당신이 넓은 마음으로 유리한 고지를 선점하고 있는 파트너의 승리를 도울 때, 당신의 '동맹'은 더욱 굳건해진다.

1인 영웅주의 시대는 이미 지나갔다. 오늘날 사회는 단체전이다. 아무리 잘난 장수라 하더라도 부하들이 제대로 보좌하지 않으면 전쟁을 승리로 이끌 수 없다. 그러므로 혼자 잘난 척 무리에서 튀고 싶다는 생각이 들더라도 마음을 가라앉히고 언제나 신중히 행동하라. 섣불리 나섰다간 그저 그런 장기짝으로 전락하게 된다.

든든한 파트너를 만나기 위해선 충분히 적극적으로 나서는 당신의 모습을 어필해야 한다. 사장은 언제나 회사 직원의 태도를 관찰하며, 그들이 주동적으로 일을 처리해 나가기를 바란다. 당신이 보다 적극성을 띠고 회사 이익 창출에 기여함으로써 당신의 가치를 높일 때, 당신을 따르는 사람들이 늘어날 것이며, 심지어는 사장조차 당신의 든든한 조력자가 될 것이다.

그저 시키는 일만 하는 꼭두각시 직원을 바라는 사장은 없다. 잔소리를 늘어놓는 유모처럼 '이거 해라, 저거 해라!' 라며 일일이 지시하는 일은 사장 입장에서도 여간 피곤한 일이 아니다. 그러므로 당신이 적극적으로 회사 일에 나서는 것에 사장이 불만을 품을 거라는 우려는 버려도 좋다. 회사 규칙에 어긋나지 않도록 선을 지키는 한 전혀 문제 될 일이 아니다.

남들보다 뛰어난 성과를 올리고 싶다면 적극적으로 자신의 할 일을 찾아 나서라. 회사를 그저 '월급 주는 곳' 이라고만 여기지 마라, 회사를 '내 집' 이라고 생각하고 회사의 이익을 '내 이익' 과 동일시하라. 사장이 시키는 일만 하는 게 아니라 당신이 일을 찾아 나선다면 사장의 신뢰와 신임을 얻을 수 있다.

적극적인 태도는 우리가 목표를 실현하기 위해 갖춰야 할 기본 소양이다. 머뭇거리며 소극적인 태도를 취하기만 한다면 아마 상대방은 어떻게든 당신을 밟고 넘어서려 할 것이며, 당신은 줄곧 그 사람 뒤통수만 바라보게 될지 모른다. 사람들은 언제나 안락함 속에서 세상을 향한 불만을 늘어놓으며 인생을 허비한다. 하지만 사람이 다른 동물과 다른 점이 무엇인가? 사람은 적극적으로 자신의 꿈을 좇으며 자신의 가치를 드높일 줄 안다. '독하게' 인생을 살아가는 당신이라면 적극적이고 진취적인 태도는 당연한 것 아닐까?

무릇 성공하는 자들은 언제나 적극적으로 외부 환경에 대응하고 돌발 상황에 대처한다. 또한 자신의 인생과 삶에 대한 완벽한 계획이 서 있다. 그렇기에 자신의 꿈을 실현하기 위해 적극 도전하는 반면, 자신의 능력으로 컨트롤이 불가능한 일에 걱정하고 무서워하며 시간을 낭비하지 않는다. 적극적으로 자기 일을 처리함으로써 업무 효율성을 높인다. 더 나아가 관심과 영향력을 확대한다.

사회의 부조리, 각박한 인심, 사장의 무시, 뻔뻔한 동료들 때문에 못 살겠다고 툴툴거리고 있지는 않은가? 하지만 반드시 명심하라. 같은 상황 속에서도 현명하게 이를 극복해내는 사람이 있다는 것을 말이다. 당신이 계속 사회를 향해 원망만 한다면 절대 이 악순환의 고리에서 벗어날 수 없다.

비록 당신이 처한 현실이 당신의 힘으로 절대 벗어나거나 바뀌지 않는다고 해도 당신은 당신의 행동에 따라 운명이 바뀐다는 사실을 잊어선 안 된다. 당신은 현실에 맞서 적극적으로 나설 텐가 아니면 소극적으로 끌려다닐 텐가? 이는 다른 사람이 아닌 오로지 당신의 선택에 달렸다.

회사에서 말하는 '진정한 적극성'이란 일을 행하는 모습뿐만 아니라 자신과 회사를 향해 얼마나 책임감 있는 자세를 가졌는지를 말한다. '개인적 행동'이란 외부 환경의 영향 없이 오로지 행위자의 심리적 태도의 직접적인 표현을 일컫는다. 사회에 대해 불평불만을 늘어놓는 사람은 유약한 심리상태를 은연중에 드러내고 있다고 볼 수 있다. 자존감이 낮고, 자신의 운명을 바꿔줄 누군가를 기다리는 그들의 무의식 안에는 운명은 스스로 쟁취하는 게 아닌 타인에 의해 결정된다는 생각이 깔려 있다.

언제나 기억하라. 누구나 자신이 원하는 목표를 이루기 위해 외부 환경을 변화시키려고 노력해야 한다. 당신 노력 여하에 따라 외부 환경이 변화될 수 있음을 명심하라.

사장이 지시하는 일만 하지 말고, 회사에 필요하다고 생각되는 일을 찾아서 하라. 당신에게 주어진 업무만 하게 되면 당신은 영원히 자신의 인생이 아닌 남에 의해 결정되는 인생 위를 걸어갈 뿐이다.

자신의 핵심 이익을
사수하라

오늘날 사람들은 이익 추구에 목숨을 걸지만 정작 이익에 대해 진지하게 논하게 되면 대부분 고개를 갸우뚱거린다. "도대체 이익이란 게 뭐지? 이익을 얻으려면 대체 내가 어떻게 해야 되는 거야?" 이상과 현실 차이에서 오는 괴리에 사람들은 언제나 후회하고 답답해한다. 절실하게 이익을 얻고 싶어 하지만 정작 그 방법을 알지 못해 기회만 놓치고 발만 동동 구른다. 때때로 이익만 좇다가 죄를 짓기도 하고, 그 결과 지인들로부터 배척받는 사람도 있다. 그렇다고 이익을 보고도 모른 척한다면 지금까지 자신의 모든 노력이 수포로 돌아가도 말 한마디 하소연도 못 하게 끙끙댄다. 과연 이런 상황을 당신은 견딜 수 있을까?

"이런 사람들은 자신이 정한 틀 안에 갇혀 그저 무기력하게 삶을 바라보며 그 어떤 삶의 의욕도 가지지 못하죠." 전에 내가 수업시간에 학생들에게 했던 말이다.

얼마 전, 워싱턴 본사에서 치러진 최종면접에 참여한 지원자는 중국에서 온 린샹(林翔)이라는 젊은 여성이었다. 베이징대를 졸업하고 공기업에 근무했던 이력을 지니고 있었다. 하지만 그녀는 동료들의 무시를 견디지 못하고 결국 사표를 던지고 나왔다고 한다. 그녀의 이야기를 들은 후 나는 오히려 그녀의 행동이 이해가 되지 않았다. 처음 사회에 발을 디딘 신입사원으로서 주변 동료들의 괴롭힘을 받는다고 해도 더 열심히 그들의 인정을 받기 위해 더 노력해야 하지 않았을까?

　과연 그녀의 행동은 어땠을까? 동료들이 힘들고 어려워하는 일이 있다면 린샹은 조금의 생색도 내지 않고 언제나 두 팔 걷고 나서서 도왔다. 시간이 흐를수록 사람들은 고맙다는 단 한마디의 인사조차 없이 태연하게 자신이 하기 싫은 업무를 린샹에게 떠넘기기 시작했다. 린샹 역시 그런 상황을 아무 말 없이 받아들였으며, 심지어 성과를 내어도 그저 가만히 있었을 뿐이었다. 그녀는 응당 자신이 누렸어야 할 성과의 기쁨을 전혀 누리지 않았다.

　이런 사람을 과연 '좋은 사람'이라고 부를 수 있을까? 아니다. 진정한 '바보'일 뿐이다. 그들은 스스로 바보짓을 함으로써 상대방의 무시를 자초한다. 회사 동료들에게 린샹은 그저 자기들이 시키는 일을 군말 없이 당연히 해 줄 '호구'일뿐이었다. 날이 갈수록 말할 수 없을 정도로 힘들고 괴로웠지만, 그녀는 미움 받는 게 무서워 끙끙 속으로 앓기만 했다. 그러다 결국 참지 못하고 사표를 쓰고 만 것이다. 그 뒤 베이징을 떠나 상하이, 광저우 등을 돌며 구직활동을 이어갔지만 만족할만한 일자리를 찾기 어려웠다. 영어 실력이 뛰어나고 줄곧 해외에서 일을 해보고 싶었던 그녀는 중국을 떠나 미국으로 가기로 결심했고, 결국 내 회사에 지원하게 된 것이다. 린샹은 공정한 업무 환경 속에서 자신의 능력을 펼치길 바랐다.
　하지만 내 생각은 달랐다. "당신이 바라는 회사는 어디에도 없습니다. 중국에도 없고, 물론 미국에서도 찾기 힘들 겁니다. 어떤 회사를 가든 당신처럼 자신의 목소리를 내지 않는 사람은 반드시 상대의 무시를 받게 되어있지요."

그렇다. 린샹은 명백한 실수를 저지른 것이다. 동료들의 눈에 비친 린샹은 그저 자신들이 해달라는 거 말없이 다 해주고 전혀 찍소리도 못하는 바보로 비춰졌을 것이다. 그녀는 독한 구석 없이 그저 착하고 무르기만 했다. 그러다 보니 동료들의 존중을 받기는커녕 오히려 다루기 쉬운 '바보'로 전락했다. 직장 내에서 좋은 사람이 되는 것은 물론 중요하지만, 절대 바보처럼 굴지 마라. 가장 큰 손해를 입지만 절대 누구의 동정도 사지 못한다.

그렇다면 과연 린샹은 이 상황을 극복하기 위해 어떻게 행동해야 할까? 우선 자신의 핵심 이익 추구라는 대원칙을 기억해야 한다. 사람들이 상대방을 도와주는 것은 바로 자신의 능력을 드러내고 싶기 때문이다. 그러므로 상대를 도와주면서 자신의 이익도 함께 추구한다면 충분히 자신의 능력을 어필할 수 있다.

당신이 응당 받아야 하지만 챙기지 못한 이익은 그저 다른 사람들이 노리는 먹잇감이 될 뿐이다. 린샹 역시 자신의 이익을 방치했기 때문에 결국 다른 사람이 그 공을 채어갔던 것이다. 동료들 중 그 누구도 이에 죄책감을 느끼지 않았고, 심지어 그녀의 입장을 대변해주는 사람은 아무도 없었다.

당신이 자신의 이익을 지킬 줄 알 때, 상대의 존중을 받게 된다. 결코 어떤 일에서도 당신의 이익을 침해하려고 들지 않을 것이다. 자신의 것은 자기 자신이 직접 쟁취하고 지켜야 함을 명심하라.

이익을 논할 때, 반드시 단기적 이익과 장기적 이익 사이의 중심점을 잘 찾아야 한다. 들인 노력에 비해 성과가 미미하다고 느낀 젊은이들이 많을 것이다. 그럴 때마다 당신의 사장은 근시안적 사고에 사로잡히지 말고, 장기적 안목으로 바라봐야 한다고 충고를 건네지 않았는가? 그렇다면 과연 어떻게 단기적 이익과 장기적 이익의 중심점을 찾을 수 있을까?

우선, 단기적 이익과 장기적 이익이 전혀 상반된 것이 아니란 걸 알아야 한다. 이 두 가지 이익은 하나만 취해야 하는 대립적 존재가 아니다. 장기적인 이익을 추구하는 가운데 합리적으로 눈앞의 이익도 노려라. 결코 장기적 이익을 위해 단기적 이익을 버려선 안 된다. 아름다운 먼 미래를 위해 현재의 고통을 참는 사람이 많다. 일률적으로 이를 단정 짓지 말고 구체적 상황에 대한 분석을 통해 중심점을 찾아라.

둘째, 이익 앞에서 회사 상사가 당신에게 어떤 술수를 쓰는지, 동료가 어떤 음모를 꾸미는지 확실히 알아챌 수 있어야 한다. 정말 그들이 뭔가 당신이 이익을 취하는 걸 방해하고 나선다면 무슨 목적으로 어떤 방법을 썼는지 알아내라. 그런 그들에게 맞서 자신의 이익을 쟁취하려면 그들의 속셈을 우선 파악하고 대비책을 마련해야 하지 않겠는가? 그들의 시도를 무위로 만든 후 자신의 입장을 계속 견지해 나가라.

단기적 이익이란 현재 회사의 발전을 이루는 가치 표현이자, 당신의 장기적 이익을 위한 초석이다. 당신은 성공과 돈은 동시에 거머쥘 수 있다. 회사에서 배울 수 있는 건 모두 배우고, 응당 노동의 대가를 받고 회사를 위해 일해야 한다. 노력한 만큼 대가가 주어지지 않는다면 장기적 이익에 대한 기대와 믿음은 사그라지고 말 것이다. 그러므로 회사를 위해 노력한 만큼 대가가 없다면 당당히 그에 걸맞은 대가를 요구하라. 직장을 잃을지 모른다는 두려움으로 자신의 권리를 포기해선 안 된다. 가만히 있을수록 당신이 잃게 되는 것은 더 많아진다.

성공한 자들은 결코 대가 없는 일에는 나서지 않는다. 비즈니스맨들은 사업을 할 때 가장 중요한 기준으로 삼는 것이 바로 이익이다. 이익이 없는데 그 누가 나서겠는가? 당신이 성공하고 싶다면 우선 자신의 이익부터 확실히 챙겨야 한다. '독하게' 자신의 이익을 위해 상대와 싸우고 자신의 입장을 표현하라. 당신의 요구가 많아질수록 들여야 할 노력도 커지겠지만, 그만큼 대가도 커짐을 기억하라.

어쭙잖은
동정심은 버려라

어릴 적부터 부모님과 선생님으로부터 친구들과 싸우지 말고 사이좋게 지내라는 말을 듣고 자라지 않았는가? 자신의 아이가 상처받는 것을 가만히 보고만 있을 부모는 없다. 자식이 다치질 않길 바라는 부모의 마음이 결코 잘못되지 않았으며 어릴 적의 우리도 그저 온순하기만 하지 않았던가? 하지만 서로 속고 속이는 '정글'과 같은 성인들의 세상에서 사람 일이란 그저 말처럼 단순하지만은 않다. 이 세상에는 불공평한 일들이 비일비재하고, 당하고도 가만히 있는 사람은 그저 '호구'로 전락할 뿐이다. 그러므로 이 살벌한 정글 속에서 필요하다면 '사냥총'을 들고서라도 자신의 이익을 지켜내라. 진정한 적 앞에서는 체면 따위는 벗어 던져야 한다.

사냥총을 들고 난 뒤 반드시 확인해야 할 게 있다. 당신이 총구를 겨눈 목표가 '사나운 이리'인지 아니면 실수로 당신의 발을 문 '토끼'인지 살펴라. 차별대우를 받았거나 당신의 이익을 침해하려는 자를 만나면 반드시 '이에는 이, 눈에는 눈'의 법칙에 따라 행동해야 한다. 하지만 하찮은 원한에 죽자 살자 달려드는 속 좁은 인간이 되어선 안 된다. 진정으로 당신을 위한 충고를 날리는 사람에게 쓸데없는 원한을 품어서도 안 된다.

진정한 적 특히 당신 뒤에서 몰래 음모를 꾸미는 적에 대해선 가차 없이 반격에 나서라. 관용 따위는 베풀 필요가 없다. 바로 당신을 가장 괴롭히는 일이 아니던가? 회사는 마치 사회의 축소판과 같아서 서로 다른 성격을 가진 사람들이 모여 있다. 팀워크가 강조되는 오늘날 사회에서도 여전히 자신만의 이익을 위해 상대의 공을 빼앗는 자들도 많다.

내가 일전에 일본에서 실습했을 때 겪었던 일이다. 당시 난 1주일 동안 밤을 새워가며 남들과 차별화된 마케팅 보고서를 만들었고 내 사수였던 마츠다(松田, Matsuda) 씨는 보고서를 읽어본 후 크게 흡족해했다. 바로 회사 차원의 보상이 뒤따르리라 여겼던 난 회사 게시판에 올라온 공고를 보고 크게 경악할 수밖에 없었다. 이번 보고서 작성자로 내 사수인 마츠다 씨의 이름이 버젓이 올라가 있었던 것이다. 순간 난 너무 화가 나 아무 말도 하지 못했다. 아직 사회 경험이 미미했던 난 하마터면 그대로 짐을 싸 중국으로 돌아가려고 했었다. 가버리면 다신 이런 '쓰레기' 같은 인간과 마주치지 않을 수 있지 않겠는가?

하지만 이대로 돌아서 버리면 순간의 괴로움에서는 벗어날 수 있겠지만 그것은 내 나약함을 드러내는 것과도 같았다. 불공평한 대우를 받았을 때, 먼저 상대를 분석하고 이에 맞게 적절한 대응을 해야 한다. 난 마츠다 씨가 벌인 이번 일에 대해 확실히 조사한 후 허점을 파고들었다. 난 화가 난 마음을 추스르고 대응 방법을 찾기 시작했다. 우선 내 보고서를 다시한 번 꼼꼼히 분석했다. 내가 장장 1주일이란 시간 동안 밤을 새우며 작성했던 거라 마츠다 씨는 아마 짧은 시간 내에 이 보고서에 대해 나만큼 제대로 이해하고 있지 못할 게 분명했다. 또한 내가 이렇게 반격을 준비하고 있으리라곤 전혀 상상도 못 했을 게 분명하다.

매주 열리는 팀 회의에서 사장은 내가 작성했던 그 보고서에 대해 마츠다 씨에게 질문을 던졌다. 마츠다 씨를 보고서 기안자로 알고 있는 사장은 전반적인 보고서 사고의 흐름을 알고 싶어 했다.

바로 이때 마츠다 씨의 허점이 드러났다. 그의 발표는 완벽했지만, 남들과 차별화된 내 보고서의 심도 깊은 내용을 모두 담아내기엔 어딘가 많이 부족했다. 난 이때가 바로 기회라고 생각하고, 마츠다 씨의 말이 끝난 후 뒤이어 내가 처음 이 보고서를 계획했을 당시의 취지에 대해 상세히 소개했다. 충분히 구체적이었고 그 핵심을 꿰뚫었다. 사장은 바로 사건의 내막을 알아차렸다. 결국 내 보고서는 원주인의 품에 돌아올 수 있었고, 난 그 뒤로 회사에서 더 많은 실습 기회를 얻게 되었다.

소위 말하는 '사나운 이리'를 어떻게 처리하는 지가 전쟁의 승패를 가르는 핵심이다. 반격에 나서기 전, 자신과 상대 간 실력의 차이를 명확히 인지해야 한다. 계란으로 바위 치는 식으로 경솔하게 덤벼들지 마라. 상대의 힘이 너무 강하다고 지레 겁먹고 물러날 필요도 없다. 아무리 단단한 바위라 할지라도 한 방울의 물로 쪼개지기도 하는 법이기 때문이다. 상대를 이기겠다는 단호한 의지가 있다면 충분히 상대를 제압할 수 있다. 약으로 강을 누르는 게 결코 이상만으로 끝나는 일은 아니다.

뛰어난 상사와 공정한 업무 환경 역시 당신의 정의가 승리할 수 있는 전제조건이다. 많은 회사 내에서 얽히고설킨 복잡한 대인 관계가 형성되어 있다. 회사 정세를 제대로 파악하는 게 우선이다. 조그마한 이득에 집착해 큰 이익을 잃는 우를 범하지 마라. 당신 주변에 '마츠다 씨'와 같은 인물이 분명 존재한다. 심지어는 당신의 상사 역시 기회주의자라면 모두들 순한 양의 탈을 쓴 '사나운 이리'일지 모른다. 이런 상황에서 당신이 섣불리 그들을 향해 총구를 겨누게 된다면 결국 다치는 건 당신 자신이 될 것이다.

오늘날 사회에서 개인의 발전과 성장은 매우 중요하다. 뛰어난 능력을 키우고 좋은 발전 환경을 만나는 것이 우리 삶의 사명이자 '사나운 이리'의 마수에서 벗어나는 길이다. 그러므로 사장과 회사를 신중히 선택해야만 한다.

직장은 마치 전쟁터와 같아서 당신은 언제나 반격을 할 준비 태세를 갖춰야 한다. 전쟁에서 정확히 퇴각할 때를 아는 것도 일종의 전술이다. 하지만 계속 퇴각만 하다가는 탈주병 신세를 면치 못한다. 회사 내에서 조금의 반격도 안 하는 사람은 그저 겁쟁이로 낙인 찍혀 반전의 기회를 찾기 어렵게 된다.

직장 내에서 아무도 당신을 동정하지 않는다. 회사에선 그저 서로의 이익을 주고받을 뿐이다. 살아남기 위해서는 독해져야 한다. 회사 내에서 동정심이 유독 많은 사람이 있다. 누군가 '자신의 불쌍한 처지에 대해 하소연'을 하면 자신이 하던 일도 멈추고 열성적으로 들어 준다. 그를 향해 동정과 연민을 느끼며 자신이 무언가 해 줄 수 있는 게 없을까 고민하기도 한다.

이건 결코 좋은 현상이 아니다. 일반적으로 이건 당신이 바로 상대에게 이용당할 수 있음을 알리는 서막의 시작일 뿐이다.

상대방이 당신의 동정을 사려고 한다면 우선 이해득실을 정확히 따진 후 상대를 도와주어라. 회사 안에서 동정심을 남발하는 것은 지양하라. 많은 사람들이 동정심으로 말미암아 자신의 이익을 포기하곤 하다가 결국엔 모든 것을 다 잃고 패배자의 말로를 걷게 된다.

우리 주변의 회사 동료들은 당신의 전우이기도 하지만 적이기도 하다. 물론 서로 도와가며 살아가야겠지만, 반드시 그 적정 수준을 인지해야 한다. 상대에 대한 동정심이 업무 책임감과 범위의 경계를 넘어서게 되면 손해를 보게 되는 것은 바로 당신이며, 결국 상대의 성공을 위한 밑거름이 돼줄 뿐이란 사실을 잊어선 안 된다.

류쥐옌(劉娟)은 외국계 기업의 인사팀 팀장으로 언제나 일 처리가 바르고 동정심에 휘둘리는 사람이 아니었다. 그의 밑에서 일하는 샤오천(小陳)은 류쥐옌과 매우 막역한 동기 사이였다. 그런데 최근 샤오천의 부주의로 회사 기밀이 유출되는 바람에 회사는 막대한 손실을 입게 되었고 이에 회사 규정상 샤오천은 퇴사를 해야만 했다. 샤오천의 상사인 류쥐옌은 도저히 그녀가 이대로 회사를 나가도록 가만히 두고만 볼 수는 없었다. 얼마 전 이혼하고 홀로 5살 아이를 키우고 있었던 샤오천은 심리 상태도 매우 불안한 상황이었다. 그런 그녀의 상황을 보고 마음이 약해진 류쥐옌은 회사 규정에 반하여 그녀의 퇴사를 막았다.

누구나 회사 직원이라면 반드시 엄격하게 회사 규정을 따라야만 하는 의무가 있다. 결코 자신의 사욕이나 다른 의도로 규정을 어겨선 안 된다. 예로부터 낮말은 새가 듣고 밤말은 쥐가 듣는다고 했던가! 이 사건이 결국은 사장의 귀에까지 들어갔고, 류쥐옌은 그 즉시 강직 처분을 받게 되었다. 샤오천은 스스로 회사를 떠났고, 곧바로 더 좋은 직장을 구하게 되었다. 류쥐옌이 자신 때문에 강직 되었지만 그녀는 일말의 고마움도 느끼지 않았다.

당신이 동정심을 가지고 상대를 바라본다면 오히려 그는 당신의 무지를 비웃고 있을지 모른다. 훗날 류쥐옌은 자신이 샤오천의 계략에 빠진 것을 알게 되었다. 사실 샤오천은 줄곧 류쥐옌이 차지하고 있던 인사팀 팀장 자리를 탐내왔었다. 하지만 그를 밀어내고 그 자리에 앉을 자신이 없자 결국 회사 기밀을 빼돌리는 극단적인 선택을 한 것이다. 이에 아무것도 몰랐던 순진한 류쥐옌이 샤오천의 계략에 걸려든 것이었다.

우리는 언제나 서로 돕고 살아야 한다고 외친다. 하지만 맹목적으로 남을 도우란 소리는 아니다. 어설픈 동정심을 부리다간 쉽게 상대에게 이용당하기 십상이다.

사회는 자선단체가 아니다. 상대에게 도움을 주기 위해선 지혜가 필요하다. 우선 자신이 처한 상황을 정확히 판단하고 자신의 행위가 어떤 결과를 초래하는지 명확히 분석하라. 자신의 명예가 손상되거나 앞날에 지장을 준다면 절대 무모하게 남을 위해 나서지 마라. 한순간의 충동으로 섣불리 나서는 어리석은 짓은 해선 안 된다. 가슴을 가라앉히고, '차가운 머리'로 어떻게 사건을 해결해야 할지 따져 보라. 객관적인 상황 분석과 자신의 이익 보호를 우선시해야 한다.

PART 4

심리 수업

"내게 지렛대만 있다면 지구를 충분히 들어 올릴 수 있어." 실제로 그런 지렛대가 존재할까? 당연히 그런 건 없다. 아르키메데스(Archimedes)가 저런 말을 한 이유는 정말 지구를 들어 올리고자 했던 것이 아니라 지렛대 원리의 정확성을 설명하기 위해서였다. 우리 역시 사물을 바라볼 때 반드시 그 사물 이면의 진정한 목적을 파악해야 한다. 낙엽이 떨어지는 이유는 그저 감상하라는 게 아니라 에너지를 저장하기 위해서다. 벌이 춤을 추는 이유 역시 아름답게 보이려는 게 아니라 돌아오는 길을 표시하는 중이다.

손해를 보는 '바보'와
가만히 듣기만 하는 '하인'

당신이 회사에서 남들보다 뛰어난 능력을 보인다면 반드시 주위의 시기와 질투를 한 몸에 받게 될 것이다. 그럴 땐 어리바리한 행동을 취함으로써 당신을 향한 주위 동료의 경계심을 무너뜨리고 공격의 대상에서 벗어나라. 일부러 상대에게 약한 모습을 보이거나 동정심을 유발하여 방심하게 만든 후 조용히 자신의 힘을 길러야 한다.

원스터(Winster)는 GE에 막 입사했을 때, 전도유망한 젊은 인재였다. 24살이란 비교적 젊은 나이에도 불구하고 모든 업무를 완벽히 처리하였으며, 동료와의 사이도 좋았다. 인턴 기간을 우수한 성적으로 마치고 정식사원이 된 그는 캘리포니아 지점으로 발령이 났다. 미국 전역을 대상으로 한 소매 판매 업무와 해외 고객 응대 업무를 맡았다. 그에게 이는 일종의 시련이었다. 중국어와 한국어를 조금 할 줄 알 뿐, 일어는 전혀 할 줄 몰랐다.

출근하자마자 상사는 그에게 가장 어려운 업무를 맡겼지만, 윈스터는 단 한마디의 불평불만 없이 최선을 다해 그 일에 매진했다.

주위 동료들은 차가운 시선으로 그를 바라보며 조소만을 날릴 뿐이었다. 다들 그가 멍청하다고 생각했다. 그에게 이 업무는 쉽게 감당하기 어려웠다. 물불 안 가리고 시키는 대로 다 하다간 자멸할 게 분명해 보였다. 그의 동료인 밥(Bob)은 그에게 말했다. "정신 차려! 네 능력으론 안 돼. 왜 거절하지를 못 하는 거야?" 윈스터는 대답했다. "제 능력을 키울 수 있는 기회를 주셔서 감사할 뿐입니다. 그런 말 마세요." 일에 대한 그의 열정과 성실함은 GE 임원진의 마음을 흔들기 충분했다.

2년 후, 윈스터는 27살의 나이로 캘리포니아 지점의 마케팅 팀장 자리에까지 올랐고, 로스앤젤레스에 평수가 큰 집도 마련할 수 있었다. 그의 입사 동기들과 당시 그를 비웃었던 직원들은 여전히 매달 얼마의 보너스를 더 받을 수 있을지 전전긍긍하며 살고 있을 뿐이다.

새로운 환경에 놓이게 된다면 반드시 기억해야 할 점이 있다. 분명 당신 앞에는 수많은 기회가 찾아올 것이다. 매 순간 성실한 태도로 임하고 주위 사람들에게 인정을 받는 것이 성공으로 가는 첫걸음이자 가장 기본이다. 당신을 지지해주는 탄탄한 인맥이 존재할 때 보다 더 강한 능력을 보일 수 있게 된다. 업무 성취도가 높은 당신이 위기를 맞이하거나 실수를 하게 되었을 때 주변의 반응은 크게 두 가지로 나뉜다.

첫째, 동료들은 당신의 앞에서는 그저 실수일 뿐이라며 걱정하지 말라고 위로를 건네겠지만, 뒤돌아서서 다른 사람에게 당신 흉을 본다. "내 말 맞지? 지금까지 모두 다 운이 좋았던 거라니까! 젊은 녀석이 앞뒤 분간 없이 달려들더니 이렇게 큰 실수를 저지르는 것 좀 봐. 이참에 정신 좀 차려봐야 해. 다 자업자득이지 뭐!"
둘째, 동료들은 진심으로 당신을 이해하며 다음번에 더 잘할 수 있도록 도와준다. 심지어는 당신을 대신하여 상사에게 직접 선처를 구하기도 한다.

대체 왜 이런 극과 극의 반응이 나타나는 것일까? 첫 번째 상황은 입사 초반, 동료들과의 화합과 신뢰 구축을 무시했기 때문에 발생한다. 자신을 도와줄 지지기반을 마련하기 위해서는 주변 동료들과 우호적인 관계를 유지할 필요가 있다. 처음 회사에 들어갔을 때 다음과 같은 다짐이 필요하다. "난 이제 시작이야. 몸을 낮추고 언제나 배우는 자세로 일하겠어. 주위 동료들에게 묻고 배우며 좋은 관계를 유지해야지!"

처음 입사하여 적극적으로 동료와 소통하고 교류함으로써 자신을 알리는 것이 중요하다. 하지만 말보다 행동으로 당신의 가치를 증명하라. 되도록 말을 아끼고 직접 실천하는 사람이 되어야 한다. 말을 많이 하다 보면 쉽게 자신의 약점을 노출하여 상대의 타깃이 될 수 있다.

입사 초, 대부분 당신에게 예의를 갖춰 정중히 대하겠지만 냉담한 태도를 보이는 직원 또한 존재한다. 그들은 자신의 자리를 지키기 위해 똘똘 뭉쳐 당신을 따돌리거나, 당신에게 기회가 주어지는 것을 방해할지 모른다. 그저 조용히 당하고 있거나, 홧김에 대들지 말고 원만한 방식으로 해결해 나가라.

입사 초반에는 원만한 해결 방식을 통해 다양한 사람들과 인맥을 다져놓는 것이 직장에서 대인관계 구축의 기본이다. 회사에 어느 정도 적응한 뒤에는 '독함'을 길러야 한다. 원만한 해결 방식이란 무엇을 말하는 것일까?

▲ 교활하고 음흉한 사람 앞에서 미소 지으며 농담을 던져라.

▲ 이간질을 하는 사람 앞에서 언행을 조심하라.

▲ 상사에게 아부를 잘 떠는 사람과 적이 돼선 안 된다.

누구나 새로운 집단에 들어서면 하루빨리 그 집단에 융화되고 그 가운데 가장 주목받는 사람이 되고 싶어 한다. 하지만 이런 생각은 버려라. 타인과 어울리는 것은 시간의 흐름에 따라 천천히 이뤄지는 과정이다. 가장 영향력이 있는 사람이 되고 싶다면 처음에는 우선 가장 기본적인 인맥 쌓기에 집중해야 한다. 아직 날개도 채 나지 않아 하늘을 날지도 못하는 애송이일 때는 겸손한 자세로 자신을 낮추어야 상대의 경계심을 무너뜨리고 쉽게 그 집단에 융화될 수 있다. 자신을 낮출 줄 안다면 예상치 못한 수확을 거둘 수 있다. 하지만 혼자만 너무 튀는 행동을 한다면 공공의 첫 번째 타깃이 될 것이다.

그러므로 아직 '독함'을 배우기 전이라면 차라리 '바보'처럼 굴어라. 되도록 말을 아끼고 행동으로 보여라. 욕심을 버릴 때 오히려 이득을 취할 수 있다. 이런 사람이야말로 진정으로 지혜로운 사람이다. 새로운 환경에서 아직 모든 것이 낯설기만 할 때는 우선 누가 자신의 친구인지 적인지 당신 주변 사람부터 파악해야 한다.

당신의 상사에게서 배울 점을 찾아라. 회사에서 높은 자리까지 승진할 수 있었던 건 그들이 보여준 뛰어난 능력 때문이다. 팀을 통솔하는 팀장부터 CEO까지 그들에게서 우리가 보고 배울 만한 점은 많다. 맹목적으로 그들을 따를 필요는 없지만, 배울 점은 배우고 그들이 걸어온 길을 존중해야 한다.

우리가 그들에게 배워야 할 점 외에도 상사가 가진 권력의 힘을 무시해선 안 된다. 부하직원으로서 언제나 그들의 지시에 따르라. 직장 내에서 당신의 승진과 강직을 결정하고 판단하는 것은 상사의 판단에 기인하므로, 그들과 원만한 관계를 유지해야 한다. 또한 그들은 반드시 해야 할 일과 잠시 미뤄도 될 일을 판단하는 능력 또한 뛰어나다.

"상사도 사람인데 실수 하나 안 하겠어? 근데 가만히 보고만 있어야 하는 거야?" 물론 당신 말이 맞다. 상사 역시 자주 실수를 한다. 심지어는 부하들보다 더 자주 할지도 모른다. 책임감 있는 부하직원으로서 그들의 실수를 지적하지 못할 이유가 어디 있겠는가? 하지만 이는 이상주의자들이나 하는 소리다. 상사의 잘못을 지적할 수는 있다. 하지만 이는 일종의 하극상으로 비춰질 수 있다. 그들과 동급이거나 그 이상의 직급을 가진 사람이라면 그들에게 잘못을 시정하라고 요구할 수 있다. 그러나 당신이 직접 나선다면 오히려 역효과만 날 뿐이다. 상사의 잘못을 지적한다고 해서 당신의 능력이 더욱 돋보이는 것도 아니며 오히려 주위 사람의 배척을 받게 될 것이다.

그럼 아래의 샤오왕(小王)의 이야기를 한번 살펴보자.

샤오왕의 부서에 새로운 상사가 부임해 왔다. 그는 부임해오자마자 대대적인 조직개편을 단행했다. 그의 인사 개혁은 과감했고 강렬했다. 많은 직원들이 불만을 터뜨렸고, 샤오왕 역시 이에 인사 개혁에 수긍하지 못하고 강한 분노를 느꼈다. 샤오왕을 비롯한 많은 직원들의 이해관계가 얽혀 있었기 때문이다. 직원들은 삼삼오오 모여 상사에 대한 불만을 털어놓으며 샤오왕이 직접 나서 이 불만을 전하도록 부추겼다.

어느 날, 상사가 회의 시간에 분기별 보고서 개혁 사항에 대해 직원들의 의견을 물어왔다. 샤오왕은 순간 손을 번쩍 들더니 개혁안의 폐단을 일일이 읊기 시작했다. 전혀 생각지도 못한 샤오왕의 반응에 상사는 아무 말도 하지 못한 채 놀라기만 했다. 하지만 상사가 화가 났다는 것은 분명한 알 수 있었다.

잠시 후 선배 쉬(徐) 모씨가 샤오왕을 찾아왔다. 그는 앞서 회의 시간 일을 언급하며 샤오왕의 의견은 지지한다는 말로 운을 띄웠다. "조금 전 회의 시간에 보였던 자네의 행동은 옳지 않았어. 그의 개혁안에 문제가 있다고 치자. 설사 자네 맘에 들지 않는다고 일개 직원인 자네가 무엇을 할 수 있겠나? 어떤 상황에서든 상사에게 반기를 들고 부딪치는 건 하수나 하는 일이야. 게다가 이 개혁안으로 피해를 보는 직원들이 자네뿐만이 아닐 텐데, 대체 왜 자네 혼자서만 짐을 이고 불 속으로 뛰어든 건가? 반드시 명심하게. 그는 정책 결정자고 자넨 그저 정해진 정책을 따르기만 하면 돼. 그의 지시에 따라 제대로 일을 처리한다면 다들 자네를 추진력이 강하고 성실한 직원으로 생각할 테지. 그의 정책에 문제가 있다면 회사 임원들이 과연 가만히 있었을까? 그건 결코 자네와는 상관없는 일이야. 그가 능력 부족으로 일을 망쳐서 퇴사가 결정된다면 그게 모두에게 가장 좋은 결말이 아닐까? 그때 열심히 그의 지시를 따랐던 자네에게 회사 차원의 보상이 돌아가겠지. 자넨 다른 상사의 신뢰도 얻을 수 있을뿐더러, 능력이 부족한 상사도 퇴사시킬 수 있으니 이것이야말로 일거양득이라고 할 수 있지 않나! 언제나 자네 주변의 돌아가는 상황을 살펴보도록 해. 그래야 회사에서 자네 위치를 공고히 다잡을 수 있어."

쉬 선배의 말을 들은 샤오왕은 순간 자신이 동료들의 꾐에 빠져서 큰 실수를 저질렀다는 것을 깨달았다.

현명한 직원이라면 우선 자기 자신부터 지킬 줄 알아야 한다. 우선 상사가 시킨 일은 최선을 다해 이행하라. 설사 불합리한 지시라고 생각되더라도 당신의 업무 추진력과 성실한 태도를 끝까지 유지하며 주위의 신뢰부터 쌓아야 한다. 사장에게 있어 가장 훌륭한 직원은 자신의 지시를 성실하게 이행하는 자다. 당신이 사장이라면 매일 자신의 말에 토를 다는 직원을 과연 좋은 눈으로 바라볼 수 있겠는가? 나라면 괜히 섣불리 나서 다른 사람들의 눈엣가시가 되느니 내 능력을 굳이 드러내지 않더라도 성실히 상사의 지시를 수행하는 직원이 되었을 거다. 매일 회사에서 눈총 받으며 일하고 싶을 사람이 어디 있겠는가?

능력이 없는 상사를 만난다면 이것 한 가지만 반드시 기억하라. 절대 자신의 불만을 겉으로 표출하지 말고 그의 지시에 따라라. 그래야만 그의 신뢰를 얻을 수 있다. 이것이 바로 직장 내에서 자신의 이익을 지키는 길이다.

능력이 출중한 사람일수록 상사의 생각을 살필 줄 알아야 한다. 회사에서의 성공과 발전은 모두 직속 상사에 영향을 크게 받기 때문이다. 그러므로 섣불리 나서 일을 망치는 어리석은 일은 지양하고 매사를 조심스러운 태도로 처리해야 한다. 내가 수강생들에게 자주 하는 말이 있다. "상사들은 자신의 지시를 성실히 수행하는 직원을 아끼기 마련이므로 상사의 지시에 수긍하고 이를 적극적으로 행동에 옮기십시오. 강한 추진력을 보인다면 상사는 당신의 능력을 중히 쓰게 될 것입니다." 상사의 생각을 읽고, 그가 지시를 완벽하게 수행할 때 회사 내에서 당신의 입지는 더욱 단단해질 것이다.

숨겨진 의도를
파악하라

직장인이라면 반드시 상대의 눈치를 살필 줄 알아야 한다. 상사의 생각을 제대로 읽을 수 있다면 일을 처리할 때 상사의 신뢰를 얻어 중요한 업무에 중히 쓰일 수 있다. 현대 사회에서 IQ 못지않게 EQ도 중요하다. 특히 처세술의 나라라 불리는 중국에서 EQ가 높은 자일수록 더 주목을 받는다.

EQ가 높은 사람은 세세한 부분까지도 놓치지 않는다. 다른 사람과 교류 할 때보다 세심하게 상대방의 마음을 헤아릴 줄 알며, 상대가 진정으로 원하는 것을 빠르게 캐치해 낸다.

기업이 경쟁에서 살아남기 위해서는 고객의 니즈(needs)를 발 빠르게 파악하는 것이 필요하다. 그러므로 오랜 시간과 노력을 들여 고객의 심리를 파악하기 위해 힘써야 한다. 회사에서 우리는 매일 상사, 동료, 고객을 마주한다. 그들과의 소통에서 선기를 잡으려면 그들이 진정으로 원하는 것을 알아야 한다. 소통 과정에서 진정으로 상대방이 원하는 바를 알기 위해서는 반드시 세세한 부분까지 놓쳐선 안 된다. 겉으로 드러난 상대의 요구 외에도 속으로 숨기고 있는 진정한 속마음을 캐치하여 만족시킬 줄 알아야 한다. 세심하게 접근하여 상대방의 마음을 움직여 상대방에게 당신의 진심을 알려라. 그래야만 보다 성공에 한 발자국 더 다가갈 수 있다.

판매원인 샤오장(小張)은 고객을 상대하는 일이 잦다. 어느 날, 그가 만난 고객은 제품을 구매하려는 마음이 별로 없어 보였다. 샤오장도 그런 고객의 생각을 읽었지만 모른 척 한 채 계속 고객과 제품에 대한 이야기를 나누었다.

대화 도중 고객은 무의식중에 자신의 속마음을 내비쳤다. "당신 회사 제품은 모(某) 회사 제품과 퀄리티는 비슷한데 가격이 훨씬 높은 듯해요, 퀄리티가 조금 더 높았어도 외관으로는 별 차이는 없어 보이고요. 게다가 안전 면에서는 두 제품 모두 확신하기가 어렵군요." 다른 판매원이었다면 분명 자신의 제품과 경쟁 회사 제품의 장단점을 비교하기 급급하거나, 다른 제품의 추천했을 것이다. 하지만 샤오장은 아무 말도 하지 않은 채 조용히 앉아 고객의 반응을 살필 뿐이었다. 고객은 줄곧 덤덤한 말투로 이야기를 했지만, 유독 안전 문제를 얘기할 때만은 매우 엄숙한 태도를 취했다. 샤오장은 이런 고객의 미묘한 변화를 캐치해 냈다.

이건 그에게 기회였다. 절대 이 기회를 놓칠 수 없었다. 고객에겐 어린 자녀가 있었기 때문에 안전 문제를 논할 때 민감한 반응을 보인 것이었다. 샤오장은 고객의 연락처를 받아 놓은 뒤, 곧바로 회사의 기술팀으로 달려가 제품의 안전성 보안 문제를 해결했다. 샤오장은 다시 고객에게 연락을 취하여 안전성을 보다 강화한 제품을 소개했다.

제품을 본 고객은 매우 만족해하며 기꺼이 제품 구매 서류에 사인했다. 게다가 주변 지인들에게도 적극 샤오장을 추천했고, 샤오장의 판매 실적은 나날이 올라갔다.

고객을 상대할 때는 반드시 드러내지 않는 고객의 속마음을 읽을 줄 알아야 한다. 그래야만 상대에게 좋은 인상을 심어줄 수 있으며 비즈니스 기회를 잡을 수 있다.

회사에서도 '독심술'이라고 불릴 정도의 '독함'을 키워야만 상대방의 신뢰를 얻고 성공을 거머쥘 수 있다. 세심한 부분을 중시하고 상대의 고민과 걱정을 살필 줄 알아야 한다. 또한 최대한 상대가 원하는 바를 만족시켜줘야 한다. 상대방이 당신이 자신을 진정으로 살핀다고 느낄 때, 보다 쉽게 상대의 신뢰를 얻게 되고 성공을 이룰 수 있다.

혹여 당신이 남들과는 다르게 뛰어난 재능이 없을 수도 있고, 말주변이나 홍보 능력이 떨어질 수도 있다. 하지만 전혀 걱정할 필요가 없다. 세심하게 주위를 살피는 노력과 세심함만 있다면 그걸로 충분하다. 최대한 당신의 장점을 발휘해서 수없이 살펴보고 생각하라. 상대방의 입장에 서서 그들이 진정으로 원하는 것을 찾아라. 분명 상대방도 당신의 노력을 알아보고 보답을 하려고 할 것이다. 당신에게 무한 신뢰를 보내고, 승진의 기회를 제공하고 커다란 규모의 계약을 체결하려고 할지 모른다. 그때 당신은 그저 보잘것없어 보였던 자신이 마침내 남들의 주목을 받는 뛰어난 실력자로 성장했음을 알 수 있을 것이다.

어둠 속에서
때를 기다려라

흔히들 '독종'이라고 하면 가장 먼저 사납고 고집이 세며 쉽게 접근하기 어려운 사람을 떠오른다. 능력은 출중하지만 매우 건방지고, 자신이 최고라고 여긴다. 회사의 모든 사람이 자신을 맞춰줘야 직성이 풀리며, 혹 비위가 상하는 일이 생기면 인정사정 보지 않고 상대방을 몰아세운다. 이들은 진정한 '독종'이 아니다. 그저 '괴팍한 사람'일 뿐이다. 진정한 독종이 되려면 현명해야 한다. 자신이 가진 뛰어난 재능과 능력을 남들에게 과시하지 마라. 겸손한 자세로 주변 사람들과 원만한 관계를 유지하고 그들의 마음을 살필 때, 사람들은 진정으로 당신에게 존경의 눈빛을 보낼 것이다.

진정으로 독하게 스스로 다그치는 사람은 자신의 실력을 드러낼 때와 숨길 때를 알고, 자신을 낮출 줄 안다. 그들은 온화한 마음을 가진 강자로서 '괴팍한 사람'과는 그 궤도를 달리한다. 치열한 경쟁 사회에서 언제나 침착한 상태로 자신이 원하는 바를 이룬다.

회사에서 우리는 고집만 센 '괴팍한 사람'들을 만나게 된다. 당신은 그들과 어떻게 소통하겠는가? 크게 두 가지 유형으로 나눠볼 수 있다.

첫째, 당당하게 그들 앞에서 자신의 주장을 굽히지 않는다. 대부분 사람은 첨예하게 그들과 맞서려고 한다. 하지만 그들은 상대가 강하게 나올수록 더욱 강하게 맞받아치기 때문에 당신이 당당하게 나설수록 문제는 더욱 꼬이게 된다. 당신의 의견에 동조하라며 상대방을 윽박질러 보았자 아무 소용이 없다. 그러므로 절대 충동적으로 그들과 다투지 마라. 문제 해결이 요원해질뿐더러 당신의 이미지만 훼손된다.

둘째, 일단 한발 뒤로 물러나 그들의 의견을 따르고, 대화를 통해 공감대 형성에 주력한다. 냉정한 태도를 유지하기 어려울지라도 흔들리는 자신을 다잡아라. 이보 전진을 위한 일보 후퇴가 필요하다. 강함은 약함으로 이길 수 있다는 사실을 명심해야 한다. 상대방이 아무리 딱딱한 돌처럼 꽉 막혀있어도 그 돌을 감싸 안는 물처럼 포용적인 태도를 취해야 한다.

도도하고 거만한 사람들을 상대할 때는 뛰어난 언변을 활용한 기술로 대응해야 한다. 이것 역시 회사에서 자신의 입지를 다질 수 있는 일종의 무기다. 고집이 센 사람을 교묘한 방식으로 누를 수 있다면 진심으로 그들의 신뢰를 얻을 수 있다. 동시에 그런 당신을 주변에서 다른 눈으로 바라보게 될 것이다.

앞서 두 가지 대응 방식에 따라 전혀 다른 결과가 도출됨을 알 수 있었다. 그렇다면 진정한 '독함'의 방식이 무엇인지 감이 잡히는가?

뛰어난 언변을 기르고 냉정함을 유지하며 태도는 신중해야 한다. 약함으로 강함을 이기고 겸손한 자세를 취하라. 누구나 사람과 교류할 때 체면을 구기거나 기분이 상하는 것을 두려워한다. 하지만 서로 물어뜯다가

둘 다 재기 불능의 상태가 되느니 약함으로 강함을 이기는 법을 배워라.

약함으로 강함을 이길수록 당신의 인맥은 넓어지고 일의 성공률도 높아진다. 이것은 결코 나약한 모습을 보이는 게 아니다. 오히려 생각이 깊은 지혜로운 행동이다. 일의 결과도 중요하지만 일을 처리하는 과정과 수단도 그에 못지않게 중요하다. 이 과정에서 당신은 다양한 방법을 이용해 문제를 해결함으로써 당신의 지혜를 뽐내야 한다. 이로써 문제가 원만히 해결될 수 있을뿐더러 당신의 가치도 함께 상승한다. 당신의 뛰어난 업무 능력과 소통 능력을 드러낼 때, 인맥이 쌓이고 상사와 동료의 신뢰 또한 얻을 수 있다.

강한 기세를 내뿜는 사람 앞에서 약함으로 그들을 누르며 때를 기다릴 줄 알아야 인생의 성공을 맛볼 수 있다. 필요할 때는 일부러 멍청한 척을 하는 것도 좋다.

항우(項羽)는 중국 역사상 최고로 손꼽히는 영웅이다. 처세술이 뛰어났을 뿐 아니라 형제의 우애를 매우 중시했다. 하지만 결국 그의 끝은 어떠했는가? 출중한 능력자이자 누구보다 의리를 중시여기는 자였지만 결국 오강(烏江)에서 목을 베어 자결하지 않았는가? 반면 유방(劉邦)은 조그마한 현에서 부역하던 자로, 빈둥거리는 걸 좋아하고 꼼수를 피우는 건달이었다. 이런 두 사람을 함께 놓고 비교해 본다면 유방은 겁이 많고 용기가 없는 소인배이고, 항우야말로 기개가 넘치는 영웅호걸임을 알 수 있다. 하지만 두 사람의 결말은 왜 이렇게 달라졌을까? 성공의 여신은 결국 유방의 손을 들어주었다. 유방은 막 군사를 일으키자마자 우선 자신의 출병 명분을 확실히 세웠고, 자신의 조력자를 늘려나갔다. 이로써 항우와 천하를 대등하게 나눠 가질 수 있는 세력을 키워낼 수 있었다. 결국, 항우는 오강에서 과거 거리의 부랑배였던 유방에게 패배했다. 유방의 성공 요인은 무엇이었을까?

첫째, 유방은 자신의 재능을 섣불리 드러내지 않고 때를 기다릴 줄 알았다. '손자(孫子)'의 가르침을 철저히 따른 인물이다.

유방이 최후의 승자가 될 수 있었던 가장 큰 이유는 그의 야심과 포부, 그리고 뛰어난 지략 때문이었다. 그는 자신이 해야 할 일이 무엇인지 확실히 인지하고 있었고, 항우와는 달리 세를 모으자마자 자신의 능력을 드러내며 존재감을 뽐냈다. 항우는 자신의 발전에 대한 그 어떠한 책략도 세우지 않았고, 너무 일찍이 적에게 자신의 실력을 드러내 보였다. '지피지기면 백전백승'이란 말처럼 자신의 상황이 전부 적에게 노출된 상황에서 그의 패배는 당연한 거였다. 이 이치를 깨달은 유방은 우선 상대의 실력부터 파악하고, 상대에게 자신의 진정한 실력은 조금도 드러내지 않았다. 아무런 포부도 없는 거리의 부랑배마냥 행동하며 조용히 자신의 힘을 키워나갔다. 유방은 천하에 온몸으로 외쳤다. "난 당신들의 적수가 되지 못하오!" 이렇게 그는 자신을 향한 세상의 경계심을 무너뜨린 것이다.

둘째, 이익을 최우선으로 삼고 이성적으로 판단하고 주도면밀하게 행동했다.

유방은 이성적으로 사물을 판단할 줄 알았으며 언제나 자신의 이익을 최우선으로 삼았다. 하지만 겉으로 보이는 유방의 이미지는 의리를 아는 남자였다. 이 점만 봐도 유방은 매우 뛰어난 실력자임을 유추할 수 있다. 하지만 항우는 결정적인 순간 마음이 약해지는 경우가 많았다. 물론 누가 맞는다고 쉽게 판단을 내리기는 어렵지만, 항우가 자신의 실력을 제대로 발휘하지 못한 건 사실이다.

아직 제대로 힘을 키우기도 전에 상대방에게 전력을 노출하여 첫 번째 타깃이 되고 싶은가? 능력도 갖추지 못했으면서 어떻게 강한 상대에 맞서려고 하는가? 아직 힘을 키우지 전이라면 일단 조용히 때를 기다려라. 섣불리 나섰다간 한 줌의 재가 되고 말 것이다.

물론 우리는 유방이 될 수도 항우가 될 수도 없다. 하지만 두 사람의 이야기를 통해 분명히 명심해야 하는 점이 있다. 성공하고 싶다면 반드시 자신의 이익을 최우선으로 삼아야 하며, 자신의 바람을 만족시키기 위한 방법을 제대로 구사해야 한다는 것이다.

언제 무슨 일이든 자신의 능력을 함부로 드러내기보다는 때를 기다리며 힘을 키워라. 상대방과 공정한 경쟁을 벌일 수 있다는 전제 없이는 함부로 나서서 상대방의 타깃이 되는 상황은 피해야 한다. 다수가 당신을 공격하게 되면 절대 혼자의 힘으로는 당해내기 어렵다. 한 명씩 상대하기보다는 상대의 시선에서 벗어나 힘을 키우고 상대방이 당신을 주목하지 않는 틈을 타 조용히 뒤에서 공격해야 한다. 그래야만 상대방과의 경쟁에서 확실한 우위를 점할 수 있다. 자신을 낮추며 때가 되었을 때 세상을 놀라게 하라.

우리는 과연 어떤 길을 걸어야 할까? 바로 당신의 행보에 전혀 걸림돌이 존재하지 않는 길이다. 아무도 당신을 주목하지 않을 때 쓸데없는 걱정은 하지 말고 힘을 키우는 데만 집중하라.

우리 주변에서 의리를 중시하며 남을 돕는 것을 주저하지 않지만 경솔함으로 일을 종종 그르치는 사람들을 볼 수 있다. 진정으로 '독한' 사람들은 감정보단 이성이 앞선다. 모든 일에 우선 자신의 이익부터 생각한다. 그들도 역시 의리를 중요하게 여기지만 경솔하게 자신의 실력을 드러내지 않는다. 남들 시선이 닿지 않는 곳에서 상대방을 도우며 자신의 이익도 도모할 줄 안다.

일을 시작하기에 앞서 우선 이해득실부터 따지며 절대 경거망동하지 마라. 회사에서 가장 관심을 가져야 할 것은 당신의 이익이다. 회사 동료 가운데 절대적 친구란 존재하지 않는다. 개인적 이익을 위해 함께 함으로써 관계가 매우 좋더라도 평생 우호적인 관계가 지속되지 않는다. 그러므로 자신의 동료를 너무 믿어선 안 된다. 회사 안에서 시시비비를 가릴 때 되도록 나서지 말고 말을 아껴라. 한쪽 편만을 들게 된다면 그 어떤 문제도 해결하지 못할뿐더러 오히려 상대방의 비난만 받게 된다.

진정으로 성공하고 싶다면 가장 먼저 자신의 이익부터 따져야 한다는 점을 반드시 기억하라. 이 원칙대로 행동한다면 그 어떤 어려움이 와도 충분히 헤쳐 나갈 수 있다.

특히 멀리 내다보고 장기적 이익을 최우선 순위로 삼아라. 그래야만 시행착오를 줄일 수 있고 마침내 당신의 목표를 실현할 수 있을 것이다.

자신의 감정을
갈무리하라

원하는 '목표'를 둘러싸고 서로 간의 심리전은 피할 수 없다. 그러므로 우리는 회사에서 '심리전의 고수'가 되어야 한다. 누구는 상사에게 '이해력이 뛰어나다'며 칭찬을 듣고, 누구는 '고루하다'는 평을 받는 상황이 바로 심리전에 의해 연출된 모습이다.

상사의 의도를 제대로 파악할 줄 알아야 상사의 호감을 살 수 있다. 상사와의 교류에서 심리 전술을 제대로 활용한다면 상사의 의도를 제대로 파악할 수 있어 보다 정확한 전략적 조치를 취할 수 있다. 이로써 자신의 원칙을 지킬 수 있을뿐더러 상사 및 동료와 원만한 관계를 유지하게 된다.

상사들은 부하 직원의 상황이나 업무 태도를 알아보기 위해 일부러 탐색하듯 질문을 던질 때가 많다. 혹은 순간적으로 당신에게 말을 잘못 건네고 곧 후회하는 경우도 있다. 그때 당신은 재빠르게 상사의 의도와 마음을 읽고 행동해야 한다.

상사는 시시때때로 당신에게 심리전을 걸어올 것이다. 당신은 그의 말 뒤에 숨겨진 진정한 의도를 파악해야 한다. 자칫 잘못하다간 상사가 쳐놓은 올가미에 갇히게 된다. 회사에서 완벽하게 자신의 감정을 조절하고 유연하게 상대 심리를 공략해 그에 맞는 대응을 해 나가야 한다. 필요하다면 특정한 사건에 한해 상사의 분풀이 대상이 되는 것도 감수해야 할 것이다.

상사 자신의 실수나 부주의로 인해 손실이 발생했다고 치자. 하지만 책임 추궁 과정에서 상사가 돌연 당신이 제때 보고를 올리지 않았거나 보고서의 정보가 잘못됐기 때문이라고 말한다면 어찌할 것인가? 상사가 책임을 전부 당신에게 전가할 때 당신은 무고하다며 항변할 텐가? 아니면 묵묵히 이 상황을 받아들이겠는가? 현명한 자라면 분명 후자를 선택했을 것이다.

회사에서 일하다가 생각대로 풀리지 않거나, 인내심을 시험받는 일이 생길 시에 누구나 화를 내며 소리를 지르곤 한다. 물론 당신의 사수도 마찬가지일 테고 회사 임원이었어도 화를 참지 못하는 순간이 있기 마련이다. 당신은 상사가 화를 낼 때 그의 직속 부하로서 최대한 자신의 감정을 다스릴 줄 알아야 한다. 제대로 대응하지 못하면 앞으로의 업무 진행에 영향을 끼치거나 상하 관계가 흔들릴 수 있다.

그렇다면 어떻게 이런 '위기'에 대처하며, 곤란한 상황을 잘 넘어갈 수 있을까?

첫째, 상대의 말을 경청하고, 전부 수긍하라.

별로 중요하지 않은 사건에 대해 상사가 당신에게 화를 낼 때 가장 바람직한 대응 방법은 '조용하게 듣기만' 하고, '맞서는 행동은 지양' 하는 것이다. 아무리 억울해도 상사의 꾸중과 질책을 아무 말 없이 들으며 수긍하는 리액션을 취해라. 화를 내는 상사는 매우 격양되어 있기 때문에 당신이 그 자리에서 어떤 말을 하든 아무 소용없으며, 심지어는 역효과가 날 수도 있다.

기꺼이 상사의 분풀이 대상이 되어라. 범상치 않은 당신의 기개를 보여 줄 수 있고, 상사의 화를 누그러뜨려 줄 수 있어 오히려 신뢰를 얻을 수 있다. 사실 상사 역시 누구의 잘못인지 명확히 인지하고 있다. 그가 일부러 당신에게 책임을 뒤집어씌우려는 게 아닌 이상, 화가 가라앉은 이후 당신에게 미안함을 느끼게 될 것이다.

상사가 당신을 호되게 질책할 때 다음과 같이 행동해 보라.

▲ 바로 반박하지 말고 우선 그의 말을 경청하라.

▲ 변명을 늘어놓아선 안 된다. 오히려 그의 화를 더 부추기는 셈이다.

▲ 책임을 회피하기 위해 다른 사람을 끌어들이지 마라.

▲ 진지한 태도로 경청하라.

▲ 상대를 풍자하거나 비꼬지 마라.

▲ 상사의 잘못을 지적해선 안 된다.

▲ 사건의 잘잘못을 따지지 마라.

▲ 상사가 하는 말을 흘려듣지 마라.

▲ 고의로 화제를 전환하지 마라.

▲ 설사 당신 잘못이라고 하더라도 의기소침하거나 낙담하지 마라.

둘째, 일이 끝난 후 제대로 해명을 해야 한다. 자신만의 소신을 가지고 책임져야 할 부분은 자신이 책임을 지고, 불필요한 부분은 깨끗이 거절하라.

상사가 당신에게 책임을 추궁하거나 질책할 때, 반드시 그에 대한 해명이 뒤따라야 한다. 하지만 화를 낼 때 해명을 하는 것은 시기상으로 적절하지 못하다. 상사의 화가 누그러졌을 때를 기다린 후 다음날 제대로 해명해야 한다. 상사가 자신의 행동을 되돌아볼 수 있도록 상사에게 화를 다스릴 시간적 여유를 주는 것이 좋다.

정말 당신의 실수로 인해 상사가 화를 내는 거라면 상사의 질책이 두렵다고 그를 피하지 말고 그 즉시 반성할 줄 알아야 한다. 더 이상 같은 실수를 되풀이하지 않기 위해 자신이 저지른 잘못을 반성하고 상사의 질책을 겸허히 받아들여야 한다.

셋째, 그 즉시 행동에 나서 문제를 바로 해결하라.

화를 내는 상사 앞에서 입을 다물고 가만히 있는 것만이 능사는 아니다. 오히려 상사의 화를 돋우기만 할 것이다. 내 수업 수강생 가운데 상사의 질책 앞에서 아무 말도 못 하고 우물쭈물하다가 퇴사를 당한 이들이 상당수였다. 당시의 상황에 따라 필요하다면 그 즉시 행동에 나서 문제를 해결해야 한다. 상사의 화를 가라앉힐 수만 있다면 결과는 더 좋은 방향으로 흐를 것이다.

자신의 실수에 대해 정확히 분석하고 상사에게 객관적인 상황을 인식시켜야 한다. 동시에 해결 방안을 제시함으로써 실수를 바로잡고 사건을 해결하려는 당신의 의지와 능력을 보여라.

변명을 늘어놓기보다 재빠르게 사태를 수습하는 것이 더 현명하다는 것을 잊지 말아야 한다. 변명을 통해 그 순간의 화를 모면할 수 있을지는 모르지만, 오히려 소심하고 계산적이라는 이미지를 심어줄 수 있다. 이로 인해 상사의 신뢰를 잃게 되고, 설사 당신이 억울한 일을 당한 것이라도 이미 깨진 신뢰는 회복하기 힘들다. 비록 변명하는 게 옳은 선택이 아니라는 걸 알지만, 누구나 저지르는 실수 중의 하나이기도 하다.

성공으로 가는 길목에서 사람 간의 교류는 필연적일 수밖에 없다. 그러므로 상사나 고객을 상대하면서 받게 되는 모욕 정도는 잠시 스쳐가는 바람으로 치부할 줄 아는 대범함이 필요하다. 언제 어디서든 자신만을 생각하지 말고 눈앞의 조그마한 이익은 내려놓을 줄 아는 독한 사람이 되라. 참고 인내하며 사소한 이해득실에 해탈할 때, 동료와의 경쟁에서 승리를 거머쥘 수 있다.

자만심을 버려라

'현명한 자는 오히려 자신을 드러내지 않는다.' 라는 말처럼 총명한 자는 오만하지 않고 자신을 낮출 줄 안다. 그들은 자신과 앞으로의 먼 미래를 그리며 자신의 본 실력을 드러내지 않으며 필요할 때는 어리석은 척을 하기도 한다. 똑똑한 사람은 많지만, 일부러 '어리석은' 행동을 하는 지혜로운 자는 그다지 많지 않다.

자신이 '똑똑하다'고 뽐내는 사람들은 실상 잔꾀를 잘 부리고 그것을 드러내길 좋아할 뿐이다. 이는 진정으로 어리석은 행동이 아닐 수 없다. 스스로 잘났다고 여기며 매일 남 앞에서 우쭐대는 자들은 심지어 상사 앞에서도 그런 자신의 모습을 숨기지 않고 잘난 척을 일삼는다. 누구도 이런 사람들을 좋아하거나 반기지 않으며 오히려 무시하고 함께 일을 하기를 거부한다. 회사 내에서 입지가 줄어들 것은 자명하다.

당신이 매일 상사 앞에서 자신이 잘났다며 오만하게 군다면 그 누가 당신을 반기겠는가? 부하직원의 기분을 헤아릴 줄 아는 상사라면 겉으로는 아무런 내색도 하지 않지만 불편함은 커져만 갈 것이다. 오만한 당신을 가만히 내버려 두는 게 당신에게 호감을 느꼈다는 말이 결코 아니다. 현명한 자들은 아무 때나 자신의 능력을 뽐내지도 않고, 필요하다면 '어리석은 행동'을 함으로써 자신보다 못난 상사의 면을 추켜세워 주기도 한다. 이런 행동들이 당신의 무지함을 보여주는 게 아니다. 오히려 당신의 성공을 앞당겨준다.

어느 날, 호텔 지배인과 만나 이야기를 나누었다. 그는 내게 물었다. "최근 경영 관련 서적들을 읽고 있습니다. 다 읽고서 저희 호텔에 대해 생각이 많아지더군요. 앞으로 호텔 사업이 더 발전하기 위해 직원들에게 필요한 덕목이 무엇이 있을까요?" 단순해 보이지만 실은 매우 핵심을 찌르는 질문이다. 난 솔직하게 그에게 내 의견을 말했다. "이건 사장님의 최종 목표와 전략에 따라 결정되어야 할 문제입니다. 결코, 단순한 문제가 아닙니다. 호텔의 향후 직원 채용 전략 규칙과 연계해서 생각해 봐야 합니다."

지배인은 내 대답의 의도를 제대로 파악하지 못하고, 내가 성의 없이 대충 상대했다고 오해했다. 나는 우선 그가 호텔 사장의 진정한 의도부터 파악한 후 직원을 채용하고 교육하길 바랐다. 그래서 그에게 사장이 아닌 당신이 세운 채용 전략은 '당신'만의 생각이라는 것을 우회적으로 알렸다. 호텔 사장의 진정한 의도를 모른 채 직원 채용 전략을 세우는 것은 아무 의미가 없다. 자문은 실행과 다르다. 결과가 아닌 방법을 구하는 것이기 때문이다.

마지막으로 그에게 말했다. "당신의 사장님께 여쭤보는 게 가장 좋은 방법일 겁니다. 사장님이 어떤 생각을 하고 계시는지 어떤 청사진을 그리고 계시는지 우선 파악해야 합니다. 사장님의 의도가 명확해지면 다시 절 찾아오십시오. 그때 보다 상세한 방법을 설명해 드리겠습니다." 하지만 이 지배인은 자신이 사장의 의도를 확실히 알고 있다고 말할 뿐이었다. "저와 사장님은 언제나 생각이 일치해 왔지요. 그리고 아마 제가 사장님보다 더 좋은 아이디어를 낼 수 있을걸요?"

난 그의 투철한 직업 정신을 칭찬한다. 또한 그를 도와 호텔 사업이 번창했으면 한다. 하지만 그가 자신의 직분을 넘어서는 일을 하지 않길 원했다. 그는 호텔의 주인은 바로 사장이며 부하직원이라면 우선 사장의 진정한 의도부터 이해하는 게 우선이라는 것을 간과하고 있다. 사장과 부하직원 간의 생각이 다르다면, 부하직원의 노력은 그저 헛수고에 불과하다.

그가 계속해서 자신만 똑똑하다는 생각을 버리지 않는다면 언젠간 자신을 망치게 될 것이다. 자신과 사장의 생각이 다를 때에도 여전히 자신의 주장만을 고집한다면 사장의 신뢰뿐만 아니라 더 많은 것들을 잃게 될 것이다.

실제로 자신이 똑똑하다고 생각하는 사람들은 결국 불행한 결말을 맞았다. 진정으로 현명한 자는 어리바리하게 행동할 줄 안다. "내가 멍청한 행동을 보일수록 당신의 콧대는 높아지겠죠. 반면 내가 똑똑할수록 당신은 움츠러들 거란 걸압니다." 쉽게 자신을 드러내지 않는 자가 더 쉽게 성공한다.

'예외'는 없다

당신의 부하직원이 잘못을 했다면 응당 벌을 받아야 마땅하다. 직장에서 상사는 지시를 내리고, 부하직원은 그 지시를 따르는 게 원칙이자 진리다. 하지만 실제로 회사에서 상사의 의견에 불복하여 대드는 직원들이 많다. 직원이라면 상사의 지시를 확실히 이행해야 하며, 상사라면 고객과 동료에게 존경의 대상으로서 위엄을 보여주어야 한다. 상사의 지시에 불복종한다면 원칙에 따라 이에 합당한 처벌을 내려야 하며, 신의가 없는 고객에겐 경고를 날릴 줄 알아야 한다. 자신만의 원칙을 세우고, 원칙을 이행하는 데 있어 불필요한 정은 배제해야 한다. 원칙을 견지하는 것은 자신의 위신을 바로 세우고 원하는 바를 충족하기 위한 필요조건이다. 당신을 존중하지 않는 동기가 있다면 역시 인정사정 봐주지 말고 자신의 위신부터 회복하라. 그저 참고 용서하기만 한다면 남들에게 이용당하기만 할 뿐이다.

장제(張潔)가 모(某) 회사의 직영점 점장으로 일할 때였다. 점장이 된 지 얼마 안 되었을 때, 직영점에서 함께 일하던 그녀의 친구가 회사에 지각했다. '지각 한 번에 벌금 5위안'이라는 원칙이 있었지만, 그녀는 뻔뻔하게도 벌금을 내지 않았다.

이 일이 있고 난 뒤 한 달 동안 직영점 직원들의 지각 행렬이 이어지며 그들은 갖가지 변명을 늘어놓기 시작했다. 장제는 이런 식으로 가다간 회사 내 기강이 흔들릴 것을 우려했다. 그래서 한번은 지각한 직원에게 회사 규칙에 따라 벌금을 내라고 종용했더니, 그 직원은 오히려 적반하장으로 장제에게 큰소리를 쳤다. "다들 지각을 하는데 왜 제게만 벌금을 내라고 하세요? 물론 저도 회사 규칙에 따라 벌금을 내고 싶습니다. 그런데 왜 이제껏 아무에게도 벌금을 걷지 않으시다가 하필 오늘 이러세요? 왜 굳이 제게만 이러시는 거냐고요?"

다른 직원들 모두 그의 말에 동조하며, 오히려 장제의 행동이 불공평하다며 비난했다.

이 이야기는 모든 관리자의 경종을 울린다. 무릇 현명한 관리자라면 상벌에 관한 규칙을 엄격히 준수해야 한다. '예외' 란 있을 수 없다. 규칙에 따라 공평하게 시행하라. '이번엔 그냥 넘어가고, 다음부터 하지 뭐.' 란 생각을 품고 있다면 당신의 위신이 곤두박질치는 건 한순간이다. 한번 봐주기 시작하면 상대는 규율에 대해 반감만 일 뿐이다.

그렇다면 어떻게 해야 직원들이 처벌을 순순히 받아들일까?

첫째, 공평 정대해야 한다. 회사 사정에 따라 상벌 제도를 도입하라.

상벌 제도를 도입하고 그 기준을 명확히 정하라. 실적이 좋은 직원에겐 그에 합당한 상을 내리고 승진을 시켜야 한다. 반면 규율을 어긴 직원이 있다면 정한 규칙에 따라 벌을 내리며, 그 누구도 예외가 없음을 인지시켜라. 직원들의 적극성을 드높이고 규율이나 상사의 지시를 따르도록 상벌 제도를 적극적으로 이용해야 한다. 가족, 친지, 친구 등의 이유로 눈감아주는 일 없이 공평하게 상벌이 이뤄질 때, 큰 효과를 거둘 수 있다.

둘째, 벌어진 실제 결과를 근거로 공정하게 판단하라.

어느 날, 모(某) 회사의 사장인 두레이(杜磊)는 그와 함께 어려운 시절을 겪어 온 직원과 술을 마시던 중 직원이 회사의 규칙을 어기고 난동을 부렸다. 회사 관리 규정에 따라 이 직원은 해고 처리가 되어야 마땅했다. 하지만 그는 회사 창립 멤버로 회사가 어려울 때 몸 바쳐 일한 일등 공신이었다. 게다가 집안 사정이 안 좋아 집안의 생계를 혼자 떠맡고 있었다.

과연 어찌해야 하는가? 두레이는 쉽게 결정을 내릴 수가 없었다. 오랜 고민 끝에 회사의 규정대로 그를 해고하기로 결정했다. 해고 소식을 들은 그 직원은 불같이 화를 냈다. 두레이는 차분한 어조로 그에게 말했다. "회사엔 회사만의 규칙이 있어. 너와 나의 사적인 감정이 개입해선 안 돼. 사적인 감정으로 회사의 규정을 어길 수는 없었어."

두레이의 결정을 보고 다른 직원들 모두 회사 규정을 명확히 지키려는 그의 의지를 알 수 있었다. 직원이 해고된 뒤, 두레이는 자신의 사비를 들여 남몰래 그가 새로운 직장을 구할 때까지 그의 가족을 도왔다. 시간이 지나서야 그는 두레이의 고뇌를 이해할 수 있었다.

벌어진 실제 상황에 맞게 상벌 제도를 운용해야 한다. 절대 사적인 감정이 개입해선 안 된다.

회사 일을 처리할 땐 사적인 감정은 배제하고 규율에 맞게 처리하라. 좋은 관리자라면 다른 직원에서 규율을 강조하기 전 자신부터 규율을 지켜야 한다.

체면 따위는
벗어 던져라

이 세상에 승패는 오로지 결과만이 중요하다. 당신이 상대를 물리쳤다는 결과만 중요할 뿐 어떤 과정을 통해 승리를 거머쥐었는지는 아무도 신경 쓰지 않는다. 당신이 상대에게 졌다고 하더라도 아무도 당신을 동정하지 않는다. 사람들은 모두 '신사다운 매너'를 추구한다. "내 것이라면 반드시 내가 가져야 하지만, 내 것이 아니라면 굳이 힘들게 뺏을 필요 있겠어?" 그들은 경쟁 중에 틀에 박힌 고집스러운 모습을 보인다. 마치 지팡이를 들고 있는 영국 신사처럼 승부욕은 커서 본래 자신의 것이라면 당당히 취하지만, 자신의 것이 아니었다고 판단되면 힘들여 쟁취하려고 하지 않는다.

월슨은 말했다. "신사가 되고 싶다면 전쟁에서 후퇴하는 법을 배워야 한다고들 합니다. 자신의 손에 들고 있는 케이크를 나누어 먹을 수 있는 자가 진정한 신사라고들 하죠. 하지만 과연 그렇게 할 수 있는 자가 몇이나 될까요? 아마 아무도 없을 겁니다. 그건 겁쟁이들이나 하는 변명일 뿐이니까요."

나는 텍사스 주에서 일어났던 한 이야기를 들은 적이 있다. 제이슨 오스틴(Jason Austen)이란 이름의 한 남자가 8년 동안 장거리 연애 끝에 자신이 사랑하는 여자와 곧 결혼을 앞두게 되었다. 하지만 그 앞에 경쟁자가 나타났다. 그는 자신보다 스펙이 훨씬 뛰어난 부자로서 스포츠카를 타고 다니며 시시때때로 그녀에게 선물 공세를 퍼부었다. 여러 가지 이유를 만들어 그녀에게 데이트 신청을 했지만, 그녀는 완강하게 그를 거부했다.

제이슨은 자신과 그녀의 굳건한 사랑을 믿으며, 오만한 자존심을 부리기도 했다. "그녀가 내 운명이라면 분명 날 선택할 거야. 그놈의 구애는 절대 받아들이지 않겠지. 내가 굳이 나서지 않아도 돼. 모든 선택은 그녀 손에 달렸어. 난 그녀가 날 선택할 때까지 그저 가만히 있을 거야. 이게 바로 신사의 품격 아니겠어?"

그녀가 그에게 결혼 의사를 물었을 때, 제이슨은 "기다려봐."라고 대답했다. 사실 그의 속마음은 '네가 나와 결혼하기로 결심했을 때 그때 하자.'란 의미였지만, 그녀는 그의 말을 오해하고 말았다. '난 지금 너랑 결혼하고 싶지 않아.' 그의 딱딱한 행동은 그녀의 오해를 샀지만, 그는 바로 그녀의 오해를 풀어주지 못했다. 네 번이나 그에게 퇴짜를 맞자 화가 머리끝까지 난 그녀는 자신에게 끊임없이 구애를 했던 다른 남자의 데이트 약속을 승낙했다.

제이슨은 순간 어이가 없었다. "날 사랑하던 게 아니었어? 아니면 그놈이 얼마나 자신을 좋아하는지 알고 싶어서 데이트 신청에 응한 건가?"

그의 딱딱한 사고방식 때문에 그와 그녀의 애정전선에 문제가 생겼고, 결국 그녀와 이별하게 되었다. 3개월 뒤 이별 소식을 친구들에게 전하자 다들 어리둥절해 했다. 사건의 전후 상황을 모두 들은 친구들은 이구동성으로 제이슨을 욕했다. "누가 널 동정하겠니! 모두 네가 자초한 일인걸!"

'신사'인 척 하는 사람들은 일반적으로 성공하기 어렵다. 체면을 중시하는 그들은 진심을 보이기 힘들어한다. 목표를 추구하는 과정에서 그들은 관망하는 자세를 취하거나 수동적일 수밖에 없다. 당신이 소극적으로 행동하며 아무런 노력을 기울이지 않는다면 원래 당신 것으로 생각했던 모든 것들이 서서히 당신에게서 멀어질 것이다.

살아가면서 원하는 게 있다면 적극적으로 나서 쟁취하라. 절대 머뭇거리거나 상대방에게 양보해선 안 된다. 제이슨이 일찍이 이 이치를 알았더라면 분명 아무런 방해 없이 사랑하는 여자친구의 손을 잡고 결혼식장에 들어섰을지 모른다. 하지만 그는 '신사의 품격'을 지킨답시고 소중한 것을 잃어버렸다.

자신의 체면만 내세우며 '신사'처럼 굴겠다고 뒷짐 지고 가만히 서 있어선 안 된다. 자신이 원하는 것은 용감하게 맞서 쟁취하라. 타인의 시선이 두려워 쉽게 포기해선 안 된다. 전심전력을 다해 도전하라. 커다란 용기와 인내가 필요한 일일지라도, 그 과정에서 수많은 난관이 존재한다고 하더라도 절대 물러서지 마라. 후퇴하는 순간 두 번 다시 앞으로 나아가지 못하며, 성공의 기회는 요원해진다.

목표를 세웠다면 최선을 다해 그 목표를 이루기 위해 전진하라. 웬만해서는 포기하거나 물러서선 안 된다. 허례허식을 쫓지 마라. 목표가 있다면 의지와 용기를 가지고 끈질기게 도전하라. 그래야만 이 사회에서 살아남을 수 있다. 뛰어난 사냥꾼이 되고 싶다면 우선 강해져야 한다. 독하게 이 세상을 바라볼 수 있을 때, 목표를 이루고 성공할 수 있다.

트라이앵글 관계

회사에서 우선 자신의 편을 찾아야 한다. 아군 없이 홀로 적군과 맞서게 된다면 아무리 능력이 출중하다고 하더라도 쉽게 적을 물리치기 어렵다. 다른 사람과 힘을 합쳐야 완벽한 성공을 거둘 수 있다.

무릇 성공한 자는 이용 가능한 모든 것을 활용할 줄 안다. 타인의 힘을 빌려 보다 효율적으로 문제 해결에 성공한다. 투자의 귀재라 불리는 버핏은 인맥을 적극 활용하여 자신만의 정보 루트를 만드는 등 투자 관련 핵심 정보를 얻기 위한 노력을 게을리 하지 않는다. 그가 투자의 귀재로 불리게 된 것 역시 그가 평상시 구축해 놓은 인맥을 통한 정보 루트 덕분이다.

회사에서도 사람 간의 관계 형성이 승패를 좌우한다. 인맥을 적극적으로 활용할 줄 아는 자가 성공한다. 동료들의 호감을 사고, 고객의 신뢰를 얻으며 상사의 인정을 받는다.

중국에서 비즈니스의 3대 조건으로 천시(天時), 지리(地利), 인화(人和)를 꼽으며 3가지 조건이 모두 충족되어야 성공할 수 있다. 그중 대인관계를 강조하는 '인화'가 가장 중요한 요소다. 옛말에 '사람 간의 관계가 원만해야 성공한다.'는 말이 있듯이 동료, 상사, 고객과의 관계가 좋을 때 모든 일이 순조롭게 해결될 수 있다.

이것이 바로 인맥 활용의 힘이다. 다양한 사람과 만날수록 인맥이 더욱 넓어진다. 회사 내에서는 주로 부하직원, 동료, 상사와 교류를 한다. 그들과 우호적인 관계를 형성할 때, 보다 탄탄한 인맥이 형성되고 회사에서 안정적으로 입지를 다질 수 있다.

부하직원을 조력자로 둔다면 보다 수월하게 팀 실적을 올릴 수 있다. 또한, 동료와 원만한 관계를 유지하게 되면 서로 눈치 싸움을 벌이며 머리 쓸 일 없이 오로지 업무에만 집중할 수 있게 된다. 상사와의 관계 역시 중요하다. 적극적으로 상사의 지원을 받게 되면 더 많은 성공의 기회를 잡을 수 있다. 부하직원, 동료, 상사와의 원만한 관계 구축을 통해 어려움도 쉽게 극복해 낼 수 있다. 하지만 많은 사람이 이에 대한 중요성을 인식하지 못한다. '독하게' 스스로 다그치는 사람들이 어떻게 이들과의 관계를 조율해 나가는지 살펴보자.

중국 드라마 〈재상 류라과(宰相劉羅鍋)〉 중 유용과 화신의 논쟁 과정에서 직장 내 세 가지 관계 활용의 중요성을 알 수 있다.

황제는 자신의 위엄을 확고하게 다진 상황에서 신하들의 논쟁에 참여하여 사건을 크게 만들고 자신은 방관자로 그들의 논쟁을 지켜보는 것을 즐겼다. 그러다가 적절한 타이밍에 나서 사건을 종결시키곤 했다. 이 같은 행동을 통해 자신에 대한 신하들의 충성심을 확인하고 자신의 권위를 다시 한 번 상기시켰다. 신하 중 그 누구도 황제의 명을 거역하지 못했고, 이는 황제의 위신을 드높였을 뿐 아니라 신하들의 힘을 약화해 자신의 권력을 공고히 했다. 이것이 바로 직장 내에서 부하직원과의 관계 활용의 좋은 예라고 볼 수 있다.

동료와의 관계라는 각도에서 바라보면 어떨까? '천하의 최고 간신'이라 불렸던 화신이 어떻게 오랫동안 유용과 비등비등하게 실력을 겨룰 수 있었을까? 그건 바로 화신의 합리적인 인맥 활용 능력 때문이었다. 그는 최대한 조정 내에서 자신의 편을 확보하여 지속적으로 유용을 향한 파상 공격을 퍼부었다. 문제가 생길 때마다 많은 조정 대신들이 앞 다투어 화신의 역성을 들기도 했다. 한 대신이 유용을 공격하고, 다음날 또 다른 대신이 유용을 압박해 갔다. 유용이 정신을 못 차리는 동안 다시 아무 문제도 없었던 것처럼 모든 걸 원점으로 되돌리기도 했다. 화신은 조정 대신의 힘을 효과적으로 이용함으로써 황제에게 자신의 뛰어난 능력을 입증했다. 화신의 인맥 활용 능력은 가히 천하제일이라 할만 했다.

화신이 황제와의 사이가 안 좋았다면 과연 이렇게 조정에서 오랜 시간 제 목소리를 낼 수 있었을까? 반대로 생각해 보자. 유용이 황제와의 관계가 좋았다면 긴긴 시간 동안 화신과 대립할 이유도 없었다. 진정으로 현명한 자는 동료와 원만한 관계를 구축할 뿐만 아니라 상사를 통해 자신의 이익을 취할 줄도 안다. 이를 무기 삼아 상대방의 공격에 적극적으로 대응한다.

당신의 능력이 아무리 뛰어나고 상사와의 관계가 좋지 않으면 성공을 거두기는 어렵다. 상사의 허락이 떨어져야만 행동도 할 수 있음을 명심하라. 아무리 출중한 능력을 가진 자라도 상사의 의견을 무시하고 멋대로 행동할 수는 없다. 유용처럼 본인의 능력은 뛰어나지만, 상사와의 관계가 좋지 않으면 결국 고립되고 만다. 화신처럼 개인의 능력은 별 볼 일 없지만, 상사의 마음을 헤아리고 그의 신뢰를 얻는 자가 성공한다. 처세술을 알고 동료와의 화합을 중요시해야 한다.

회사에서 유연한 인맥 활용이야말로 성공의 지름길임을 알 수 있다. 그 어떤 고난을 마주하더라도 충분히 인맥을 활용한다면 당신의 방패막이가 되어 줄 것이다.

가치의 중요성

회사는 잔혹한 밀림이다. 절대적인 우방은 없으며 오로지 절대적 이익만 존재한다. 그러므로 현명하게 합리적인 방법을 통해 자신의 가치를 드러내는 데 힘써라.

라오장(老張)은 회사의 잔혹한 생리를 알지 못하고 쉽게 남을 믿은 결과 남들에게 이용만 당하다가 버려졌다. 그는 팀장으로서 사장에 대한 충성심이 가득했다. 사장 또한 그에 대해 강한 신뢰를 보이며 차기 부사장 자리에 추천하겠다고 말하기도 했다. 하지만 라오장의 한 순간의 부주의로 그는 남에게 이용만 당하다 버려지게 되었다. 본사에서 업무 감찰 조사가 나온 날이었다. 다 같이 식사를 하는 자리에서 감찰 조사를 위해 파견 나온 직원 한 명이 조심스레 라오장을 밖으로 불러냈다. "사장님께서 우리 본사 임원에게 드릴 선물을 준비했다고 하네. 자네에게 말을 전해달라고 내게 부탁하셨지. 옆방에 선물이 준비되어 있으니 가져다드리게." 라오장은 식사가 끝난 후 선물을 본사 임원의 방에 가져다 놓았다.

과연 어떻게 되었을까? 며칠 뒤, 본사에서 분점 사장을 뇌물수수죄로 조사하겠다고 직원을 파견했다. 본사 임원은 청렴결백한 자로 뇌물 수수를 용납하지 못했다. 분점 사장은 진상을 알고 분노했다. 라오장은 그 즉시 해고되었으며 사장 역시 회사에서 해고되었다. 뒤이어 라오장에게 선물을 전달하라 일렀던 그 직원이 새로운 분점 사장으로 임명되었다. 사실 그는 줄곧 분점 사장 자리를 노리던 자였다. 이번에 뇌물수수죄를 덮어씌워 자신이 그 자리를 차지한 것이었다.

라오장은 모든 사건의 전말을 알고 놀랄 수밖에 없었다. 자신도 모르는 새에 다른 사람의 장기짝이 되어 이용만 당하다 버려진 것이었다.

회사에서 남에게 이용당하는 일은 비일비재하다. 그러므로 언제나 경계를 늦추지 말고 자신의 위치를 정확히 인지하라. 해야 할 것과 하지 말아야 할 것을 명확히 구분하고 절대 남들에게 휘둘려선 안 된다. 남에게 이용당하고 후회해봤자 이미 늦었다.

눈앞의 이익을 위해 결과도 생각하지 않고 무작정 덤벼들어선 안 된다. 다른 사람의 장기짝이 되지 않으려면 자신의 실력을 키워 스스로의 가치를 높여야 한다.

징징(晶晶)은 모(某) 기획 회사의 문서 담당 직원으로 3년째 근무 중이다. 뛰어난 업무 능력을 바탕으로 모든 문서를 정확하게 분류하고 정리했다. 과장 하나 보태지 않고 모든 업무의 성공의 반은 그녀의 공이라고 할 수 있다. 많은 고객이 그녀가 정리한 보고서를 보고 그 즉시 함께 일하고 싶다는 의향을 비치기도 했다. 징징과 그의 상사인 쉬(徐)모 씨는 성격이 판이하였기 때문에 서로 사이가 좋지 않았다. 돌려 말할 줄 모르고 직설적으로 말하는 징징은 쉬모 씨의 농담을 받아들이지 못했고, 그런 징징은 쉬모 씨의 눈엣가시였다. 징징의 뛰어난 업무 능력은 회사에서도 인정한 바이지만 그녀가 맘에 들지 않았던 쉬모 씨는 사사건건 그녀의 승진 기회를 막아버렸다.

하지만 징징에게도 기회가 찾아왔다. 어느 날 쉬모 씨는 대형 프로젝트를 기획했고, 사장 앞에서 반드시 성공해 보이겠다고 호언장담을 했다. 보름 안에 계약 체결을 해보이겠다고 큰 소리를 쳤던 것이다. 수백만 위안의 투자금을 쏟아부었지만 열흘 이상이 지나도록 그 어떤 소득도 없자 사장은 화를 내며 쉬모 씨를 질책했다.

사장은 허풍을 잘 치는 쉬모 씨에 대해 항상 곱지 않은 시선을 보냈다. 일찍이 작년부터 사장은 유명한 한 대형 기획 회사에서 한 명을 스카우트하고, 기존 직원 한 명을 해고하려는 계획을 하고 있었다. 이번 일로 인해 꼼짝 없이 자신이 해고 대상이 될 거라고 직감한 쉬모 씨는 징징을 찾아갔다. 마침내 징징에게도 기회가 온 것이었다. 쉬모 씨는 뜨거운 탕 속에서 발버둥 치는 개미처럼 자신의 자리를 보존하기 위해 징징에게 고개를 숙일 수밖에 없었다. 징징은 그의 제안을 거절하지 않았지만 그 전에 3가지 조건을 내걸었다.

첫째, 자신을 이번 프로젝트에 참여시켜 달라. 사장님께 올리는 보고서에 자신의 이름을 넣어 달라.

둘째, 자신에게도 남들과 똑같이 공평한 대우를 해 달라.

셋째, 직접 프로젝트팀을 꾸릴 수 있는 권한을 달라.

징징은 그의 제안을 받아들이는 대신 3가지 조건을 내걸었다. 그녀는 자신의 이익을 지켰을 뿐더러 독자적으로 팀을 구성할 권한도 얻었다. 이로써 보다 쉽게 사장의 눈에 들 수 있는 발판을 마련한 것이었다. 쉬모 씨는 그녀가 내건 조건을 받아들이지 않고는 도저히 이번 일을 무사히 넘길 자신이 없었다. 결국 그는 우선 자신부터 살고자 하는 마음에 징징의 요구 조건을 모두 수락했다. 이번 일이 끝나고 징징은 보너스를 받게 되었고, 사장에게 자신의 가치를 증명해 보였다. 얼마 지나지 않아 그녀는 회사 프로젝트의 총괄 팀장 자리에 오를 수 있었다.

기회는 자신이 만들어 나가는 것이지 저절로 주어지지 않는다. 현실에서 자신의 가치를 드러낼 기회를 잡는 것은 오로지 본인의 능력에 달렸다. 그러므로 효과적으로 자신의 능력을 키우고 가치를 높여야만 원하는 결과를 얻을 수 있다.

함께 할 파트너는
누구인가?

회사에서 열심히 노력하는 만큼 파트너를 잘 만나는 것도 중요하다. 대다수 성공한 자들 곁엔 그들을 물심양면으로 도와준 귀인이 있다. 역사를 되돌아보면 많은 현인이 좋은 주군을 만나지 못해 자기 뜻을 펼치지 못한 경우가 많다. 지금도 수많은 사람이 자신이 선택한 사람들에 따라 인생의 행방이 달라지곤 한다. 성공하기 위해선 자신의 능력도 중요하지만, 자신의 편을 잘 만나는 것도 중요하다는 것을 알 수 있다.

타인의 힘을 빌려 성공하는 사람들을 보고 비웃는 자들이 있을지 모른다. 그들은 단호하게 말한다. "그건 소인배들이나 하는 짓이야. 타인의 힘을 빌려 성공이라니? 그런 성공은 어차피 오래 가지도 못해." 난 그들에게 하나만 알고 둘은 모른다고 말해주고 싶다. 패거리를 지어 다니는 게 아니라 뜻이 맞는 사람끼리 서로 힘을 합하여 도움을 주자는 의미다. 당신과 같은 이상을 가지고 당신의 능력을 인정하는 자를 만나 그들의 지지와 도움을 얻어라.

회사에 입사하고 동료들과 원만한 관계를 유지하라. 그렇다면 동료와의 원만한 관계를 유지하는 이유는 무엇인가? 그들의 지지와 도움이 필요해서가 아닌가? 경쟁이 치열한 회사에서는 치열한 암투가 한창이다. 자연스레 자신의 편과 자신의 적으로 나누어진다. 결코 홀로 이들을 상대할 수 없다. 그럼 어떻게 해야 할까?

▲ 회사 내 파벌 간의 대치점을 찾아내고, 당신이 속한 무리에 대해 분석하라. 그래야 서로의 이익이 충돌했을 때 말실수를 줄일 수 있고, 다른 사람에게 피해가 가는 것을 막을 수 있다.

▲ 안목을 길러라. 사물과 사건을 전반적으로 바라볼 줄 알아야 한다. 어느 무리의 실력이 더 강한지 더 빠른 발전을 이뤘는지 파악하라. 당신이 반드시 갖춰야 할 능력 중 하나다.

▲ 영향력이 큰 무리에 대해 조사하라. 그들의 목표와 방식을 이해하고, 그들의 핵심 멤버와 능력, 회사 내의 직책과 영향력을 파악하라. 입사하자마자 이와 관련된 정보부터 수집하는 게 좋다. 가능하다면 그 무리에 합류하는 것이 가장 이상적이다.

굳이 상대의 도움을 거절하고 홀로 버텨내겠다는 사람 역시 성공하기 쉽지 않다. 대체 왜 그런 걸까?

첫째, 자아의식 과잉으로 단체 생활에 익숙하지 못하다. 자신 스스로 고귀하다고 여기는 사람은 결코 남들과 어울리기 쉽지 않다. 목표가 불분명하고 쉽게 남에게 마음을 열지 않는 사람은 자신도 모르는 새에 집단에서 소외되고 상대의 신뢰를 얻기가 어렵다. 그러므로 성공하기 위해선 하루빨리 좋은 파트너를 찾는 게 중요하다.

둘째, 자신에 대해 정확히 알지 못한다. 삶의 목표와 자신에게 도움이 될 만한 것을 확실히 인지하고 자신의 발전과 이상을 이뤄줄 파트너를 찾아야 한다. 자신의 목표를 설정했으면 사소한 것에 목숨 걸지 마라. 자칫하다간 원대한 포부를 실현할 기회를 잃게 될 수 있다.

좋은 파트너와 함께하면 더 많은 기회를 얻을 수 있으니 가히 좋은 일이 아닐 수 없다.

활용 가능한 모든 자원을 이용하여 상대방의 힘을 빌려라. 보다 빠르게 성공하고 싶다면 반드시 타인의 능력을 이용해야 한다. 혼자만의 힘으로는 불가능하다. 그렇다면 역으로 생각해 보면 어떨까? 문제에 직면했을 때 그 가운데 가장 핵심이 되는 문제를 파고든다면 더욱 효과적으로 해결할 수 있다. 도둑을 잡으려면 그 우두머리부터 잡아야 한다는 말이 있지 않은가?

샤오리(小李)는 사업부에 새로 입사한 신입사원으로 과감하고 창의적인 발상으로 회사에서 그 능력을 인정받았다. 상사는 그에게 무한 신뢰를 보내며 신제품 프로젝트에 대한 추적조사 업무를 맡겼다. 업무 수행 과정에서 그는 한 가지 문제점을 발견했다. 프로젝트 초반에 시행되었던 조건이 너무 많아 후반에 가서는 프로젝트를 진행하지 못할 정도였다. 고객의 항의 전화가 빗발치자 샤오리는 머릿속이 하얘졌다. 이 순간 그의 선택지는 2가지뿐이었다.

첫째, 입사한 지 얼마 안 된 신입사원으로서 이런 상황은 처음 겪는 점을 고려하여, 상사에게 이 문제를 바로 보고한다. 상사의 지시가 떨어진 후 문제 해결에 나선다.

둘째, 자신의 능력을 보여줄 기회라고 여기고, 문제의 핵심을 파악한다. 프로젝트 초반 작업을 맡았던 직원과 우선 이 문제에 대해 상의한 다음 해결 방안을 모색한다. 그다음 상사에게 문제점과 그 해결 방안을 보고하고 그의 의견을 구한다.

샤오리는 두 번째 선택지를 골랐다. 이로써 그는 이 문제를 쉽게 해결했을 뿐만 아니라 그에 대한 상사의 신뢰도 더욱 높아졌다.

첫 번째 방식을 택했더라면 결코 문제를 해결하지 못했을 것이다. 샤오리 역시 상사에게 이 문제를 보고하려는 마음이 없지 않았지만, 상사에게 보고하고 아무것도 하지 않은 채 그의 지시만을 기다리는 것은 오히려 소극적인 이미지를 심어줄 수 있다는 걸 샤오리는 알았다. 프로젝트 초반 작업에 대한 문제점이니만큼 후반 작업을 맡은 샤오리가 할 수 있는 최선의 방법은 초반 작업 담당자와 연락을 취하는 거였다. 곧바로 상사에게 보고해봤자 문제는 해결되지 않았다.

두 번째 방식처럼 우선 문제의 원인을 파악하고 책임자부터 만나서 해결해야 한다. 소통 능력을 통해 문제 해결 방안을 찾은 후 상사에게 보고해야 한다. 이는 뛰어난 문제 대응 능력뿐만 아니라 타인과의 소통 능력도 드러낼 수 있다. 물론 자신에 대한 상사의 신뢰도 높아진다.

문제가 생겼을 때 그 즉시 상사에게 보고하기보다는 냉정하게 상황을 파악하고 문제의 원인을 찾아라. 그 원인에 따른 해결 방안을 모색한 다음에 상사에게 보고하는 것이 좋다. 그 후 상사의 후속 지시가 있을 때 문제 해결에 나서라.

이 과정에서 문제의 본질을 꿰뚫어 볼 수 있는 안목이 필요하며, 가장 핵심이 되는 문제와 관련자를 찾아낼 줄 알아야 보다 손쉽게 문제를 해결할 수 있다. 한 집단 안에는 분명 책임자가 존재하며, 문제 역시 핵심 원인이 존재한다는 것을 반드시 기억하라. 빠르게 문제를 해결하기 위해서는 바로 그 핵심 원인부터 파악해야 한다.

마지막 패를
끝까지 쥐고 있어라

일이 완전히 끝날 때까지 자신이 쥐고 있던 마지막 패를 절대 상대에게 보여선 안 된다. "당신이 손에 쥐고 있는 그 마지막 패가 당신의 성공을 결정한다." 심리학의 관점에서 살펴보면 사람들은 미지의 사물에 대해 막연한 두려움을 갖는다. 당신이 손에 쥔 마지막 패를 끝까지 보이지 않는다면 상대는 영원히 당신의 진정한 실력을 알지 못해 섣불리 행동에 나서지 못할 것이다. 그러면 당신은 그 순간을 노려 상대와의 격차를 벌려야 한다.

상대방에게 먼저 마지막 패를 보이는 자가 가장 먼저 패배하는 법이다.

우리는 살아가면서 상대에게 적극적으로 재능, 장점 등 자신이 가진 패를 보여줘야 한다. 하지만 마지막 패까지는 드러내지 말고 자신의 실력을 숨겨라. 내가 면접관이었을 때 자신의 실력을 드러내기에 급급했던 지원자들을 많이 만나보았다. 그들은 자신이 얼마나 뛰어난 인재인지 설명하기 위해 심지어 초등학교 시절 수상 경력까지 읊으며 어릴 적부터 출중한 능력으로 강한 경쟁력을 갖췄다고 강조했다. 이들처럼 자신의 모습을 너무 많이 노출하게 되면 투명인간처럼 속이 빤히 비치고 쉽게 상대방에게 자신의 약점도 들켜버린다. 이는 오히려 상대방의 관심을 떨어뜨릴뿐더러 기회를 발로 차버리게 된다.

사람은 언제나 새롭고 즐거운 걸 추구한다. 그런데 당신은 왜 남의 비위를 맞춰줄 생각을 안 하는가? 당신 상사의 기분을 맞춰주고, 당신의 잠재력과 뛰어난 능력을 보여 주어라. 당신이 가진 잠재력과 능력을 느끼게 해줄 때, 상사는 새롭고 즐거운 눈으로 당신의 성장을 기대한다. 처음 시작부터 자신의 모든 능력을 드러내선 안 된다. 적당히 패를 숨긴 후 적당한 신비감을 조성하라. 그다음 천천히 하나씩 당신의 능력을 보여줬을 때 당신의 능력이 더욱 빛을 발하게 된다.

샤오장(小張)은 판매원으로 일하며 평상시 업무 실적이 좋은 편이었지만 그다지 눈에 띄는 인재는 아니었다. 상사의 눈에 그는 그저 평상시 성실히 일하는 직원으로 비쳤을 뿐 그에게 거는 기대가 크지 않았다. 최근에 인사이동 시즌에 팀장 후보로 샤오장과 샤오왕(小王)이 거론되었다. 사장은 두 사람 가운데 경험이 더 많고 실적이 좋은 샤오왕을 염두에 두고 있었다. 샤오장은 그 소식을 듣자마자 바로 상사에게 달려가 자신의 실력을 발휘할 수 있는 어려운 프로젝트를 맡겨달라고 간청했다. 샤오장의 진정한 능력을 알고 싶었던 상사는 흔쾌히 그의 요구를 들어주었다. 샤오장은 자신의 인맥과 경험을 바탕으로 프로젝트를 완벽하게 성공시켰다. 이는 상사가 전혀 예상치 못했던 결과로 그는 샤오장에 대한 평가를 전면 수정할 수밖에 없었다. 전도유망하고 잠재력이 뛰어난 직원임을 알게 된 상사는 결국 샤오장을 팀장으로 올렸다.

샤오장처럼 자신의 능력을 일찌감치 전부 내보이지 말고 결정적인 순간에 드러내어 상대를 놀라게 하라. 이때 주의해야 할 점이 있다.

▲ 상대에게 먼저 당신의 실력을 들켜선 안 된다. 먼저 들키는 자가 패배한다.

▲ 사장에게 당신의 모든 패를 드러내지 마라. 하나씩 천천히 패를 공개하며 상대방의 시선을 끌어야 당신에게 더 많은 기회가 찾아온다.

▲ 결정적인 순간을 대비하려 마지막까지 진면목을 감추어라.

▲ 타이밍이 중요하다. 기회가 왔을 때 과감하게 자신의 패를 드러낸다면 성공률은 더욱 높아진다.

마지막 패는 결정적인 순간에 사용해야 한다. 너무 일찍 공개해 버리면 그 어떤 파급력도 지니지 못 한다. 상대의 허를 찌르는 게 전략의 핵심이다. 상대가 당신의 전력을 전부 파악하지 못하게 해야 한다. 상대가 적이든 아군이든 끝까지 자신의 마지막 패를 고수해야만 진정한 저력을 드러낼 수 있다. 결정적인 순간 당신의 숨겨진 실력을 드러낼 때 성공으로 한 걸음 다가갈 수 있다.

PART 5

이상 수업

매슬로(Maslow)는 인류는 자아 가치 실현을 가장 원한다고 말했다. 이것은 성공하는 자들도 이를 위해 한평생을 바친다. 자아실현도 일종의 야심인가? 생물학의 관점에서 바라봤을 때, 야심이라고는 할 수 없지만 인간의 삶에서 자아실현은 야심이자 삶의 원동력이다. 사람들은 자아실현을 위해 전심전력을 다하며 자아실현이 이루어 졌을 때 비로소 행복을 느낀다.

아직 넌 멀었어!

확실한 목표를 정하고 언제나 목표 실현을 위해 노력한다면 모든 일은 자신이 원하는 방향대로 흘러갈 것이다. 한 마케팅 대가는 말했다. "매일 아침 눈을 뜨자마자 난 거울을 보며 외치죠. '난 최고야!'" 자신감이 충만한 상태로 하루를 시작하고 무슨 일이든 자신 있게 도전할 수 있다면, 그 날의 성공률은 자연스레 높아진다.

그 이유는 과연 무엇일까? 바로 심리적 암시 때문이다. 심리적 암시가 우리 삶에 미치는 영향력은 매우 크다. 우리가 적극적으로 이 심리적 암시를 이용할 수 있다면 보다 성공에 가까워 질 수 있다.

난 일을 시작하기 전에 항상 실패부터 걱정하는 사람들을 많이 만나보았다. "이걸 실패하면 이제 어쩌지?" 실패를 걱정하는 마음이 클수록 점차 실패자의 양상을 띠게 된다. 바로 심리적 암시의 작용 때문이다. 입 밖으로 부정적인 말을 내뱉음으로써 자신감이 부족한 자신을 마주하게 되고, 소극적인 태도로 말미암아 일의 성공률도 낮아진다. 이렇게 실패를 여러 번 겪다 보면 점점 더 자신감을 잃게 되고 결국 헤어 나올 수 없는 수렁에 빠지게 되는 것이다. 자신감 결여로 인한 실패자의 현주소다.

자신감이 부족할 때, 과연 우리는 어떻게 극복해야 할까?

▲ 자신에 대해 정확하게 인지하고 확신을 가져라. 자신에 대한 확신이

없는 사람은 타인의 시선에 민감해질 수밖에 없다. 자신에 대해 확신이 없는 사람은 타인의 인정과 칭찬을 들을 생각조차 않는다.

▲ 언제나 자기 자신에게 외쳐라. "난 할 수 있어. 나라면 가능해! 난 최고니까!" 입버릇처럼 "난 못해!"를 부르짖는 사람은 무슨 일을 하든 실패하기 마련이다. 간단한 시도조차 할 용기가 없는 사람이 어찌 일의 성공을 논하겠는가?

▲ 자신을 보다 독하게 굴리고, 매사 적극적으로 달려들어라. 자신을 낭떠러지 끝까지 밀어붙이지 못하면 결코 드러나지 않은 자신의 잠재력을 이끌어 낼 수 없다. 자신을 독하게 다그칠 때, 평상시와 다른 자신의 모습을 발견하게 되고 자신의 뛰어난 능력을 마주하게 될 것이다.

보다 높은 목표를 향해 도전하고, 긍정적인 마음으로 눈앞의 도전을 피하지 마라. 사장의 눈에 당신은 잠재력과 가치를 지닌 뛰어난 직원으로 비칠 테고, 당신에게 보다 많은 기회를 주고자 할 것이다. 그럼 당신은 그 기회를 잡아 적극적으로 활용하면 된다.

홍콩 출신의 유명 배우인 청룽(成龍)에겐 한 여(女)제자가 있었다. 기자가 왜 그녀를 제자로 받아들였느냐고 묻자 청룽은 다음과 같이 대답했다. "영화를 찍는 일은 생각보다 힘들고 어렵습니다. 촬영 도중 쉬는 시간이 돌아오면 다들 무기력한 얼굴로 '멍 때리기' 바쁘죠. 하지만 그녀에게선 그런 모습을 단 한 번도 찾아볼 수 없었습니다. 언제나 활기차고 긍정적이라 주위 사람의 시선을 잡아끌었답니다. 저 역시 그런 그녀를 주목하게 되었고, 결국 저의 제자로 받아들인 겁니다."

타인의 시선을 끌고 인정을 받기 위해서는 매사 열정과 활력이 넘치는 자신을 보여주어라. 그리고 자신에게 항상 외쳐라. "넌 누구보다 최고야!"

자신에게 최고라고 되새기며, 자신이 정말 최고라고 믿어라. 향상심을 기르고 타인의 시선을 끌 수 있는 가장 좋은 방법이다. 자신의 능력을 믿고 행동할 때, 과감하게 나설 수 있고 성공률은 자연스레 높아진다. 자신감 있는 태도로 과감하게 일을 처리하는 것 역시 자신을 '독하게' 다루는 사람들의 공통점이다.

"넌 최고야! 할 수 있어!" 언제나 자신에게 암시를 걸어라. 무슨 일이든 순조롭게 이뤄질 것이다. 긍정적인 마음으로 용감하게 자신을 드러낼 때, 기회가 더 많이 찾아오는 법이며 쉽게 성공을 향해 다가설 수 있다. 성공한 사람은 모두 자신에 대한 확고한 믿음이 있다. 성공을 거둠으로써 자신감이 한층 고조된 사람은 다음에도 쉽게 성공을 거둘 수 있다. 이것이 바로 자신감과 성공의 선순환 과정이다.

자신에 대한 격려 외에도 언제나 열정을 가지고 살아야 한다. 명예를 세우는 것보다 더 중요한 것이 바로 활기차고 긍정적인 에너지다. 성공을 위한 가장 중요한 밑거름이다.

마이크로소프트사의 한 채용담당자가 기자에게 말했다. "저희는 '마이크로소프트사에서 일할 가족'을 뽑을 때 가장 중요하게 보는 점이 있습니다. 바로 열정이지요. 얼마나 회사와 자신의 업무에 대해 열정을 가지고 있느냐 하는 점을 우선적으로 봅니다.”

열정을 가진 자는 최고의 컨디션으로 업무를 처리할 수 있다. 이는 업무 실적 향상으로 이어질뿐더러 생각지도 못했던 성과를 거두기도 한다.

막 사회에 발을 디딘 신입사원들은 남들보다 일찍 출근하고 늦게 퇴근하며 업무에 매진한다. 일이 아무리 힘들고 고달 퍼도 그들의 마음은 항상 가볍다. 왜냐하면 새로운 일들이 그들의 정복욕에 불을 지피고 이는 일에 대한 즐거움으로 이어진다.

처음 회사에 입사하면 누구나 이렇게 열정을 가지고 임한다. 하지만 이런 열정은 새로운 업무와 환경, 그리고 이를 극복해 내겠다는 도전 정신에서 비롯된 바가 크다. 시간이 지날수록 업무나 환경에 익숙해지게 되고 도전 정신 역시 시간의 흐름 속에 희미해진다. 그들의 열정도 마찬가지다. 업무가 점차 익숙해져 단조롭게 느껴지면서 입사 초 품었던 포부 역시 자취를 감추게 된다. 매일 똑같은 일상 속에 기계적으로 자신 앞에 놓은 업무를 처리해 나갈 뿐이다. 슬슬 나태해지고 무기력해지며, 자신의 목표를 잃어버리게 된다. 열정을 가지고 업무에 임했던 자신의 모습을 기억해내지 못한다. 당신은 그저 아무런 희망과 도전 정신없이 그날 하루하루의 업무만 처리하는 기계 부속품처럼 변해갈 뿐이다.

열정이 사라진 후, 다시 예전의 열정을 불러일으키기 위해선 어떻게 해야 할까?

첫째, 당신 주변 사람에게 당신의 열정을 보여라.

사람은 쉽게 주변의 영향을 받는다. 열정을 키우기 위한 가장 좋은 방법은 열정을 가진 사람과 함께 어울리면 된다. 주변 사람들이 모두 당신처럼 무기력하다면, 우선 당신부터 열정을 보여라. 당신의 열정에 감화된 주변인들도 점차 예전의 모습을 되찾을 수 있다. 서로가 서로의 열정에 영향을 받을 때, 사그라졌던 열정의 불씨가 타오르게 될 것이다.

둘째, 긍정적인 태도로 자기 암시를 걸어라.

무릇 사장이라면 긍정적인 마인드를 가진 직원을 원할 것이다. 긍정적인 태도는 업무에 대한 열정의 또 다른 모습이다. 당신이 보다 적극적으로 업무를 처리할 때, 열정이 되살아난다. 설사 일이 순조롭게 풀리지 않는다고 해도 한숨만 쉬며 한탄하지 마라. 자신이 먼저 긍정적인 태도로 나설 때, 주변 환경도 당신을 따라 바뀌게 된다.

현재 자신이 처한 환경에 만족하지 못한다면 그걸로 그만이다. 환경이 바뀐다고 해도 당신은 역시 만족하지 못할 테니까 말이다. 다시 말해 현재 자신이 가지고 있는 모든 것에 만족하지 못한다면 어느 날 가치 있는 다른 무언가를 손에 넣어도 결국 마찬가지로 진정한 즐거움을 얻지 못한다는 뜻이다.

즉, 적극적이고 긍정적인 태도는 당신 자신에게 달렸다.

경쟁이 치열한 직장 내에서 당신은 홀로 견뎌내야 한다. 자신이 직접 모든 도전을 받아내고 이겨내야 한다. 결코 사장, 동료, 부하직원, 가족, 친구가 도움을 줄 것으로 생각하지 마라. 오로지 자신만이 자신에게 닥친 어려움을 해결할 수 있다.

매일 당신은 자신감을 가지고 새로운 업무를 처리하고 자신의 능력을 보여야 한다. 부단히 새로운 목표를 세움으로써 업무에 대한 열정을 잊지 마라. 당신이 열정을 가지고 업무에 매진 할 때, 자신감도 함께 상승하고 잠재력도 발휘되며 주변 사람들도 결국 당신이 가진 진정한 가치를 깨닫게 될 것이다.

적극적으로 업무를 처리하고, 긍정적으로 사물을 바라보고, 동료들과 원만한 대인관계를 형성하라. 또한 언제나 열정과 활력을 가질 때, 사장의 신뢰를 얻을 수 있다. 무기력한 태도로 언제나 힘들다고 외치지 마라. 언제나 침착하고 여유로운 태도를 보인다면 당신에게서 뿜어져 나오는 열정과 향상심에 주변 동료들이 감화될 것이다.

멘토를
넘어서라

성공은 당신이 가슴 속에 품은 이상에 의해 결정된다. 원대한 목표는 성공을 위한 단단한 초석이다.

미국 하버드대에서 졸업생을 대상으로 인생 목표에 대한 설문조사를 실시했다. 조사 결과 27퍼센트의 응답자가 인생 목표가 없다고 대답했으며, 60퍼센트의 응답자는 목표가 불확실하다고 답했고, 단기 목표를 가진 응답자는 10퍼센트에 불과했다. 단 3퍼센트의 응답자만이 장기적 목표를 세웠다고 답했다.

25년 뒤, 하버드대에서는 동일 응답자에 대해 보다 체계적인 추적 조사를 실시했다. 그 결과, 장기적 목표가 있었던 3퍼센트의 응답자 대부분이 사회 각계에서 두각을 드러내고 있거나, 지도층 혹은 엘리트로 성장했다. 단기적 목표를 가졌던 10퍼센트의 응답자는 전문직 종사자나 부족함이 없는 중산층이 되어 있었다. 목표가 불확실했던 60퍼센트의 응답자들은 대부분 안정적인 삶을 영위하고 있었지만 별다른 성공을 거두지 못하고 전반적으로 사회 중하류층에 머물러 있었다. 마지막으로 목표가 전혀 없었던 27퍼센트의 응답자들은 여전히 삶에 대한 목표 없이 그저 사회가 불공평하다고 원망만 늘어놓고 있을 뿐이었다.

목표는 노력하는 인생의 길라잡이이자 성공의 지표다. 또한 인간의 생명 가치관과 사명을 담고 있다. 성공하고 싶다면 우선 자기 삶의 목표부터 설정하라. 목표가 없다면 결코 성공하는 삶을 살 수 없다.

쑨정이(孫正義) 선생은 2001년 아시아 최고 갑부의 자리에 올랐다. 그는 23살이라는 젊은 나이에 간질환으로 병원 신세를 져야했지만 그는 결코 학업을 포기하지 않았고 끊임없이 공부했다. 2년 동안 그는 총 4000권의 책을 독파했으며, 퇴원했을 때 40개에 이르는 관련 산업에 대한 목표를 세워 놓은 후였다. 결국 수많은 선택지 가운데 소프트웨어 분야를 택한 그는 자신의 선택과 노력에 힘입어 아시아 최고 갑부가 될 수 있었다.

소프트웨어 업계로 방향을 잡은 그는 곧바로 창업의 길로 뛰어들었다. 스스로 25년 뒤 아시아 최고 갑부가 되겠다는 원대한 목표를 세웠다. 그 길이 아무리 험난할 지라고 그는 결코 노력을 게을리 하지 않았다. 어느 날, 그는 자신과 함께 일하던 두 명의 직원에게 자신의 목표를 얘기했을 때, 실현 불가능하다고 그들의 비웃음을 사기도 했다.

그러나 쑨정이는 자신이 정한 목표를 향해 노력을 멈추지 않았고, 결국 자신이 바랐던 대로 아시아 최고의 갑부가 되었다.

목표를 높게 잡을수록, 능력도 함께 오르며 사회적 가치 역시 커진다.

당신이 과거 혹은 현재, 어떤 모습을 하고 있는지는 전혀 중요하지 않다. 가장 중요한 건 바로 앞으로 어떤 모습으로 살아가고 싶은지, 실현하고자 하는 목표가 무엇인지 명확히 결정해야 한다.

반드시 당신의 미래에 대해 꿈을 꾸고, 원대한 포부를 가져라. 그렇지 않으면 업무만을 위한 업무를 하게 되고, 아무것도 이룬 것 없이 그저 세월에 따라 인생만 허비하게 될 것이다.

목표는 맹목적이고 두루뭉술하게 세워선 안 된다. 명확하고, 구체적이며 실행 가능성이 있어야 한다. 장기적인 목표는 단기적 목표들이 모여 완성된다. 한 단계 한 단계 단기적 목표를 완성해 가다 보면 종국엔 장기적 목표 실현을 이룰 수 있다.

한 미국 심리학자는 노인 양로원 안에서 한 특이한 현상을 발견했다. 명절이나 기념일 즈음에 사망률이 현저히 낮아졌다는 것이다. 조사에 따르면 대다수의 노인들이 마음속으로 하나의 소원을 빌었다고 한다. "다가오는 올해 크리스마스 분위기를 느껴보고 싶어.", "이번 명절도 맞이할 수 있겠지?" 하지만 바람대로 명절이나 크리스마스 등 기념일을 보내고 난 후에는 삶에 대한 의지가 사그라들었고, 사망률 역시 반등했음을 보여준다.

사람의 생명은 존귀하다. 시간이 허락되는 한 기능한 의미 있는 일들을 하며 자신의 목표 실현을 위해 힘써야만 보다 가치 있는 삶을 살 수 있다.

당신의 인생 가치는 처음 설정한 목표에 따라 좌우된다. 어떤 인생을 살고 싶은지, 어떤 사람들과 교류를 맺고자 하는지가 한 장의 졸업증명서를 손에 쥐는 것보다 더 중요하다.

징확한 인생 목표를 세워야만 길을 잃지 않고 똑바로 나아갈 수 있고, 결국 최종 결승전에 도달할 수 있다. 그러므로 자신의 멘토를 찾아 그를 배우고, 그와 경쟁하며 그를 넘어서라.

누구나 직장 생활을 하며 남들보다 더 빨리 더 많은 성공을 거두고 싶어 한다. 하지만 신입사원들은 경험과 테크닉이 부족하여 성공을 거두기가 쉽지 않다. 그들의 성공을 막는 가장 큰 방해물이 바로 자신이 나아가야 할 방향과 방법을 찾지 못하는 것이다. 자신의 주변에서 멘토를 찾고, 부단히 그를 닮아가도록 노력해야 한다. 그것이 바로 신입사원이 가장 빨리 자신의 목표에 도달할 수 있는 효과적인 방법이다.

훌륭한 멘토는 당신이 시행착오를 겪지 않도록 길라잡이가 되어 줄 것이다. 좋은 멘토를 찾는 방법은 무엇일까? 과연 그는 어디에 있을까?

첫째, 당신과 전혀 다른 업종에서 성공한 사람을 찾아라. 그의 성공 방식과 그가 좌절을 맛보았을 때 극복해 낸 경험을 배우고 본인의 것으로 승화시켜라.
둘째, 당신이 다니고 있는 회사에서 찾아라. 그의 업무 방식과 처세술을 눈으로 훔쳐라. 겸허한 자세로 멘토의 모든 것을 배우고 가르침을 청함으로써 그를 넘어서기 위해 노력하라.

우리는 멘토를 보고 성공의 원동력을 얻기도 한다. 꿈을 향해 달려 나가는 과정에서 보다 빨리 그 꿈에 다가서고 싶다면 자신의 인생에 도움이 될 만한 멘토를 찾는 것이 가장 중요하다. 멘토와의 차이점을 분석하고, 자신의 단점을 찾아라. 단점을 찾았다면 적극적으로 이를 보완해 나가는 자세가 필요하다.
사실 멘토를 보고 배우는 것은 말처럼 그리 쉬운 일만은 아니다. 그저 겉모습만 보고 따라하는 건 아무 의미가 없다. 전혀 자신의 발전에 자극이 되질 않는다.

회사에서 자신의 멘토를 만나는 사람은 극히 드물거나, 찾았다고 하더라도 크게 영향을 받지 못한다. 그 이유가 무엇일까? 그건 바로 자신에게 맞는 학습 방법을 찾지 못했기 때문이다.

그럼 대체 어떤 인물을 멘토로 삼고, 어떻게 그의 장점을 흡수해 자신의 것으로 만들 수 있을까? 우선 멘토를 구하는 목적부터 명확히 해야 한다.

자신의 멘토가 일상생활에서 보여주는 성공 방식을 보고 배우며, 자신의 부족한 부분을 깨닫는다. 실수를 줄여나가고 쓸데없이 허비하는 시간을 줄여 직장에서 보다 빨리 자신의 목표를 이뤄나가야 한다.

정확한 목표가 있으면 자신에게 필요한 멘토가 누군지도 명확해진다. 우선 자신에 대한 정확한 판단이 우선시 되어야 한다. 성공적인 사회생활을 위해 필요한 점이 무엇인지 찾은 다음, 그 부분에 있어 탁월한 성과를 보인 사람을 자신의 멘토로 삼아라. 성공한 자들을 보면 뛰어난 점이 넘쳐나지만, 당신에게 모두 필요한 요소는 아니라는 점을 명심하라. 당신의 발전을 도울 수 있는 자를 찾는 게 핵심이다.

가장 훌륭한 멘토의 기준은 다음과 같다.

▲ 직업적 종합 소양과 직업 발전 수준이 남들보다 뛰어난 자.
▲ 특정 범위 내에서 타인의 모범이 될 만한 행동과 성과를 낸 자.

▲ 회사 생활에서 당신의 능력과 사고방식의 취약한 점을 최대한 보완해 줄 수 있는 자.

▲ 직업 경력과 업무 성질이 당신과 유사한 자.

▲ 적극적이고, 법에 위촉되지 않으며 직업적 도덕 윤리가 뛰어난 자.

누구나 자신이 가고자 하는 최종 목표까지 한 번에 도달하기는 쉽지 않다. 인생 선배의 지도 편달이 중요한 이유다. 이미 높은 곳에 오른 사람에게 적극적으로 가르침을 청하고, 겸손한 태도로 자신의 부족한 점을 인정하고 고쳐나가라. 그러면 회사 내에서 더욱 성공할 수 있는 길을 발견할 수 있을 것이다. 당신이 진정으로 이를 이해하고 행한다면 언젠가 당신이 마음속으로 우러러 보기만 했던 멘토를 넘어서 있음을 발견하게 될 것이다.

약점을
숨겨라

회사는 무림 세계와 같아서 무공이 뛰어난 고수들이 많다. 어떤 업계든 무수한 강자들이 존재한다. 강자 앞에서 많은 사람이 자신의 한계를 정하고 그들과 겨루기를 주저한다. 이미 강자의 위세 앞에서 겁을 먹고 몸을 사리며 스스로 열등하다고 느끼며 패배를 선언한다. 사실, 당신은 강자들에게 패배한 것이 아니라 당신 자신에게 패배한 것이다.

강자 앞에서 당신의 열등감과 약한 모습을 보이는 것은 그들의 위세를 더욱 올려주는 것 밖에 되지 않는다. 언제나 자신만만한 태도로 자신이 강자라고 되새겨 보라. 그것이 바로 당신이 진정한 강자로 나아가는 첫걸음이 될 것이다. 진정한 강자란 우선 강한 멘탈을 지녀야 한다. 누구를 마주하든, 얼마나 강한 자를 만나든, 평정심을 유지할 줄 알아야 한다.

강한 멘탈을 지닌 자는 언제 어디서나 강한 생명력을 내뿜는다. 인생의 탄탄대로를 걸을 때도, 구불거리는 산비탈 길을 걸을 때도 그들은 담담하게 눈앞의 성공과 실패를 마주한다. 쉽게 무너지지 않으며 아직 일어나지 않은 다가올 미래에 지레 겁먹지 않는다. 자신보다 더 뛰어난 사람을 만나도 결코 주눅 드는 일 없이 여전히 자신감이 넘쳐흐른다.

모든 일에 자신감이 넘치는 사람은 진정으로 자신의 능력을 믿고 용감하게 맞설 수 있다. 셰익스피어(Shakespeare)는 멘탈이 약하고 유약한 사람에 대해 다음과 같이 신랄하게 비판했다. "열등감으로 뒤덮인 자는 영원히 자신감이 강한 자들이 내뿜는 강한 생명력과 영광을 느낄 수 없을 것이다!"

자신감은 우리 삶에 가장 강한 영향력을 미친다. 자신감이 부족한 사람은 자신의 능력을 믿지 못하고 점점 소심하게 행동할뿐더러 결국 제대로 된 인생을 살지 못한다. 영원히 자신감 있는 태도로 자신의 인생을 마주하지 못한다면 평생 성공의 단맛을 느껴보지 못할 것이다.

강자는 매우 강한 멘탈의 소유자다. "약자 앞에서 강한 태도로, 강자 앞에서는 '더' 강한 태도로 맞서라!"라고 외친다. 자신보다 더 강한 라이벌 앞에서 더 강한 멘탈을 뽐내며, 절대 자신의 약한 모습을 보이지 않는다.

성공하고 싶다면 용감하게 강자와 맞설 줄 알아야 한다. 그들과의 대결을 통해 배울 점을 배워라. 이래야만 당신도 충분히 강자로 올라설 수 있을 것이다. 강자가 될 수 있는 시크릿 키는 무엇일까?

▲ 강한 멘탈. 겉으로만 강한 척하는 부류와는 다르다.
강한 멘탈은 진정으로 마음에서 우러나오는 생명력의 또 다른 모습이다. 심리학자는 누구나 거대한 심리적 잠재력을 가지고 있다고 말한다. 강한 멘탈을 키우기 위해선 자신의 마음 속 목소리에 귀를 기울이며 숨겨져 있던 자신의 잠재력을 찾아야 한다.

겉으로만 강한 척 하는 사람은 마음 깊은 곳에 열등감 등 부정적인 심리

상태가 숨겨져 있을 가능성이 농후하다. 열등감은 사람의 정신력을 쉽게 갈아먹는다. 마음 속 열등감을 지우고, 부정적인 심리 상태를 극복하여 강한 멘탈을 유지하라.

▲ 자신의 본능을 믿어라.
자신의 결정을 믿고 행동할 때, 성공률이 높아진다. 사람들은 일을 결정하고 행할 때 그에 합당한 이유를 찾으려고 한다. 하지만 사실 이유 따위는 필요 없다. 자신감을 가지고 당당하게 행동할 때, 이미 당신의 마음은 충분히 단단해져 있기 때문이다.

▲ 고난을 피하지 말고 당당히 마주하라.
고난은 마치 달리기를 할 때 무거운 짐을 메고 달리는 것과 같다. 무거운 짐을 메고 달리게 되면 남들보다 더 고되고 힘들겠지만, 결국 더 강해지고 먼저 결승전에 도달하는 자신을 발견하게 될 것이다. 고난을 마주했을 때, 실패를 두려워하고 괜한 걱정에 주저하는 태도를 보여선 안된다. 냉정하고 담담한 태도로 자신감 있게 눈앞의 고난과 마주한다면 진정한 성공을 거둘 수 있다. 고난을 통해 당신이 번쩍번쩍 빛나는 다이아몬드처럼 수많은 강자들 중 가장 밝게 빛날 것이다.
강자들은 언제나 모든 고난을 쉽게 극복해내는 것처럼 보인다. 사실 그들도 인생의 수많은 부침을 겪어왔다. 하지만 어떤 상대를 만나든 그들은 뒷걸음치지 않고 당당히 그들과 맞섰다. 당신도 그들처럼 강해지고 싶다면 결코 물러서지 마라. 당당히 맞서 싸울 때 당신도 강자가 될 수 있다.

기억하라. 열등감과 자기 비하로 똘똘 뭉친 사람은 언제나 자신의 능력에 한계를 정한다. 마치 따뜻한 물속에서 자신이 죽어가는 지도 모르는 개구리처럼 서서히 벼랑 끝을 향해 달려가고 있다. 하지만 강한 멘탈의 소유자들은 당당하게 모든 일을 마주한다. 자신감을 가지고 행동한다면 당신도 언젠가 그들 위에 설 수 있게 될 것이다.

끈기와 근성

성공을 향해 달려가는 과정에서 누구나 수많은 좌절을 겪기도 하고, 생각지도 못한 도전에 직면하기도 한다. 이때 많은 사람이 앞으로 나아가지 못하고 주저 앉아버리지만, 성공하는 자들은 자신이 처음 정한 목표를 되새기며 끝까지 멈추지 않고 나아간다.

끈기와 노력이 바로 성공을 위한 전제 조건이다. 이미 실패한 것처럼 보이는 일이어도 끈기를 가지고 계속 노력한다면 언젠간 성공의 서광이 비칠 것이다. 이것이 바로 성공하는 자들이 걸어온 길이다. 이 세상 모든 일에 불가능이란 없다. 그저 끝까지 일을 마무리 짓지 못하는 자들이 피해할 핑곗거리를 찾을 뿐이다. 기회는 자기 자신이 만드는 것이다. 끈기를 가지고 끝까지 포기하지 않는다면 성공은 결국 당신 몫이다.

성공까지 한 번에 도달하는 엘리베이터는 존재하지 않는다. 성공의 참맛을 느끼고 싶다면 인생의 고난과 도전에 용감하게 맞서라. 고난 앞에서 끝까지 포기하지 않는다면 결국 그 험난한 위험을 모두 헤치고 목표를 실현할 수 있다.

목표로 삼은 일이 제대로 실현되지 않는다고 쉽게 포기해서는 안 된다. 끈기는 꾸준히 연마해서 익혀야 할 일종의 무기다. 끈기가 없다면 그 어떤 외부 공격도 견뎌낼 수 없다. 자신의 목표가 정확히 정해졌다면 절대 포기하지 마라. 끝까지 포기하지 않고 노력한다면 결국 원하는 목표를 달성할 수 있을 것이다.

우리는 살아가면서 수많은 아름다운 꿈을 꾸고 동경을 품는다. 정확한 계획에 맞춰 목표를 끝까지 견지해 나간다면 우리의 꿈은 현실이 되고, 남들보다 뛰어난 성과를 낼 수 있다. 당신의 삶 역시 보다 풍요로워질 것이다.

하지만 많은 사람의 꿈은 현실이 되지 못하고 그저 공상으로만 그치게 된다. 완벽한 계획을 세웠더라도 이를 실천해내는 사람은 극히 드물다. 결국 그들의 꿈과 이상은 그저 물거품처럼 사라질 뿐이다.

좋은 물건은 손에 얻기 힘들 듯이 꿈을 실현하는 일 역시 결코 쉬운 일은 아니다. 순간의 고난이 어렵고 힘들다며 사람들은 그저 뒷걸음치기 바쁘다. 갖가지 핑곗거리를 내며 차일피일 일을 미룬다. 하지만 결국 눈앞의 고난을 이겨내기는커녕 실패로 가는 열차를 탈 뿐이다.

'내일, 또 내일만 기다리는데 내일이 어찌 이리 많을꼬. 내일만 기다리다가 모든 일을 망쳤구나!' 예로부터 전해져 오는 명일가(明日歌)의 한 구절이다. 괴로운 일들을 회피하고자 하는 모습을 선명하게 묘사하고 있다. 요즘 사회에서 무슨 일이든 끝까지 해내지 못하고 뒤로 미루는 현상이 비일비재하게 일어난다. 이는 반복될수록 쉽게 고치기 힘든 습관으로 자리 잡게 된다.

도망치고 회피하는 것은 전형적인 약자들의 모습으로, 한 사람의 인생을 망치기도 한다. 우리가 살아가면서 반드시 지양해야 할 악습이다. 이를 극복해 낼 때 보다 쉽게 성공을 거둘 수 있다.

도대체 왜 일을 미루는 것일까? 가장 큰 이유는 목표를 향해 달려가는 과정에서 느끼는 도망가고 싶은 마음 때문이다. "오늘 못 할 것 같아. 그냥 다음에 하는 게 낫겠어. 오늘은 그냥 쉬자." 자기 합리화를 통한 현실 회피가 이루어진다.

반드시 바로 끝내야 하는 일이지만 일을 뒤로 미루는 습관이 형성된 자는 무슨 일이든 바로 해결하지 못 한다. 자기 위안을 위해 여러 가지 핑곗거리를 찾아 자기 위안을 삼기도 한다. "안 하는 게 아니야. 그저 나중에 하겠다는 거지!"

이런 일이 반복될수록 반드시 당신이 반드시 완성해야 하는 중요한 임무 앞에서도 방어 심리 기재가 작동되어 결국 일을 뒤로 미루게 된다.

사람은 본래 약한 존재로서, 뒤로 미루고, 결정을 주저하는 행동은 인간의 본성에 기인했다고 볼 수 있다. 그저 인간의 본성에 따라 행한 행동이기에 사람은 그 위험성을 쉽게 인지하지 못하고 일을 뒤로 미루곤 한다. 이로 인한 후폭풍은 알고 행한 일보다 더 크게 다가온다. 만성 독약처럼 서서히 정신에 침투되고 우리의 삶은 서서히 나태해진다. 당신은 그저 사소한 일의 완성 시간이 뒤로 미뤄졌을 뿐 아니냐고 반문할지 모른다. 하지만 실상은 당신 성공의 시간이 미뤄진 것이며, 기회를 마주할 시간이 미뤄진 것임을 잊지 말아야 한다.

성공하고 싶다면 그 즉시 행동에 나서라! 이 말이 숨 쉬는 일처럼 자연스럽게 당신의 머릿속에 스며들 때까지 몇 번이고 반복해서 외쳐보아라. 일을 미루는 행동이 잦아졌을 때, 주저 말고 당신 자신에게 큰소리로 외쳐라. "지금이야! 당장 시작해!"

아무것도 안 하고 가만히 앉아서 '기회가 내가 돌아오길 바라는' 멍청한 짓은 하지 마라. 무릇 기회란 노력하고 행동한 자에게 찾아온다. 당신이 '지금 현재 바로 행동했을 때', '모든 일에 적극적으로 노력했을 때', 인생의 참뜻을 이해할 수 있다.

눈앞의 일을 처리하기 위해 행동에 나설 때, 진정으로 기회를 마주할 수 있다. 자신이 뛰어나다고 세상을 향해 소리치는 일은 누구나 할 수 있지만, 자신의 능력을 증명하는 것은 그 즉시 행동으로 옮기는 사람만이 가능하다. 작은 일부터 시작하라. 뒤로 미루지 말고 적극적으로 일을 처리할 때 기회가 찾아오고 성공의 가능성이 커진다. 당신의 뛰어난 능력을 널리 알리고 싶다면 지금 즉시 행동에 나서라. 모든 사람에게 행동으로 당신의 능력을 증명해 보여라.

PART 6

생각 수업

인간은 사유하는 힘이 있기 때문에 만물 가운데 으뜸으로 꼽힌다. 자신의 문명을 가지고 있으며 세상을 관리하고 조정할 힘이 있다. 이는 사유 능력이야말로 성공하는 데 반드시 필요한 전제 조건임을 보여준다. 사람이라면 절대 사고의 나태함을 용서해선 안 된다. 맹목적으로 남의 의견에 동조하고, 방관자의 태도를 취하고 타인에게 아무런 관심이 없는 사람은 이 사회에서 살아남을 수도 두각을 드러내지도 못한다. 성공하기 위해선 남들 머리 위에 올라앉아야 한다. 당연히 행동이 아닌 두뇌 싸움이 필요하다.

두뇌 싸움이 바로 모든 전쟁의 본질

전 세계 각지에서 총성 없는 전쟁이 한창이다. "강자가 곧 법이다"라는 생존 법칙에 따라 모두 살아남기 위해 끊임없이 노력한다. 진정한 승자는 머리로 하는 싸움이 진정한 싸움이라는 것을 안다. 머리로 하는 싸움이란 두뇌, 즉 지혜를 겨루는 싸움이다. 열정을 논하는 자리가 아니며, 총과 칼을 들고 하는 싸움이 결코 아니다.

아버지와 아들이 한자리에 앉아 바둑을 두고 있었다. 아버지는 아들에게 말했다. "너의 진정한 라이벌은 너 자신이다. 그러므로 너는 너 자신을 이기는 일에 전심전력을 다해야 할 것이야." 반면 아들과 바둑을 두면서 상대방의 수에 더 집중하라고 말하는 아버지도 있었다. 몇 년 뒤, 전자의 아들은 자신의 회사를 세우며 승승장구했다. 안정적으로 회사를 키워나갔고, 회사 전망도 밝았다. 하지만 후자의 아들은 그저 타인만 신경 쓸 뿐, 자신의 발전에는 소홀했고, 결국 조그마한 회사의 말단 직원이 되었을 뿐이다.

이 이야기에서 말하고자 하는 바는 무엇일까? 타인만 신경 쓰는 자는 자신의 발전에 소홀하게 된다. 상대의 반 보를 막고자 자신이 한 보 뒤처지는 것은 미처 생각하지 못한다. 성공을 위해선 상대와 함께 앞으로 나아감과 동시에 부단히 자신의 실력을 키워 상대를 제압하는 것이 필요하다.

2006년 5월, 중국인 주청(朱成)은 미국 하버드대 대학원 학생회 회장 후보 3명 가운데 한 명이었다. 또 다른 후보 중 한 명이었던 로드리게스는 선거 홍보 기간 일부러 주청에 대한 악의적인 소문을 퍼뜨렸다. 남아프리카 공화국의 고아를 후원한다는 명목으로 모은 후원금을 도중에 가로챘다며 비난했다. 주청은 그 즉시 근거 없는 그 소문에 대해 일축했다. 뒤이어 또 다른 후보인 하리(哈里)가 슈퍼마켓에서 경찰의 심문을 받는 로드리게스의 영상을 공개하며, 그의 절도 행각을 폭로했다. 그러나 공약 발표회 날, 주청은 단상 위에 올라 로드리게스의 결백을 밝혀내었다. 실상은 좀도둑 검거 과정에서 로드리게스가 경찰에게 증언하던 상황이었다. 로드리게스은 주청의 발언에 감동을 받았고, 투표 시작 직전 돌연 사퇴를 표하고 유권자들에게 주청의 지지를 호소했다.

주청은 결코 복수심을 내세우지 않았고, 관용적인 태도로 경쟁 상대를 대함으로써 상대의 존중과 신뢰를 얻을 수 있었다. '눈에는 눈, 이에는 이' 라는 태도로 상대방에게 똑같이 악의적인 태도로 맞대응했다면 오히려 자신의 이미지만 실추되고, 당신의 진정성 역시 의심받게 되었을지 모른다.

2001년, 중국 부동산 기업은 호황을 누리기 시작했다. 순츠(順馳) 기업이 그 대표적인 예였다. 당신 국가 차원에서 대대적으로 대출이 이뤄지던 시기로 상환 기간도 2년이었다. 반년 뒤 1차 대출 상환을 마친 뒤 지금 같은 호황이 다신 없을 거라고 여긴 순츠는 이 기회를 적극적으로 이용하기로 결심했다. 2003년부터 고가로 땅을 매입하기 시작하면서 부동산 중개

업을 시작했다. 그 한해에만 벌어들인 수익이 무려 640억 위안에 달한다. 하지만 2004년 국가 거시 정책 기조가 바뀌면서 은행의 대출이 막혔고, 이에 순츠는 자금난에 의한 경영 악화를 맞이했다.

순츠는 주위 환경에 전적으로 의존하면서 비극을 맞이했다. 국가 거시 정책에 기대어 사업을 했던 순츠는 정책이 바뀌자마자 휘청거릴 수밖에 없었다. 주변 환경의 도움을 받을 수는 있다. 하지만 절대 의존하려고 해선 안 된다. 경쟁에서 승리하려면 주위 환경의 도움을 적극적으로 받아야 할 뿐만 아니라 그 환경에서 벗어났을 때, 홀로 자립할 수 있는 능력을 갖춰야 한다.

경쟁은 복잡한 심리 싸움으로, 사람의 승부욕을 자극한다. 누구나 도태되지 않고 더 높은 곳으로 오르기 위해 안간힘을 쓴다. 경쟁은 사람의 투지를 자극하여 전심전력을 다해 상대와 맞선다. 경쟁을 통해 사람은 자신의 잠재력을 최대한 발휘하여 보다 더 민첩하게 반응할 수 있다. 또한, 경쟁은 사람의 창의력을 자극한다.

이성적으로 경쟁을 바라본다면 당신은 더 많은 것을 얻게 될 것이다. 우리 사회는 '승자만이 살아남는다.' 는 잔혹한 적자생존법이 만연해 있다. 이성적으로 경쟁할 줄 아는 자는 언제나 승리하는 것은 아니지만, 그렇다고 영원히 패자로 남지도 않는다. 결국 그는 더 많은 것을 손에 쥐게 될 것이다.

이성적 경쟁과 더불어 반드시 명심하라. 상대가 먼저 건드리지 않는 한 먼저 공격하지는 않지만, 자신에게 해를 끼치는 자가 있다면 세상 끝까지 쫓아가 절대 용서해서는 안 된다. 직장에서 당신은 자신의 직업을 선택할 수 있지만, 함께 일하는 동료를 선택할 수는 없다. 우리에게 동료는 서로 도와가며 함께해야 하는 아군인가 아니면 서로 으르렁대야만 하는 원수인가? 자신이 정말 원하던 직업과 직책을 얻기 위해 우리는 최선을 다해 노력한다. 하지만 그 과정에서 주변 동료의 원망이 높아질 수도 있다. 그때 당신은 어떻게 하겠는가? 손을 쓰기에는 이미 돌이킬 수 없는 상황이다.

경력과 실적이 당신보다 못한 동료가 회사에서 계속 승승장구하는 반면, 당신에겐 원하지도 않는 업무만 떨어지고, 심지어 노력에 비해 결과가 시원찮다면 과연 계속 자기 일을 지속하고 싶을까? 언제나 겸허한 자세로 자기 일에 충실해야 함은 맞지만, 상대에게 허술하고 만만한 사람이라는 인상을 줘선 안 된다. 당신은 계속 화를 속으로 삭이며 가만히 당하고만 있겠는가? 당신이 언제나 기꺼운 마음으로 동료의 일을 자기 일처럼 도와주었지만, 결정적인 순간 그 동료가 당신을 팔아먹고 모든 일의 책임을 당신에게 돌리게 된다면 그때도 당신은 묵묵히 이 상황을 받아들이겠는가?

안 좋은 일들이 당신에게 연달아 일어나고, 노력한 만큼 인정받지도 못하고, 당신이 친구라 여겼던 동료에게 배신당했을 때 당신은 계속 참고만 있을 수 있는가?

"한 마리의 얼룩말일지라도 필요하다면 사자처럼 포효할 줄 알아야 한다." 회사에서 경쟁과 충돌은 언제 어디서나 일어난다. 다른 사람이 당신을 도와줄 거로 생각해선 안 된다. 필요하다면 용감하게 반격에 나서라.

동료의 꾐에 빠지거나 비난을 들었을 때, 오히려 더 차가운 가슴과 머리로 반격할 준비를 하라. 우왕좌왕 하지 않고, 냉정한 판단을 통해 상대의 약점을 찾아내 일격에 반격을 가한다면 오히려 위기를 기회로 바꿀 수 있다. 이것이 바로 이성의 힘이며, 지혜의 가치다.

고정관념에서
벗어나라

성공으로 향하는 수많은 길 가운데 당신에게 맞는 길을 찾는 것이 중요하다. 다른 사람에게 통한 길이 반드시 당신에게도 맞는다고는 할 수 없기 때문이다. 안개가 자욱할 수도 있고, 당신이 걸어가기에 험난한 길일수도 있다. 일찍이 당신이 성공적으로 행했던 방법이라도 시간과 환경이 변하면서 더 이상 소용이 없어졌을 수도 있다. 그렇다면 바로 다른 길을 모색해야 하지 않을까? 당신이 현재 처한 실제 상황을 제대로 분석했을때, 현재의 어려움을 극복하고 자신에게 가장 잘 맞는 길을 찾을 수 있다.

자신의 발전을 가로막는 가장 큰 방해요소가 바로 자신의 고정관념일때가 많다. 고정관념을 깨버려야 한다고 많이들 강조하지만 사실 그렇게 쉬운 일만은 아니다.

그렇다면 도대체 고정관념이란 과연 무엇일까? 다음 이야기를 한 번 살펴보자.

한 교수가 자신의 학생에게 다음과 같은 문제를 냈다. "한 귀머거리가 못을 사기 위해 철물점에 들렀단다. 그는 왼손을 테이블 위에 올리고, 왼손 검지와 집게손가락을 이용해 못을 쥐는 동작을 취한 다음, 망치로 못을 내리치는 것처럼 오른손을 두드렸지. 판매원은 그 모습을 보고 바로 망치를 가져왔지만, 귀머거리는 고개를 내저으며 자신의 왼손을 가리켰어, 그제야 이해한 판매원은 바로 못을 가져다주었단다. 그때 또 다른 손님이 철물점 안으로 들어왔어. 그는 시각장애인이었단다. 애들아, 너희들 생각에 그 시각장애인은 과연 어떤 방법으로 가위를 구매했을까?" 교수의 말이 끝나자마자 한 학생이 재빨리 손을 들고 대답했다. "간단합니다. 두 손가락을 이용해 가위질하는 것처럼 움직이지 않았을까요?" 모두 그 학생의 대답이 정답이라고 동의했다. 교수는 이어 말했다. "그냥 바로 판매원에게 가위를 달라고 하면 되지 않겠니? 모두 기억하거라. 고정관념에서 벗어나는 게 중요하단다. 고정관념은 논리적 사고와 판단력을 흐리게 할 뿐이야."

대답을 한 학생은 고정관념이란 틀에 박혀 있었다. 그는 손동작을 통해 못을 구입했던 귀머거리를 보고, 시각장애인 역시 보디랭귀지를 이용해 가위를 살 거로 생각했던 것이다. 하지만 그가 간과했던 점이 있다. 말을 하지 못하는 귀머거리의 특성상 그는 자기 생각을 손동작으로 밖에 표현하지 못한다. 하지만 시각장애인은 앞을 보지 못할 뿐, 대화가 가능하다. 자기 생각을 말로 표현하면 그만이지 굳이 보디랭귀지를 이용할 필요가 있을까? 이것이 바로 고정관념에 의한 잘못된 판단이다.

습관은 버릇이 되고 몸에 익으며 어느샌가 당연한 일이 되어 버리고, 우리는 점차 사물에 대한 호기심과 열정을 잃게 된다. 당신이 과거 겪어보았던 경험이 바로 사물을 판단하는 유일한 기준이 되어버린다. 지식이 점차 쌓이고 경험이 풍부해질수록 새로운 걸 생각해내지 못하고 과거의 틀에 얽매여 융통성이 사라진다. 창의력이 사라지고 상상력은 점차 줄어들게 된다. 고정관념은 자기 자신의 약점을 뛰어넘는 데 가장 큰 장애물로 작용한다. 우리는 반드시 고정관념을 깨뜨릴 줄 알아야 한다.

토요일 아침, 한 목사가 다음날 설교를 준비하고 있었다. 그 옆에서 자기 아들이 시끄럽게 떠들며 그의 집중을 방해했다. 그는 아무거나 잡지를 집어 들고 세계지도가 그려져 있는 페이지를 찢은 다음, 그걸 조각내고 아들에게 맞춰 오라고 시켰다. 목사는 아들이 그 세계지도를 다 맞추려면 점심시간 때가 지나야 할 거로 생각했지만, 10분도 채 지나지 않아 아들은 지도를 완성해서 나타났다.

사실 세계지도가 그려져 있던 페이지 뒷면에는 한 사람의 사진이 있었다. 세계지도를 잘 모르던 아들은 뒷면의 인물 사진을 보고 조각을 맞추었더니 쉽게 끝낼 수 있었던 것이다. 인물 사진이 완성되니 앞뒤 면이었던 세계지도 역시 완성되었던 것이다. 목사의 아들은 기존의 사고의 틀에서 벗어남으로써 빠른 시간 내에 조각을 맞출 수 있었다.

미국에서 포도를 판매하는 한 여성의 이야기다. 그녀는 포도를 구입하러 오는 손님들에게 직접 원하는 만큼 포도를 따라고 한 다음, 그 양만큼 돈을 받았다. 기존의 보통 판매 방식에서 크게 벗어나 손님들이 자유롭게 포도를 딸 수 있게 한 그녀의 아이디어는 옳았다. 매출이 크게 늘며 많은 수익을 올렸다.

이렇듯 생각을 바꾸고 문제에 접근하면 의외로 손쉽게 일이 해결되는 경우가 많다.

신발 판매원 두 사람이 같은 섬에 도착한 뒤 벌어진 이야기다. 첫 번째 판매원은 섬에 도착하자마자 실망을 금치 못했다. 섬사람 모두 맨발로 걸어 다니고 있었기 때문이다. 신발을 한 번도 신어보지 못한 사람에게 어찌 신발을 판매할 수 있겠는가? 그는 이건 불가능한 일이라고 여기고 그 즉시 판매 계획을 접었다. 동료에게 전화해 신발을 가져올 필요가 없다는 말을 전하고 바로 섬을 떠났다. 이어 두 번째 판매원이 섬에 도착했다. 섬에 도착하자마자 그는 흥분을 감추질 못했다. 맨발로 다니는 사람을 바라보며 한 사람에게 신발 한 컬레씩만 판매해도 '대박'이라고 생각했다. 그는 즉시 동료에서 신발을 가져오라고 전화했다. 이렇게 같은 상황에 대해 서로 다른 생각을 하게 되고, 결과 역시 다를 수밖에 없다.

고정관념에서 벗어나면 복잡해 보이던 문제도 쉽게 해결될 뿐만 아니라, 세상을 새롭게 바라보는 안목이 생기고 성공으로 한발자국 가까워진다. 과거의 관념과 생각의 틀에서 벗어날 수 있다면 당신의 인생은 바뀔 것이다.

기존의 길이 아닌 새로운 길을 찾고, 자신의 고정 관념에서 벗어나 새로운 사고의 물꼬를 틀어라. 그렇다면 과연 어떻게 해야 고정관념을 깨뜨릴 수 있을까?

▲ 관행에서 벗어나 뛰어난 아이디어를 떠올려라.

기발한 생각을 하는 자는 고정관념에서 벗어나 남들과는 차별된 결과를 도출해낸다. 융통성 있는 태도로 삶의 장애물을 쉽게 건너기 때문에 인생의 시행착오를 줄일 수 있다.

▲ 자신의 변화를 두려워 마라.

현재의 삶과 처한 상황은 모두 자기 생각과 행동이 빚어낸 결과다. 그러므로 앞으로의 삶에 변화를 주고 싶다면 반드시 현재 자기 생각과 행동부터 변화해야 한다. 잘못된 생각을 고치지 않고, 계속해서 변화를 거부한다면 아무리 노력해도 쉽게 성공하기 어렵다. 생각과 행동의 변화뿐만 아니라 적시에 자신의 향후 방향 수정도 필요하다. 성공과 정반대의 길을 걷고 있다면 아무리 애를 써도 당신은 결국 성공할 수 없다.

▲ 울퉁불퉁한 길을 걷고 있다면 돌아갈 줄도 알아야 한다.

지금 걷고 있는 길이 울퉁불퉁하다면 평평한 길을 찾아 방향을 틀 줄 알아야 한다. 고집을 피워 끝이 보이지 않는 그 길을 계속 간다면 결국 그 끝은 실패뿐이다.

사실 우리는 회사에서 "길이 아니면 돌아가라"는 말이 필요할 상황을 자주 접한다. 그 길 위에는 당신을 옳은 길로 안내할 그 어떤 길라잡이도 없다. 위기 앞에서 몸을 피하는 사람이 있는가 하면 위기를 인지하지 못하고 불구덩이 속으로 뛰어드는 사람도 있다. 혹은 위기인 줄은 알지만, 요행을 바라고 그대로 직진하는 사람도 있다.

"길이 아니면 돌아가라."는 말은 지금 행하고 있는 일이 잘못되었다는 걸 알자마자 그 즉시 방향을 돌려야 한다는 걸 강조한다. 당신 주변에서 일어날 수 있는 다양한 가능성에 맞춰 그에 맞는 대비책을 마련해두어라. 실현 불가능한 일에 목메어 시간과 힘을 낭비해선 안 된다.

성공을 향해 가는 당신이 고정관념을 깨고, 융통성을 배우며 적시에 책략을 바꿀 줄 알아야 눈앞의 어려움을 극복하고 누구보다 빠르게 성공의 종착점에 다다를 수 있다.

다른 각도로
문제를 바라보라

문제에 직면했을 때, 사고방식의 전환이 가능하다면 쉽게 문제를 해결할 수 있을 뿐 아니라 전혀 새로운 결과를 얻게 된다. 하지만 현실에서 누구나 쉽게 할 수 있는 일은 아니다.

한 철학가는 "우리는 문제 그 자체로 고통을 받는 것이 아니라, 그 문제를 바라보는 태도에 의해 고통 받는다."고 말했다. 이 말에서 우리는 유연한 사고의 중요성을 알 수 있다. 사물은 고정불변한 것이 아니며 언제나 변화한다. 사물을 바라보는 각도에 따라 그에 수반되는 문제가 변화하고, 해결 방법 역시 바뀐다. 눈앞에 맞닥뜨린 문제에 대해 다양한 시각으로 접근한다면 다양한 방법을 통해 문제를 해결할 수 있다.

실패하고 좌절했을 때, 우리는 계속 앞으로 나아가야 한다며 언제나 자신을 독려하고 다그친다. 하지만 이는 오히려 아집에 빠져 일을 그르칠 수도 있음을 명심하라. 아무리 노력해도 원하는 결과를 얻지 못할 때, 기존을 방식만을 고집할 것이 아니라 새로운 방식을 취해 보는 건 어떨까?
과감하게 지금의 일을 멈추고 새로운 시도를 한다면 더 나은 결과를 얻을 수 있다.

콩을 판매하는 한 상인이 있었다. 그는 남들과 차별되는 특별한 판매방식을 취했다.

콩을 직접 판매하기도 했지만, 콩 판매가 저조할 때는 그 대안으로 다음과 같은 세 가지 방법을 이용했다.

첫째, 콩을 물에 오랜 시간 우려내어 더우장(豆瓣)을 만들어 판매했다. 더우장의 판매가 저조할 땐 더우츠를 만들어 판매했고, 그걸 다시 발효시켜 간장을 만들기도 했다.

둘째, 콩으로 두부를 만들었고, 두부의 인기가 시들면 발효 두부로 대체했다. 더 발효시켜 삭힌 두부를 판매하기도 했다.

셋째. 콩을 발아하여 콩나물을 키웠고, 콩나물이 자라면 콩 새싹으로, 또 그걸 분재하기도 했다. 이것도 인기가 시들할 때쯤 다시 땅에 심어 콩을 키운 다음 콩을 직접 판매했다.

사물을 바라보는 각도를 조금만 틀어도 새로운 방법이 생기고, 더 많은 시장이 열린다는 것을 알 수 있다. 고정관념에 얽매여 있다면 사물의 진정한 의미를 깨닫지 못하고 창의적인 생각을 떠올리지 못한다. 고정관념을 뛰어넘는 일은 결코 쉽지 않다. 그러므로 끊임없이 사고하는 습관을 길러야 한다.

세상 모든 사물은 수시로 변화하므로 그 변화에 순응하며 성장할 수 있는 이치를 깨달아야 한다. 변화무쌍한 환경에 맞서 자신의 목표를 실현하기 위해서는 유연한 사고를 통해 현재 자신의 상황을 판단하고 목표와 방향을 수정할 줄 알아야 한다. 자신을 둘러싼 외부 환경의 변화는 일종의 시련이다. 이런 상황에서 더 많은 성공의 기회를 얻기 위해서는 자기 자신부터 변화해야 한다.

지금 이 순간 당신 생각의 변화, 아이디어, 노력은 당신의 미래를 결정 짓게 될 것이다. 과감하게 고정관념을 무너뜨린다면 당신이 원하는 일들이 모두 순조롭게 이뤄질 수 있다. 삶의 매 순간 고정된 사고의 틀을 깨고 나선다면 아무리 사소한 일일지라도 최고의 결과를 만들어 내게 된다.

회사 내에서도 사소하고 별 볼 일 없는 일들이 넘쳐난다. 하지만 그런 사소한 일들이 일의 성패를 좌우하는 법이다. 모든 어려운 임무들은 사소한 일들이 모여 이뤄진다. 완벽하게 자신에게 주어진 임무를 소화하고 싶다면 반드시 사소한 부분도 허투루 넘기지 말고 전심전력을 다해 처리해야 한다.

사소하다고 무시하고 태만하게 일을 처리한다면 결국엔 아무것도 이루지 못한다. 보잘것없는 일이어도 최선을 다해라. 허황된 꿈만 쫓는다면 "뿌리 없는 나무"가 될 공산이 크다. 모든 일 사소한 업무 하나하나까지도 완벽하게 해 내는 길이 바로 성공으로 가는 초석을 다지는 길이다.

많은 사람들이 큰일을 해내고 싶어 하지만 정작 조그마한 일도 완벽하게 해내는 사람은 거의 없다. 조그마한 일을 우습게 보는 사람은 결코 성공할 수 없다. 남들보다 더 뛰어나려면 우선 큰 그림을 그리고 작은 일부터 시작하라. 차근차근 밟고 올라가야 성공할 수 있다.

아무리 하찮게 보이는 일일지라도 당신 인생의 성패를 좌우할 영향력을 지니고 있음을 잊지 마라. '독하게' 자신을 다그치는 자들은 언제나 일상생활에서 마주치는 사소한 일들을 무심코 넘기지 않는다. 그 누구도 주목하지 않는 일이라도 그들은 열정을 다해 그 일을 해내기 위해 노력한다.

직장 내에서도 남들이 원하지 않는 사소한 일에도 기꺼이 나서고, 아무도 주목하지 않는 직원도 세심하게 살펴라. 즐거운 마음으로 일을 완성해내겠다는 마음가짐만 있다면 일 자제의 어려움이나 시공간의 제약쯤은 아무 문제도 되지 않는다.

모든 일을 확실하게 처리하는 사람은 사고의 틀에 얽매이지 않으며, 시공간의 제약에 구애 받지 않는다. 또한 자기 자신을 뛰어넘을 줄 안다. 이것저것 재고 따지고, 매사 걱정만 하는 사람은 어려운 일에 부딪쳤을 때, 쉽게 뒷걸음질 친다. 그러다보면 중요한 업무를 맡게 되어도 그것을 완벽하게 해내지 못한다. 진정으로 능력이 있는 사람들은 삶에 불평불만을 늘어놓기보다 얼마나 이 일을 제대로 끝낼 수 있는지에 더 주목한다. 아무리 어려운 일이라도 최선을 다해 해결한다.

'독하게' 삶을 즐기는 사람들은 사소한 일로 대의를 그르치지 않는다. 그들은 매 순간의 사소한 기회도 절대 놓치는 법 없이 자신의 것으로 소화시키고 미래의 성공을 위한 디딤돌로 삼는다. 한술 밥에 배부를 수 없다는 세상의 진리를 몸소 실천한다. 세심하게 사소한 일 하나하나 처리해나갈 때, 회사에서 점차 인정받는 자신을 느낄 수 있을 것이다. 이때 성공의 기회 역시 보다 더 늘어날 수밖에 없다.

사람마다 추구하는 성공의 의미는 다르지만 성공이 가져다주는 중요성은 모두 같다. 다른 사람 눈에 별거 아니고 사소해 보이는 일일지라도 자신에게는 그 누구보다 소중하고 위대한 성공일 테니 말이다.

상대의 시선을
잡아끌어라

오늘날 시장에서 "술맛만 좋다면 주점이 깊은 골목에 있어도 괜찮다." 는 말은 이미 옛말이 되어 버렸다. 상품 자체의 품질 못지않게 마케팅의 중요성이 점차 부각되고 있다. 아무리 향이 좋은 술이라도 직접 나서서 손님을 끌어오지 않는다면, 그 맛을 누가 알아주겠는가?

지금 당신 역시 '깊은 골목 안에 위치한 주점' 처럼 회사 안에서 그저 조용히 다른 사람이 당신을 주목해주길 기다리고 있는 것은 아닌가? 그저 가만히만 있으면 아무도 당신을 신경 쓰지 않는다. 남들보다 더 빨리 당신의 장점과 능력을 드러내야 한다. 자신의 뛰어난 능력을 감추지 마라. 이제는 '자기 PR' 시대다.

다른 사람의 주목을 받고 싶다면 우선 자신의 능력을 맘껏 드러내야 한다. 천리마를 단숨에 알아본 백락이 단숨에 천리마를 알아볼 수 있었던 것도 말들이 백락 앞에서 자신의 힘을 맘껏 뽐냈기에 가능했다.

경쟁이 치열한 회사에서 자신의 부재를 대체할 만한 다른 직원들은 수도 없이 많다. 그렇기 때문에 적극적으로 자신의 존재감을 뽐내고, 자신의 장점을 드러내지 않으면 회사에서 자신도 모르는 새에 도태되고 만다.

보다 빠르게 성공하고 싶다면 '백락' 에게 선택되길 기다리기보다 자신이 직접 나서서 '백락' 을 찾아라. 성공을 위해 남들에게 자신을 알릴 줄 알아야 한다.

대학 재학 시절 뛰어난 진행 능력을 보였던 왕린은 졸업 후 한 대기업의 행정 관리 업무팀에 입사했다. 입사 초반, 그녀는 새로운 업무를 익히느라 다른 사람들에게 자신의 특기를 말할 시간적 여유가 없었다. 얼마 뒤 1년마다 개최되는 MC 선발 대회 기간이 돌아왔다. 많은 직원들이 앞 다투어 대회 참가 신청서를 제출했다. 재학 시절, 왕린의 명성은 학교 안팎으로 자자했었기에 대회가 열리기만 하면 굳이 직접 나서서 자신을 홍보하지 않아도 언제나 후보로 선출되었다. 이번 회사에서 열리는 대회에서도 왕린은 당연히 주최측에서 알아서 자신을 후보로 올릴 거라고 믿고 참가 신청서조차 제출하지 않았다.

MC 선발 대회 당일이 될 때까지 대회에 관한 그 어떠한 공지도 받지 못한 왕린은 그제야 불현듯 깨달았다. 회사에서 그녀의 뛰어난 진행 능력을 아는 사람이 단 한 명도 없다는 것을 말이다. 그렇다. 그녀는 회사 내 전 직원에게 자신의 능력을 뽐낼 기회를 발로 차 버린 것이었다. 대회 당일 저녁, 그녀는 무대 아래 객석에서 자신이 서 있을 거로 생각했던 그 무대를 하염없이 바라만 보았다. 어눌한 진행 실력을 보이는 무대 위 후보들을 지켜보면서 그녀는 후회하고 또 후회했다.

당신의 재능을 드러내길 주저하지 마라. 적극적으로 상대방의 눈에 들기 위해 노력하라. 그래야만 당신의 능력에 맞는 대우를 받을 수 있다.
자신의 드러낼 적당한 타이밍을 노려라. 특히 새로운 환경을 접했을 때 적극적으로 자신의 강점을 표현해야 한다. 자신을 낮출 줄 아는 지혜도 물론 필요하지만 자신을 홍보할 줄도 알아야 한다. 당신의 상사는 언제나 당신만을 주목하고 있지 않다. 기회가 될 때마다 남들보다 더 뛰어나다는 것을 몸소 증명해 내야 한다. 성공하는 자는 적극적으로 자신을 드러낼 줄 안다. 절대 웅크리거나 소심하게 피하는 법이 없다. 옛말에 침묵은 금이라고 했던가? 아니다. 요즘 시대에는 전혀 맞지 않는 말이다. 금을 오랫동안 방치해두면 그저 그 위로 먼지만 쌓일 뿐이다. 사람 역시 마찬가지이다.

과감하게 자신의 강점을 드러내는 것만이 최종 목표가 되어서는 안 된다. 가장 중요한 것은 자신을 홍보함으로써 당신이 얻을 수 있는 이득을 따져봐야 한다는 것이다.

자신을 드러내는 것은 회사에서 살아남기 위해 가장 필요한 재능 중 하나다. 효과적으로 자신을 PR할 때 더 많은 기회를 잡을 수 있고 성공할 확률도 높아진다. 자신을 홍보할 줄 안다면 마찬가지로 다른 것들도 더 잘 홍보할 수 있지 않겠는가?

상대방의 반응이 어떻든 당신은 언제나 자기 PR에 적극적인 모습을 보여야 한다. 이것이 바로 성공하기 위해 반드시 갖춰야할 조건이기 때문이다.

그렇다면 자기 PR의 효과적인 기술에 대해 살펴보자.

▲ 적극적으로 자신을 드러내라.

상대방에 의해 자신의 장점이 드러나는 것보다 자신이 적극적으로 나서 자기 PR에 나서야 한다. 성공하는 자는 적극적으로 자신의 재능을 표현하는데 익숙하다.

적절한 시간과 장소, 방식으로 상사나 동료에게 당신이 거둔 실적을 알려라. 성공하기 위해서 반드시 필요한 일이다.

▲ 과하지 않게 적정선을 지킬 줄 알아야 한다.

사람마다 모두 한 가지씩 장점을 가지고 있다. 당신이 상대에게 자신의 능력을 맘껏 보였는데도 당신의 능력을 인정받지 못했다면, 당신의 행동을 다시 돌아보는 것이 좋다. 과유불급이란 말이 있듯이 너무 큰 기대치를 가지고 홍보를 한다면 자칫 실패할 가능성도 배제할 수 없다.

▲ 당신의 재능을 필요로 하는 사람에게 당신의 능력을 보여라.

사람마다 가지고 있는 재능과 필요로 한 재능이 다르므로 상대와 상황에 따라 당신의 재능을 적절하게 드러낼 줄 알아야 한다. 뛰어난 말솜씨를 드러내고 싶다면 상대방과 대화를 나누는 과정에서 당신의 논리력과 유창함, 재치를 뽐내라. 당신의 전문 지식을 보이고 싶다면 상사에게 업무 보고를 할 때 당신이 가진 전문성을 보여라. 충성심을 보이고 싶다면 열정과 겸손 외에 상대방의 의견에 동조하는 태도를 보여라. 이처럼 그때그때 상황에 맞게 처신하는 것이 중요하다.

▲ 작위적인 태도가 아닌 물 흐르듯 자연스럽게 행동하라.

진정으로 자신을 드러낼 줄 아는 사람은 자연스럽게 자신의 강점을 표현한다. 성공한 자들은 작위적으로 자신의 공을 뽐내지 않지만 이미 다른 사람들의 머릿속에 깊게 인식되어 있다. 이것이 바로 자기PR의 최고 기술이다.

맹목적인 자기 PR은 옳지 않다. 과한 자기 홍보는 도리어 일을 망칠 수 있음을 명심하라. 자기 자신을 홍보하기 전에 우선 다음과 같은 질문을 자신에게 던져보는 것이 좋다.

"나는 어떤 사람인가? 상대에게 알리고 싶은 점이 과연 무엇인가? 나만의 장점은 뭘까? 단점은 뭐가 있지? 상대는 어떤 사람인가? 과연 어떤 방식으로 나를 소개해야 할까? 상대는 어떤 반응을 보일까? 내가 진정으로 원하는 목표는 뭐지?"

비굴한 태도가 아닌 자신만만한 모습으로 자기 자신을 홍보해야 한다. 과감해져라. 결코 실패를 두려워해선 안 된다. 사람은 누구나 실수를 하기 마련이다. 하지만 여러 번 실수를 겪은 후 비로소 단단해 질 수 있다. 자신의 최대 장점을 상대에게 알리고 싶다면 진정한 실력과 진심 그리고 모든 기술을 동원해 상대에게 다가가야 한다.

자신을 멋지게 포장하는 자기 PR의 힘을 믿어라. 겉모습은 비록 미운 오리 새끼일지라도 정성을 다해 자신의 강점을 살려 상대에게 인식시킨다면 상대는 당신을 우아한 백조로 바라보게 될 것이다. 자신을 효과적으로 홍보하기 위해 꾸준한 노력과 만반의 준비를 해야만 언젠가 비로소 당신도 반짝반짝 빛나게 되고 원하는 목표를 이룰 수 있을 것이다.

이미지 메이킹

완벽한 포장 디자인이 뒷받침되어야 뛰어난 마케팅 효과를 거둘 수 있듯이 사람도 마찬가지다. 이미지 메이킹을 통해 당신의 가치를 높여라. 사람을 상대할 때 첫인상이 그 무엇보다 중요하다. 당신에 대해 아무것도 모르는 상대가 당신의 외모를 보고 느끼는 첫 번째 감정이기 때문이다. 첫인상은 사람의 뇌에 깊게 각인되며, 대인관계에 있어 가장 중요한 부분을 차지한다. 상대가 당신을 평가하는 가장 중요한 요소다.

사회생활에서 이미지는 큰 역할을 한다. 상대방에게 나쁜 이미지로 각인되어 성공의 기회를 놓치고 싶지 않다면 이미지 메이킹에 힘써야 한다.

좋은 이미지는 서로 간의 관계구축의 시작점이자 당신의 매력을 드러내는 창구다. 또한 상대와의 교류와 협력을 계속 이어나가게 만드는 윤활유 역할을 한다. 좋은 이미지를 구축하고 싶다면 어떻게 해야 할까?

▲ 미소 짓는 연습을 하라.
미소는 상대방을 감화시키는 능력이 있다. 냉랭한 분위기를 반전시키며 서로 간의 마음의 거리를 좁힌다. 첫 만남에서 상대에게 미소를 지어 보인다면 보다 쉽게 상대방과 친구가 될 수 있다.

미소를 통해 삶의 활력과 적극적인 인생관이 드러난다. 미소를 띠고 상대를 바라본다면 당신의 열정, 관대함을 상대에게 충분히 전달할 수 있다. 화기애애한 분위기를 싫어하는 사람은 없다. 언제나 미소 짓는 긍정적인 당신을 바라보며 상대방 역시 당신에게 마음을 열게 된다.

▲ 보디랭귀지를 적극적으로 활용하라.

말과 표정 외에도 보디랭귀지를 통해 당신의 첫인상을 부드럽게 만들수 있다. 생동감 있는 보디랭귀지는 당신의 진심과 생각을 효과적으로 상대에게 전달한다. 그저 소리 없는 몸동작에 불과하지만 그 영향력만큼은 어마어마하다. 미소 짓는 얼굴에 보디랭귀지가 더해질 때 상대에게 보다 강한 인상을 심어줄 수 있다.

▲ 호소력 짙은 목소리를 내어라.

말은 가장 기본적이자 가장 직접 자기 생각을 표현하는 방법이다. 이때 목소리가 가장 중요한 매개체라는 것을 기억하라. 당신이 호소력 짙은 목소리로 당신의 생각과 감정을 전달할 때, 상대는 보다 편안하게 당신의 말을 경청하게 되고 더 오래 기억한다. 이로써 서로의 지속적인 관계 유지가 가능해진다.

말투와 어조는 강한 힘을 갖는다. 목소리는 사람의 감정을 반영하기 때문에 감정이 고조되었을 때는 말투의 고저와 악센트에 신경 써 가며 당신의 열정을 드러내라. 말투와 어조 변화를 통해 상대를 설득하고 감동시켜 그들의 마음을 얻어라.

자신을 포장하고 좋은 이미지 구축에 힘써야 한다. 자신의 외모를 가꾸지 않는 여성은 결코 스타가 될 수 없다. 회사에 후줄근한 추리닝을 입고 출근한다면 절대 남들에게 좋은 인상을 남기지 못한다. 생각해 보라. 자신의 이미지조차 관리하지 못하는 사람이 과연 회사 이미지를 제대로 관리할 수 있을까?

외적인 이미지 메이킹 외에도 내적 이미지에도 신경을 써야 한다. 부단히 자신의 실력을 키우며 언제나 위로 올라가려는 승부 근성이 필요하다.

회사에서 자신의 실력을 뽐내고 이름을 날리고 싶다면 끊임없이 자신의 실력을 갈고닦아야 한다. 현실에 안주하지 않고 더 높이 날아오르려고 할 때 당신은 결코 도태되는 법이 없다.

내면의 실력을 키우고 더 강해지고자 하는 욕심은 뛰어난 경영자뿐만 아니라 일반 직원들 역시 갖춰야할 기본적인 소양이다. 기업은 언제나 새로운 혁신을 추구하고 진취적인 직원을 채용해야 한다. 그래야 경쟁이 치열한 이 사회에서 도태되지 않고 살아남을 수 있다.

시장만큼 무정한 곳도 없다. 경쟁력을 갖춘 우수한 기업만이 살아남는다. 기업은 경쟁력을 키우기 위해 뛰어난 직원들을 원한다. 아무런 목표 없이 하루하루 살아간다면 결코 회사에서 환영받을 수 없다.

성공하려면 내면의 실력을 키워 현재의 자신을 뛰어 넘어라. 남들과 똑같아선 안 된다. 특출함을 보여야 성공한다.

▲ 최고를 추구하는 열정을 키워라.

어떤 일이든 최선을 다해 덤벼라. 일이 끝나기 전까지 그 누구도 결과를 예측할 수 없다. 아마 지금 당신이 사소하다고 여기는 그 일이 사실은 결과의 승패를 좌우하는 결정적인 키일 수도 있음을 기억해야 한다.

▲ 잠깐의 괴로움은 일의 성공을 위한 통과의례일 뿐임을 명심하라.
언제나 모든 일이 순탄하게 흘러갈 수만은 없다. 일을 하다 보면 언제나
장벽에 부딪히는 게 현실이다. 이를 시련이라 여긴다면 투지를 잃고 그
저 남 탓만 하게 될 뿐이다. 하지만 성공을 위한 기회라고 생각한다면
보다 괴로움 속에서 즐거움을 찾아낼 수 있을 것이다.

회사 내에는 두 종류의 직원이 있다. 자신의 업무를 열정적으로 처리함
과 동시에 관련 지식 습득에 적극적이고 자신의 전문 소양을 쌓아나가는
사람이다. 또한 여가 생활 역시 소홀히 하지 않는다. 반면 허술하게 자신
의 업무를 처리했음에도 그저 만족하고 안주하는 사람이 있다. 심지어는
기본적인 업무 시간도 제대로 활용하지 못할뿐더러 적극적으로 일을 배
울 생각도 없다. 그들은 어떤 일이든 그저 대강대강 처리하며 시간만 때
운다. 그들이 원하는 삶은 그저 안락하고 편안한 현재가 지속하길 원할
뿐이다. 하지만 어느 순간 정신을 차려보면 회사와 사회에서 도태된 자신
을 발견하게 될 것이다.

우리 회사 직원 중에 멕시코 여성이 한 명 있었다. 전도유망하여 회사의
기대를 한 몸에 받았다. 명강의로 이름을 날리던 그녀는 현재 자신의 연
봉과 위치에 만족하며, 더 크게 성공할 수 있는 기회가 와도 발로 차 버리
기 일쑤였다. 그녀가 입버릇처럼 하던 말이 있다. "공부를 더 할 필요성을
못 느끼겠어. 피곤하게 살면 뭐해? 내 꿈은 할리우드에 가서 톰 크루즈

(Tom Cruise)를 만나보는 거야. 그의 사인만 받을 수 있다면 여한이 없겠어."

그렇다. 이런 삶도 나빠 보이지는 않는다. 구태여 힘들게 삶을 살 필요가 어디에 있을까? 하지만 발전 없이 이 사회에서 얼마만큼 버틸 수 있을까? 3년이 지난 후 그녀는 점차 회사에서 버티기 힘들어했다. 동료들의 능력과 수준은 이미 그녀를 크게 앞질렀고, 그 많던 수강생들은 그녀의 강의에 열정이 사라진 걸 느끼고선 점차 하나둘씩 떠나갔다.

그때가 돼서야 그녀는 자신이 잘못된 선택을 했음을 깨달았다. 다시 정신을 차린 그녀는 과거처럼 바쁘게 살기 시작했다. 입사 초반 잘나가던 명강사 시절, 게으름을 피우지 않고 열심히 했다면 아마 지금쯤 매니저 자리에 올랐겠지만, 그녀는 지금도 여전히 한 명의 평사원일 뿐이다.

직장 내에서 최고를 추구하며 부단히 자신의 실력을 가꾸는 일은 반드시 필요하다. 남들과 똑같이 해서는 결코 눈에 띌 수 없다. 남들보다 더 뛰어난 실력을 보이며 동료들과 사장에게 당신의 강점을 알려라.

장군이 되겠다는 의지가 없는 병사는 결코 좋은 병사가 아니다. 누구나 마음속에 높은 자리로 올라가려는 야심을 품어야 한다. 이는 자신의 실력을 가꾸기 위해 자신을 다그치는 촉매제이기도 하다.

당신은 대체 왜 더 나은 생활을 꿈꿀 수 있음에도 현재의 삶에 안주하려고 하는가? 회사에서 인정받으며 승진할 수 있는 기회가 눈앞에 있는데도 왜 용기 내어 그 기회를 잡지 못하는가? 그건 아마 현재의 자신을 뛰어넘어 더 나은 모습의 자신이 되겠다는 야심이 없기 때문이 아닐까? 당신이 어느 직종에 종사하든, 어떤 일을 하든 성공하고 싶다면 "현재의 자신을 뛰어넘기 위한 야심"을 마음속 깊이 품어라.

인생의 목표에 따라 삶의 질이 결정된다. 인생을 살아하는 방법에 따라 눈앞에 펼쳐지는 미래가 다르다. 호승심을 가지고 외적, 내적 이미지를 구축하며 부단히 자신의 발전을 추구할 때, 당신의 인생은 성공가도를 달릴 것이다.

단순할수록
효과가 크다

자신의 장점과 가치를 드러내야만 회사에서 당신을 필요로 한다. 우리가 드러낼 수 있는 가장 효과적인 가치는 사실 가장 단순하며 쉽게 구현해 낼 수 있다. 가장 단순하지만 가장 효과적인 가치를 드러내고 이를 이용하라.

가장 단순한 것이 가장 직접적이며 명료하다. 또한 설득력을 가진다.

"당신의 펀드 매니저를 발로 차버려라!" 이것은 미국 최대 증권 사이트 E-trade의 홍보 문구다. 직설적이고 단순명료한 이 말은 많은 투자자들의 마음을 움직였고, E-trade는 인기와 수익을 모두 올렸다. 미국의 한 약국의 인터넷 사이트 역시 소비자들에게 '빠르고 신속한' 정보를 전달하기 위해 재미있는 광고를 제작했다. 하얀색의 제복을 입은 한 무리의 사람들이 마치 산타클로스처럼 벽난로에서 등장해 고객들에게 빠르고 신속하게 생활용품들을 소개한다. 또한 영화 〈미션 임파서블〉의 첩보원처럼 공중에서 내려오며 물건을 광고하기도 했다. 이런 광고는 소비자들의 시선을 잡아끌며 유례없는 성과를 거둬들였다.

이것이 바로 단순한 사고가 가장 큰 효과를 낼 수 있음을 잘 보여준다. 단순한 사고는 '단순함'을 그 핵심으로 삼고 특수한 사고방식을 덧붙이는 게 특징이다. 이는 사람들의 사고 효율을 높일뿐더러 보다 효과적으로 문제를 처리할 수 있다.

이 세상엔 완벽한 사람은 존재하지 않는다. 하지만 누구나 적어도 한 가지쯤 남들보다 뛰어난 능력을 지니기 마련이다. 남들보다 뛰어난 자신의 장점이 무엇인지 안다면 이를 최대한 활용하여 자신만의 특기로 만들어라. 단순해 보이지만 그 효과만큼은 최고다.

성공심리학자들은 누구나 선천적인 장점이 있다고 말한다. 사람이 가진 장점의 수나 종류는 중요하지 않다. 중요한 것은 자신이 그 장점을 인지하고 그것을 적극적으로 활용할 줄 아느냐에 달렸다. 당신의 장점을 당신의 삶, 업무, 사업 발전에 적극적으로 활용한다면 당신은 보다 성공에 한 발 가까워지는 것이다.

하지만 많은 사람이 자신의 장점이 무엇인지 인식하지 못한다. 자신의 장점을 활용할 줄 몰라 언제나 시행착오를 겪게 된다.

선천적인 장점 외에도 우리는 후천적으로 자신만의 강점을 기를 수 있다. 이것 역시 당신이 성공하는 데 있어 가장 중요한 역할을 한다.

▲ 단순해 보이던 일을 최대한으로 이용하라.
그것이 바로 당신만의 강점이 된다. 살아가면서 단순한 일을 처리하는 것은 그다지 어렵지 않다. 그 단순한 일을 완벽하게 해내는 것이야말로 어려운 일이라고 할 수 있다. 예로부터 단순한 일을 누구보다 완벽하게 해낼 줄 아는 것이 가장 큰 강점이라 했다.
졸업 후 텔레마케터로 취업한 장친의 주 업무는 고객 상담 전화 응대였다. 이 직업에 아무런 메리트도 느끼지 못한 다른 직원들은 금방 회사를 떠났다. 하지만 장친은 끝까지 회사에 남아 고객들의 불만을 접수하고 꼼꼼하게 기록했다. 언제나 미소 지으며 고객 상담 전화 업무를 처리했던 장친은 어떤 고객의 문의라도 손쉽게 문제를 해결해 주었다.

장친의 뛰어난 상담 업무 능력은 어느 샌가 사장의 귀에까지 흘러 들어갔고, 그녀는 총괄 매니저 비서가 되었다.

고객 상담 전화 응대를 통해 문제 해결 능력과 소통 능력이 대폭 향상된 그녀는 새로운 포지션으로 옮겼어도 빠르게 적응할 수 있었고, 결국 그 능력을 인정받아 사장 비서 자리까지 올랐다.

업무가 단순하고 반복된다고 무시해선 안 된다. 이런 일일수록 끈기를 가지고 덤빈다면 당신의 능력은 비약적으로 발전할 수 있다. 앞으로 당신 주변 상황이 어떻게 변화하더라도 당신만의 최대 강점으로 이를 극복해낼 수 있다.

▲ 장점은 그저 허무맹랑한 것이 아니다.

누구나 자기 자신에 대해 만족하며 사는 사람은 없다. "난 왜 이렇게 못생겼지? 난 너무 뚱뚱해. 난 왜 이렇게 멍청할까?" 많은 사람들이 자신에 대해 불평불만을 늘어놓는다. 하지만 자신의 단점만 바라보느라 자신의 장점을 무시하는 우를 범해선 안 된다. 사실 뛰어난 장점으로 자신의 부족한 점을 충분히 덮을 수 있다. 장점은 그저 허황되고 허무맹랑한 존재가 아니다. 당신의 삶 속에 깊숙이 스며들어 있다. 당신이 가진 능력에 의해 발현되며 이는 성공을 위한 초석이 되어 줄 것이다.

자신이 가진 장점을 무시하지 마라. 회사에서 자신의 장점을 최대한 활용할 줄 안다면 수많은 직원 가운데 그 누구도 당신을 넘어설 수 없다.

▲ 절대적 우위도 없지만, 절대적 약세도 없다.

이 세상에 절대적 약세란 존재하지 않는다. 충분한 노력을 통해 약세를 강세로 반전시킬 수 있다.

"황금 가운데 순금은 없고, 사람 가운데 완벽한 사람은 없다."란 말처럼 누구나 단점이 있기 마련이다. 자신의 단점을 담담히 마주하고 이를 넘어서기 위해 노력하라. 당신의 약점을 장점으로 승화시킬 때, 당신만의 특화된 장기가 될 것이다.

PART 7

인관 관계

상대방의 시선을 끄려면 어떻게 해야 할까? 우매한 여성은 '애교'와 '화장술'이라고 답했지만 현명한 여성은 '성격'이라고 답했다. 상대의 시선을 끄는 무기는 아름다운 외모가 아닌 내면에서 드러나는 인격이라고 할 수 있다.

기회를
놓치지 마라

성공은 70퍼센트의 노력과 30퍼센트의 기회로 이뤄진다. '노력으로 안되는 일은 없다'고 흔히들 이야기한다. 하지만 실제로 노력만으로는 성공하기 어렵다. 노력과 소득이 반드시 정비례하는 것만은 아니다. 그 이유는 과연 무엇일까? 성공을 위해서는 귀인의 도움이 필요하기 때문이다.

인생의 성공을 추구하는 과정에서 원만한 대인관계의 구축은 반드시 필요한 전제조건이다. 당신의 뛰어난 능력과 더불어 적절한 타이밍에 지인의 도움을 받을 수 있다면 누구보다 빠르게 성공을 거둘 수 있다. 대부분 사람은 외부의 도움 없이는 홀로 이 사회를 버텨내기 어려우며 쉽게 무너져 내린다. 성공을 갈망하는 이라면 반드시 지인의 도움이 필요하다. 성공한 자들은 이미 대인관계의 중요성을 일찌감치 깨닫고 인맥 구축에 많은 시간과 노력을 아끼지 않았다. 그들은 항상 자신의 인맥을 넓히기 위해 애썼고 적극적으로 비즈니스 교류를 이어나갔다. 그저 단순히 친구를 소개받고 식사를 하는 자리가 아니라 일상생활의 일부분으로 자리 잡았다.

▲ 감정 투자: 먼 미래를 위해 오늘을 투자하라

당신의 주변 사람이 어려움에 처했을 때 능력이 된다면 있는 힘껏 도와주어라. 자신감을 잃은 상대에게 자신감을 북돋아주고, 고민에 빠진 자엔 진심으로 그의 고민을 들어주어라. 큰 성과를 거둔 자에겐 더욱 분발하여 더 큰 성과를 낼 수 있도록 응원의 말을 아끼지 마라.

그들을 도와주는 일이 당신에게 전혀 이득이 되지 않는다고 하더라도 기꺼운 마음으로 나서라. 당신의 미래를 위해 대가를 따지지 말고 오늘의 감정을 투자해라. '세상사의 흥망성쇠가 변화무쌍하다.' 는 옛말처럼 내일 우리 삶이 어떻게 변화할지는 그 누구도 장담하지 못 한다. 오늘 밥 한 끼 먹을 돈이 없던 자가 내일 갑자기 성공한 부호가 되어 나타날지도 모른다. 그때 그는 충분히 당신의 힘이 되어 주지 않을까?

누구나 자신의 조력자를 찾는다. 하지만 그 전에 상대의 니즈를 만족시켜 줄만한 기회를 노려라. 감정의 교류 없이 두 사람 간의 관계는 오래 지속되기 힘들다. 진심이 느껴지지 않는다면 아마 진정으로 감정을 교류하는 친구를 찾기는 어려울 것이다.

회사를 바다에 비유해보자. 바다에서 수영을 즐기기 위해 당신은 수영 기술을 배워야 한다. 또한 함께 수영을 할 친구를 만들어라. 상대의 도움을 받으려고 애쓰기보다 우선 상대방에게 당신의 존재감을 알리는 게 중요하다.

▲ 적도 친구가 될 수 있다: 미래를 위한 적과의 동침

많은 사람은 라이벌과의 관계를 제대로 인지하지 못 한다. 그들에게 라이벌은 그저 적일뿐이다. 함께 공존할 수 없는 원수이자 그들이 망해야 자신이 성공한다고 믿는다. 사실 이는 매우 편협한 생각이다. 사실 적과 친구는 종이 한 장 차이다. 라이벌이 가진 사고방식, 가치관은 당신과 매우 유사하기 때문에 의견 충돌을 일으킬 수밖에 없다. 그의 가치와 능력이 당신과 비등함을 뜻하며 그에게서 배울 점들이 충분하다. 상대가 당신을 강자로 인정했다면 대체 왜 굳이 그와 충돌해야 하는가? 서로 친구가 되어 함께 앞으로 나아가는 게 더욱 생산적이지 않은가? 물론 서로 친구가 되었다고 하더라도 필요할 땐 서로 경쟁을 하기도 한다. 강한 적보단 강한 친구를 가지는 게 더 좋지 아니한가?

라이벌을 무턱대고 배척하지 마라. 우호적인 태도로 그들이 당신의 도움을 필요로 할 때 손을 내밀어 준다면 보다 쉽게 서로에게 마음을 열며 친한 친구가 될 수 있을 것이다.

▲ 인맥 투자는 반드시 보답이 따른다: 인맥을 활용하라

사람과 교류하면서 얻은 정보와 인맥을 통해 당신이 원하는 정보를 취할 수 있으며, 보다 더 빨리 성공할 수 있다. 인맥은 무한히 커질 수 있고, 기존 인맥을 활용해 재생산 되어 무한한 가능성을 보여준다. 하지만 인맥을 구축하기 위해선 많은 노력이 수반되어야 한다.

인맥을 제대로 활용한다면 기회를 잡아 성공할 수 있지만, 인맥을 제대로 활용하지 못하면 당신에게 성공의 기회는 돌아오지 않는다.

▲ 인맥의 중요성

동창회, 회사 동기 모임, 인터넷 모임, 동호회, 놀이공원 등...... 다양한 모습의 인맥 관계는 여러 방면에 큰 영향을 끼친다. 인맥 활용 능력이 뛰어난 자는 사람과의 모임 자리에서 새로운 네트워크를 구축하여 자

신의 인맥을 넓혀나간다.

누구나 살아가면서 친구를 사귄다. 당신은 언젠가 사회 각 방면에 자리 잡고 있는 그들의 도움을 받게 될 수도 있지 않을까? 성공하기 위해선 주변 지인의 힘이 필요하다. 홀로 이 사회에서 버틸 수 있는 사람은 아무도 없다. 당신의 능력이 아무리 뛰어나다고 해도 살아가면서 반드시 다른 누군가의 도움을 받게 된다. 그러므로 원만한 대인관계 구축에 힘을 써라. 자신의 인맥을 제대로 관리, 활용한다면 당신은 분명 성공한다!

인적 네트워크를 잘 관리하는 사람은 상대와 원만한 교류를 이어가며 자신의 인맥을 꾸준히 넓혀 나간다. 이 모든 것은 당신의 성공을 위한 밑거름이 된다.

'리더'가 되라

대인관계에서 상대와 우호적인 관계를 지속함과 동시에 자신의 장점을 드러내야 한다. 누구나 자신만의 장점을 가지고 있다. 이는 상대방과의 경쟁에서 효과적인 무기가 된다. 강한 무기를 손에 쥐고 있어야 자신의 존재감을 드러낼 수 있다. 장점이 없다면 상대의 그늘에 가려 빛을 보지 못할 것이다.

이번 동화는 간단하지만 꽤 의미가 있다. 산속에 세워진 학교에는 토끼, 오리, 새, 닭, 산양이 다니고 있었다. 수업 과목으로는 달리기, 수영, 노래, 춤, 등산이 개설되었다. 달리기 시간이 되었다. 토끼는 그 누구보다 활기차게 체육관을 뛰어다니며 실력을 뽐낸 반면 다른 동물은 토끼 뒤를 쫓기 바빴다. 수영 시간이 되자 이번엔 오리가 두각을 두러냈다. 이어 노래, 춤, 등산수업이 진행되었다. 과목마다 특출한 능력을 보이는 동물도 있었고, 흥미를 느끼지 못하는 동물도 있었다.

이 동화가 알려주는 바는 명확하다. 성공을 하기위해서는 토끼는 달리기를, 오리는 수영을, 새는 노래를, 닭은 춤을, 산양은 등산을 해야 한다는 것이다. 누구나 자신만의 장점을 가지고 있고 그것을 십분 발휘할 수 있을 때 남들의 주목을 끌게 된다. 이를 잘 활용하지 못하면 그저 평범하게 인생을 보내게 될 뿐이다.

춤의 제왕 마이클 잭슨(Michael Jackson), 연기의 대가 찰리 채플린

(Charlie Chaplin), 애플 창시자 스티브 잡스 (Steve Jobs)...... 이들은 모두 자신의 장점을 최대한 발휘할 줄 알았기에 각 분야에서 두각을 드러낼 수 있었다. 사람은 성장하는 과정에서 자신의 장점과 잠재력을 찾아 본인의 매력과 우위를 드러낼 때 강한 존재감을 뽐내며 진정한 승리자가 될 수 있다.

성공하는 자는 자신의 장점을 정확히 파악하고 최대한 이를 이용할 줄 알았다. 또한 이 과정에서 강한 성취감도 맛보았다. 자신의 장점을 알지 못하는 사람은 핵심 경쟁력을 키울 수 없고 그저 그런 삶을 살 수 밖에 없다. 그들은 죽을 때까지 자신의 장점이 무엇인지 찾지 못 한다.

그러므로 성공하고 싶다면 우선 자신의 장점을 찾아라. 그 다음 삶과 일, 사업에 자신의 장점을 활용할 수 있다면 큰 성과를 거둘 수 있다.

그렇다면 어떻게 해야 자신의 장점을 발견할 수 있을까? 가장 기본적이고 효과적인 방법 두 가지가 있다.

첫째, 당신 친구에게 물어보라. 옛말에 '당사자보다 제3자가 더 명확히 안다.' 는 말이 있다. 옆에서 당신을 봐온 친구라면 당신의 장단점을 확실히 파악하고 있을 것이다. 주변 사람들 모두 이구동성으로 하나의 장점을 꼽는다면 그것이 바로 진정한 당신의 경쟁력이 될 수 있다.

둘째, 여러 가지 시도를 통해 직접 장점을 찾아내라. 다양한 분야에서 다양한 시도를 통해 손쉽게 해결되는 일과 힘겹게 해야 되는 일을 찾아라.

자신이 잘하지 못하는 일을 해야만 할 때 남들보다 더 많은 노력을 기울여라. 이를 통해 당신의 능력 향상도 이룰 수 있다. 즉 성공을 위해서라면 고된 노력을 겁내지 말아야 한다.

사람은 심리적 암시에 큰 영향을 받는다. 싫어하거나 거부감이 드는 일을 하게 될 때 누구나 그 일에 대해 즐거움을 느끼지 못 하고 시간과 노력만 낭비하게 된다. 시간이 지날수록 스트레스는 커지고 자신감은 하락하며 업무의 효율성이 떨어지게 된다. 이는 대인관계에도 악영향을 끼칠뿐더러 건강 문제도 야기할 수 있다.

누구나 남들보다 뛰어난 장점을 적어도 하나씩은 가지고 있다. 이 세상을 살아가면서 당신은 남들에게 없는 자신만의 독특한 장점을 찾게 될 것이다. 자신의 장점이 무엇인지 알았다면 그것을 적극 활용하여 더 큰 성공을 거두어라.

"이 세상에 쓸모없는 사람은 없다!" 당신의 장점을 당신이 가장 잘 할 수 있는 일에 활용하고 끊임없이 노력할 때 반드시 성공할 수 있다. 꾸준히 자신의 장점을 개발한다면 남들보다 월등이 뛰어난 자신을 발견하게 된다.

무리에서 리더가 된다는 것은 남들 앞에서 거만하게 우월감을 뽐내는 것이 아니다. 자기 혼자만 잘났다고 우쭐되라는 건 더욱 아니다. 특별한 상황에서 '난 아주 중요한 인물이야!' 라고 스스로 암시를 걸며 자신의 능력을 드러내는 것을 말한다.

당신이 스스로 자신을 중요한 인물이라고 느낄 때 매사 자신감 넘치는 자신을 발견하게 된다.

▲ 회사에서 리더가 되려면?
회사에서 꼭 필요한 사람이 되었을 때 당신의 가치는 올라간다. 당신이 다른 직원이 업무를 완성시킬 수 있도록 도움을 준다면 그들의 존중을 받게 된다.

▲ 친구 사이에서 리더가 되려면?
진정으로 친구들의 마음을 움직이려면 상대의 말을 경청해주는 청중이자 그들이 어려움에 처했을 때 도와주는 천사가 되어야 한다. 친구 사이에서 당신이 절대적인 존재감을 발휘할 때 당신은 그들의 단단한 구심점으로 자리 잡을 수 있다.

▲ 가족 사이에서 리더가 되려면?
가족 구성원에게 자신의 진심과 책임감을 보여준다면 행복하고 화목한 가정을 유지할 수 있고, 핵심 인물로 부상하게 될 것이다.

어느 무리에서든 진정한 '리더'로 인정받는 사람은 어떤 장소에서도 항상 다른 사람의 시선을 잡아끌 수 있다. 당신은 뛰어난 능력을 가지고 상대방을 도와줄 수 있고, 상대는 적극적으로 당신의 이야기에 귀를 기울이며 당신과 교류하길 원할 것이다.
그렇다면 주위 사람의 시선을 끌어당길 수 있는 자신만의 매력을 키우기 위해 어떻게 해야 할까?

▲ 적극적으로 자신을 홍보하라.

적극 자신을 홍보할 때 당신은 보다 공고히 자신의 위치를 다질 수 있을 뿐만 아니라 자신의 능력을 드러낼 수 있는 기회를 갖게 된다. 그러므로 적극적으로 자신을 홍보할 수 있는 용기를 키워라.

▲ "난 중요한 사람이야."란 말을 자주 하라.

용기가 없다면 아무리 뛰어난 능력을 가지고 있어도 무용지물이다. 또한, 당신에게 아무런 매력이 없다면 당신 곁에는 아무도 모여들지 않는다. '리더'가 되기 전에 반드시 당신이 상대에게 아주 중요한 인물이란 것을 인지시켜야 한다. 말로만 떠드는 게 아니라 반드시 당신의 가치를 능력으로 증명하라. 당신이 자신의 가치를 드러낼 때 당신은 자연스레 리더가 될 수 있다.

▲ 주류 사회에 편입하라.

주류 사회 편입에 대한 두려움을 안고 있다는 것은 자신에 대한 자신감 부족이 가장 큰 원인이다. 또한 자신이 '리더'가 될 만한 이유를 전혀 느끼지 못했기 때문이기도 하다. 자신의 존재감을 높이려면 적극적으로 사람과의 교류를 늘려야 한다.

한 무리에서 리더가 될 수 있는 용기와 야심을 기르고, 리더의 행복을 적극 누려라. 하지만 반드시 능력이 뛰어난 사람이 리더가 되는 것만이

아니다. 진정으로 리더가 갖춰야 할 카리스마는 남들이 만들어 주는 것이
아니다. 자신의 내면에서 뿜어져 나오는 진정한 힘을 말한다.

카리스마를
드러내라

    강자에게서 느낄 수 있는 카리스마는 주변 사람에게 긍정적인 영향력을 미친다. 이를 통해 당신의 매력이 증가되고, 보다 행복한 삶을 영위할 수 있으며 인생의 승자가 될 수 있다. 긍정적인 영향력을 갖춘다면 상대방의 시선을 끌게 된다. 그렇다면 어떻게 자신의 영향력을 드러내야 할까?

    첫째, 걷는 자세와 서 있는 자세가 당신의 매력을 보여줄 수 있다.
    걷거나 서 있는 자세로 당신의 성격을 알 수 있다. 회의실에 들어서거나 중요한 모임에 나갈 때 구부정한 자세로 남들의 눈치를 봐선 안 된다. 언제나 시선은 정면을 향하며 당당하게 입장하라. 올바른 자세를 취함으로써 당신의 강한 카리스마를 드러낼 수 있고, 상대에게 좋은 인상을 심어주게 된다.

    둘째, 예의 바르고 정중한 대화와 미소가 중요하다.
    대화할 때는 말의 크기와 악센트에 유념하라. 상대와 조심스레 귓속말을 하는 경우가 아니라면 언제나 자신감 넘치는 목소리로 자신의 의견을 전달해야 한다. 자기 자신조차 들리는 않는 목소리로 속삭이며 얘기해선 안 된다. 겁이 많고 자신감이 부족하다는 인상을 주어 상대의 신뢰를 얻기 어렵다.
    사람을 사귈 때는 큰 소리로 웃으며 자신의 행복을 상대와 함께 공유할 줄 알아야 한다. 하지만 특수한 상황에서는 오히려 살짝 미소 짓는 모습이 더한 영향력을 끼치기도 한다. 상황에 따라 미소가 주는 의미가 달라진다. 미소를 지음으로써 당신의 진심을 전달하고 상대의 마음을 얻을 수 있다. 필요한 경우 상징적인 미소만으로도 문제가 해결되기도 한다. 장소의 특성을 파악하여 적절하게 표정을 관리하는 것도 가장 중요한 처세술 중 하나이다. 카리스마와 영향력을 키우기 위해서는 이점을 반드시 유념하라.

셋째, 자신감을 드러내라.

당신의 행동만 보고도 자신감 넘치는 사람인지 아닌지 알 수 있다. 평상시 보다 25퍼센트 정도 빠른 속도로 걷고, 가슴을 활짝 펴 깊은 숨을 내쉴 때 자신감이 상승하는 것을 느낄 수 있다. 고난을 만나더라도 보다 긍정적인 태도로 마주하라. 자신감과 긍정적인 태도를 보인다면 상대의 시선을 끌 수 있다.

자신만의 매력을 드러낸다면 언제나 관심의 대상이 될 수 있다. 상대와의 우호적인 인맥을 구축하여 상대와의 교류에서 우위를 점하라.

놓쳐선 안 되는
4가지

"조그마한 물도 태양 빛을 머금고 환하게 반짝이듯이, 사람 역시 사소한 부분을 통해 그 사람의 매력을 드러낼 수 있다." 많은 사람이 이 사소한 부분을 경시하지만 실은 성공을 결정하는 핵심 포인트다. 그러므로 진정으로 '독하게' 자신을 다그치는 사람은 반드시 이 사소한 부분을 놓쳐선 안 된다.

사소한 부분을 놓쳐 대부분 사람이 자신에게 찾아온 기회를 놓치기도 한다. 사소한 부분에 보다 더 관심을 기울였다면 당신의 성공은 더 빨리 찾아올 것이다. 사람과 교류할 때 반드시 다음의 4가지 사항을 유념하라.

첫째, 상대의 명함을 챙겨라.
명함은 자신의 또 다른 모습으로 사람의 얼굴이기도 한다. 당신이 상대방이 건넨 명함에 신경을 쓰지 않는 것은 그 사람을 존중하지 않는다는 말과 일맥상통한다. 고객 유치에 성공하려면 반드시 상대의 명함부터 챙겨라.
고객과 상담을 진행했던 한 판매원은 고객과의 상담이 끝나고 이제 헤어질 준비를 하고 있었다. 그가 자료를 챙기는 와중에 고객의 명함이 땅에 떨어졌고, 그는 자신도 모르는 새에 그 명함을 밟아버리고 말았다. 하지만 그는 전혀 미안하다는 기색 없이 그저 떨어진 명함을 주어들더니 가방 안에 넣어버렸다. 판매원이 떠난 뒤 고객은 생각할수록 화가 치솟았고 결국 그는 계약 취소를 결정했다.

많은 사람은 자신과 관련된 일에 가장 많은 관심을 기울인다. 설사 상대의 눈에 사소한 일로 비춰질지라도 상대 역시 관심을 가져주길 원한다. 위의 판매원의 이야기처럼 사소한 부분에 소홀하게 되면 결국 피해를 보는 것은 자신이다.

둘째, 시간 약속을 철저히 지켜라.

회사에서나 일상생활에서나 시간 약속은 반드시 지켜야 한다. 시간 약속을 어기게 되면 상대방의 신뢰를 잃을 수 있다. 자신과의 시간 약속조차 지키지 못하는 사람은 헛되게 시간을 보낼뿐더러 인생의 중요한 기회도 놓치게 된다.

시간 약속을 지키는 일은 업무의 기본이자 신의를 중요시 여기는 품성을 드러낸다. 그러므로 절대 상대방과 한 시간 약속은 철저히 엄수하라!

셋째, 예의를 지켜라.

행동은 당신을 보여주는 창구로써 예의 바른 행동을 할 때 상대의 신뢰를 얻을 수 있다. 상사조차 예의 없는 직원과는 일하고 싶어 하지 않는데 고객은 더 말해 무엇 하겠는가?

살면서 지켜야할 가장 기본적인 예의는 뭐가 있을까? 쓰레기를 함부로 버리거나 길에 침을 뱉지 말자. 언제나 깔끔하고 청결함을 유지해야 한다. 금연 구역에서는 담배를 펴선 안 되며, 평상시에는 반드시 재떨이를 이용하라. 식당에서 큰소리를 내지 말고, 비나 눈이 오는 날, 실내 환경을 위해 미리 밖에서 신발을 털고 들어가야 한다. 이런 사소한 부분까지 반드시 주의해야 한다.

넷째, 표정 관리에 힘써라.

상대와 대화할 때 자신의 표정에 신경을 써라. 표정을 통해 자신의 생각과 진심을 전달할 수 있다. 기쁠 때에는 미소를 짓고, 상대의 말을 경청할 때는 고개를 살짝 끄덕이거나 상대의 눈을 바라보아라. 의문점이 생기면 그 즉시 질문하고, 상대의 말을 끝나면 간단히 자신의 의견을 덧붙여라. 이래야 상대방에게 좋은 인상을 남길 수 있다. 상대방의 초대를 받으면 바로 수첩을 꺼내 시간과 장소를 메모하라. 그런 적극적인 당신의 모습을 통해 상대는 자신이 존중받는다고 느끼게 되고 당신의 신뢰도는 더욱 높아진다.

불가피한 일로 미리 잡아놓은 약속을 못 지키게 되었다면 반드시 사전에 전화를 걸어 양해를 구하고 약속 시간을 변경해야 한다. 그래야만 당신에 대한 상대의 믿음을 지킬 수 있고 당신이 바쁜 와중에도 자신을 챙기는 세심한 모습을 부각시킬 수 있다. 이런 세세한 부분을 제대로 파악하고 공략한다면 당신의 이미지 제고에 도움이 된다.

전체를 보고 동시에 부분도 봐야 한다. '부분'이 당신의 성공을 결정하기 때문이다. 일을 할 때 세세한 부분을 모두 처리할 때 당신의 꿈에 더욱 가까이 다가설 수 있다. 이것이야 말로 성공으로 가는 열쇠가 아니면 무엇이겠는가?

신비감

"우리 사장님께선 언제나 우리에게 새로운 즐거움을 선사하십니다!"
DOW사의 200여 명 직원 모두가 한마음으로 외쳤다. 그들은 진심으로
머리카락은 이미 하얗게 세고, 이는 거의 다 빠져 버린 2차 대전 참전 용
사인 자신의 사장 브랜틀리(Brantley)를 존경했다.

브랜틀리는 여러모로 특이한 사람이었다. 그는 종종 자신의 직원들에
게 매달 특별한 선물을 통해 깜짝 놀랄 서프라이즈를 준비했다. 회의 시
간마다 유쾌한 농담을 던지며 직원들이 허심탄회하게 이야기를 나누길
바랐다. 직원들 생일을 모두 기억하고 있는 그는 생일마다 선물을 보내기
도 했다. 하지만 여기서 주목할 점은 이 모든 게 일회성 이벤트로 끝나는
게 아니라는 것이었다. 그가 직원들을 더욱 살뜰히 챙길수록 직원들의 신
뢰는 더욱 깊어져만 갔다.

한 직원이 말했다. "제가 죽은 후라도 전 아들과 손자에게 DOW사에 입
사하길 권했습니다. DOW사는 전 세계에서 가장 돈이 많은 회사는 아니
지만, 직원들의 행복을 가장 먼저 챙기는 곳이지요."

이것이 바로 개인적 매력이 가지는 큰 힘이다. 인류 사회와 과학기술의
발전은 미지 사물에 대한 호기심과 그것을 탐구하고자 하는 마음에서 비
롯된다. 사람의 신비감 역시 아직 드러나지 않은 장점과 상대에게 항상
새로운 무언가를 보여주는 데에서 기인한다.

사람은 익숙한 것은 거부하는 특징이 있다. 일반적으로 누구나 익숙하다고 느끼는 사람을 숭배하거나 소중히 대하지 않는다. "너무 익숙해서 새로울 게 전혀 없어요." 너무 익숙하다 보니 그 사람의 매력을 종종 간과하곤 한다.

그러므로 언제나 상대에게 자신의 새로운 모습을 보여줘야 한다. 회사에 입사한 초기에는 많은 사람이 하루빨리 회사의 인정을 받고 성공의 기회를 잡고 싶은 마음에 자신의 장점과 매력을 아낌없이 드러낸다. 심지어 과거 자신이 거둔 성과를 자랑하기도 한다. 하지만 이런 모습은 오히려 자신의 기대와는 다른 결과를 빚게 된다. 당신은 그저 상사와 동료에게 너무 과하게 자신의 모습을 드러냈을 뿐이다. 시간이 지날수록 상대에게 새롭게 보여줄 당신의 모습은 바닥을 드러내게 된다. 업무를 능력 이상으로 완벽하게 완수했다고 해도 사람들은 그저 당연하다고만 여길 게 분명하다. 하지만 제대로 일을 끝내지 못했거나 실수를 했다면 그들은 당신이 최선을 다하지 않았거나 게으름을 피운다고 오해하게 된다. 심지어는 회사에 불만을 느낀다고 생각할 수도 있다.

회사에 입사하면 우선 겸손한 자세로 일을 배우며 조금씩 자신의 실력을 드러내다가 어느 날 갑자기 완벽하게 어려운 임무를 완성하거나 남들이 불가능하다고 여긴 일을 성공시켜 보아라. 아마 모두 당신을 다른 눈으로 쳐다보게 될 것이다. 당신을 향한 동료들의 시선에 서서히 호감이 서리게 되고, 아직 보지 못한 당신의 또 다른 능력을 기대하게 된다. 상사 역시 마찬가지다.

이런 방식으로 자신에 대한 신비감을 조성하라. 상대방이 알지 못하는 한 수를 가진 자가 성공한다. 신비감이 없는 사람은 상대에게 전혀 매력적으로 다가서지 못한다.

이는 사랑하는 연인에게도 적용된다. 연애 초기는 두 사람 사이의 신비감이 최고조인 시기다. 그들은 서로에 대해 더 많이 알고 싶어 하며 떨어질 줄을 모른다. 하지만 함께 한 시간이 길어지면서 서로에 대해 잘 알게 되고 신비감은 점차 사라진다. 서로에 대해 그 어떤 자극도 받지 못하고 서서히 사랑의 감정이 식어간다. 이 권태기를 현명하게 극복해야만 사랑의 성숙기에 접어든다.

한 철학자는 말했다. "사랑은 항상 새로워야 한다." 연인들은 끊임없이 변화를 추구해야 하며 상대에 대해 새로운 점을 찾아내야 한다. 한 심리학자 역시 다음과 같이 말했다. "부부간에는 반드시 일정한 심리적 거리감을 유지해야 합니다." 사랑도 마찬가지며, 회사에서도 마찬가지다. "어느 정도 거리감을 유지할 때 당신의 매력은 배가 된다." 적당히 서로의 거리를 유지하며 신비감을 조성할 때 당신의 매력과 존재감이 도드라지며, 이는 미래의 성패를 좌우하기도 한다.

자신의 전부를 상대에게 드러내지 마라. 당신의 장점을 상대에게 모두 드러내고 나면 그 뒤에 보여줄 수 있는 건 단점밖에 남지 않는다는 사실을 명심하라. 그러므로 상대방에게 자신의 모든 것을 드러내지 말고 반드시 상황에 맞는 취사선택이 수반되어야 한다.

PART 8

소통 수업

언어의 기본적 속성은 정보 전달이며, 많은 사람이 인지하지 못하는 독특한 특성이 또 하나 있다. 바로 사람의 매력을 드러내 준다. 유머러스한 사람은 감정과 언어를 통해 불편한 기류를 밝고 유쾌한 분위기로 쇄신한다. 플러스 에너지를 강하게 내뿜는다. 상대방과 소통하는 기술은 자신의 가치를 드높일 수 있는 최고의 무기다.

상대방의 주의를
끌 수 있는 대화기술

상대방의 마음을 움직이고 호감을 얻으려면 상대에 따라 대화하는 방법을 달리하라. 상대방의 마음을 열기만 한다면 당신이 가장 원하는 것을 이룰 수 있을 것이다. 다시 말해, 상대방이 귀 기울여 당신의 말을 경청한다면 당신이 하고픈 말을 꺼낼 기회가 생긴다. 같은 말을 반복하거나 상대의 말을 도중에 끊고, 자리를 박차고 나가는 일은 지양해야 한다.

상대방이 당신의 말에 귀 기울이게 만들려면 우선 상대방의 심리, 성격, 취미 등을 파악한 후 공략하라. 상대방이 직설화법을 싫어한다면 반드시 우회적으로 돌려 대화를 유도해야 한다. 상대가 화통한 성격의 소유자라면 직접 대화를 이끌어도 좋다. 상대방이 배움을 즐기는 자라면 보다 심도 깊은 대화를 나누어라. 사소한 일에 신경을 쓰는 자라면 당신 역시 세세한 부분을 짚고 넘어가야 할 것이다.

이것이 바로 대화와 소통의 기술이다. 소통은 당신의 삶을 변화시킨다. 또한 당신뿐만 아니라 상대방의 생각을 변화시키기도 한다. 그러므로 당신의 대화 방식이 상대의 성격과 맞아떨어질 때 서로 친구가 될 수 있고, 두 사람 사이의 거리는 더욱 가까워진다. 시원시원하게 대화를 이끌어 나갈 수 있다면 상대 역시 기꺼이 당신의 대화에 동참하게 되며, 서로가 서로의 좋은 파트너가 될 수 있다.

상대가 즐겁게 당신의 대화를 경청하게 만드는 일은 결코 쉬운 일이 아니기에 상대방의 특성에 따라 그에 맞는 소통 방식을 취해야 한다.

첫째, 자신보다 사회적 지위가 높은 사람과 대화할 때는 자신의 주관을 견지하라.

자신보다 사회적 지위가 높은 사람과 마주했을 때 반드시 자신의 주관을 지켜라. 상대의 말에 휩쓸리는 행동을 보여선 안 된다. 그들은 생각이 깊고 주관이 뚜렷한 자들을 원한다. 당신이 줏대 없이 그저 상대의 의견만 쫓는다면 결코 그들의 마음을 얻지 못할뿐더러 더 이상의 대화조차 불가능할지도 모른다. 상대방에 대한 존중을 드러냄과 동시에 진심을 담아 그들과 대화를 지속하라. 상대가 말을 할 때는 도중에 끼어들지 말고 끝까지 진지하게 경청해야 한다. 질문을 받았을 때는 질문에 대한 답만 명료하게 답하라. 과장되지 않은 자연스런 표정과 몸짓으로 대화를 이어나가는 게 좋다.

둘째, 어르신들과 대화할 때는 겸손함을 잃지 마라.

어르신들은 보통 자신이 나이가 들었다는 것을 인정하기 싫어하며, 과거 자신의 영광을 떠올리며 자랑하고 싶어 한다. 그러므로 어르신들과 대화를 나눌 때는 최대한 그들의 휘황찬란했던 과거를 짚어주는 게 좋다. 그래야만 쉽게 그들의 마음을 움직일 수 있다.

이는 성공한 자들과 대화할 때도 마찬가지다. 그들의 과거 성공 사례를 언급하면서 당신의 생각을 전하라. 굳이 상대방의 의견만 추켜세울 필요는 없다. 이를 통해 상대방에게 당신의 좋은 이미지를 심어줄 수 있을

뿐더러 상대의 경험 속에서 많은 것을 배울 수 있는 일거양득의 효과를 거둘 수 있다.

셋째, 당신보다 어린 사람과 대화할 때는 진중한 태도를 보여라.
자신보다 어린 사람들이 가진 사상과 생각이 보다 참신할 때가 많지만 그들의 지식과 경험은 분명 당신보다 미천할 것이다. 그러므로 너무 저자세로 그들을 마주할 필요는 없다. 그들의 관심사나 당신이 알고 있는 사건에 대해 이야기를 나누면서 당신의 생각이 그들과 같다는 점을 강조하라. 그렇게 한다면 상대는 동질감을 느끼게 되고 대화 역시 자연스럽게 이어질 것이다. 상대방이 보다 자연스러운 태도로 대화를 이어나갈 수 있도록 분위기를 조성하라. 그래야 서로의 거리가 더욱 가까워 질 수 있다.
가장 중요한 점은 나이 어린 사람들과 대화할 때는 자신의 관심사가 아닌 상대방의 관심사에 초점을 맞춰야 한다는 점이다. 또한 너무 심오한 주제를 언급하거나 그들의 꿈을 무시하는 발언은 피해야 한다.

넷째, 자신보다 사회적 지위가 낮은 사람과 대화할 때는 보다 성숙하고 엄중한 태도를 보여라.
부하 직원과 대면했을 때는 너무 길게 대화를 나누거나 상대방의 기분을 아랑곳하지 않고 자신의 말만 늘어놓아서는 안 된다.
상사로서 예의를 지키고 온화한 태도를 보여라. 우월감을 드러내는 행동은 지양해야 한다. 무슨 말을 꺼내야 할지 모르겠다 싶을 때는 그의 업무 성과를 칭찬하는 게 좋다. 반드시 기억하라. 너무 길게 대화를 나누거나 과한 친밀함을 보여선 안 된다.

상대가 누구냐에 따라 대화방식도 바뀌어야 한다. 이는 당신 내면의 소양을 보여줄뿐더러 생각지도 못한 이득을 볼 수도 있다.

천부적인 소통 능력을 지닌 윌슨은 내게 말했다. "상대가 네 말에 귀 기울이게 만들어봐, 그럼 넌 성공한 거야." 누구나 윌슨과 대화하기를 즐겼다, 윌슨과의 대화를 통해 무언가 깨닫는 깨달음을 얻는 과정은 일종의 즐거운 경험이었다. 사람들이 윌슨의 말에 귀 기울일 때, 그는 이미 자신의 꿈을 이룬 것과 다름없다. 상대방에게 자신의 투자 관념을 설명함으로써 자신의 삶과 사업에 충분히 활용하고 있지 않은가?

공통점을 찾아라

회사에서 다른 사람과의 논쟁은 불가피하다. 하지만 논쟁을 벌이기 전 우선 잠시 숨을 고르고 한 가지 질문을 던져보아라. "나와 그의 공통점이 뭘까?" 공통점을 떠올리기에 2분도 채 필요하지 않다. 이 짧은 시간 내에 당신이 퍼부으려고 했던 날카로운 말들 대신 상대방을 칭찬해 줄 말을 떠올려보는 건 어떨까? 그 다음 불쾌한 일들은 잠시 접어두고 그와 근처 호프집에서 간단히 술 한 잔을 기울여 보라. 당신이 처음 느꼈던 감정이 어떻든 당신은 이미 성공적으로 논쟁을 피한 것이다.

성공적인 소통은 서로 간의 공감대 형성에서 비롯된다. 이는 순조로운 교류와 편안한 분위기 조성에 큰 역할을 한다. 대화를 시작한 지 10초 만에 '너 죽고 나 살자' 식의 살벌한 대화는 지양해야 한다. "나가! 너랑 얘기하기 싫어! 내가 너랑 무슨 대화를 하겠니!" 이는 전형적인 소통의 실패다.

상대방과 얘기할 때는 '자기 혼자만' 떠들어선 안 된다. 서로의 생각을 나누는 자리가 되어야 한다. 서로가 즐겁게 대화를 나눌 수 있을 때 서로의 마음이 통해 서로 원하는 목적을 이룰 수 있다. 따라서 대화를 나누는 당사자는 우선 이번 대화의 진정한 목적을 명확하게 정의하고 우호적인 태도로 이야기를 진행해야 한다.

대화의 핵심은 서로의 공통 화제 거리에 있다. 서로 자신이 하고 싶은 말만 하겠다고 나서면 대화가 불가능하다. 상대방과 대화할 때 공통된 화제를 찾지 못해 계속 겉돌기만 한다면 상대는 금방 당신과의 대화에 흥미를 잃게 된다. 서로가 서로의 관심사를 파악하지 못한 채 대화를 지속하게 되면 결국 아무런 소득도 얻지 못한 채 귀중한 시간만 낭비하는 꼴이다.

상대와의 원활한 대화와 소통을 위해서는 상대방의 관심사나 서로의 공통 화제를 찾는 게 중요하다. 상대방이 가장 관심을 보이는 분야를 공략하여 우호적인 분위기를 조성하고 친밀감을 형성한다. 그래야만 서로 이익을 얻을 수 있다.

파리에서 고급 와인 회사를 운영하는 베하르(Behar)라는 이름의 유대인이 살고 있었다. 그는 자신의 와인을 파리의 대형 호텔에 납품하려는 계획을 가지고 있었다. 그는 4년 동안 계속해서 호텔 사장인 크레인(Crane)에게 전화로 안부를 묻고, 여러 차례 그가 참석하는 사교 모임에도 따라다녔다. 심지어 베하르는 계약을 따내기 위해 그 호텔에서 숙박하기도 했다.

하지만 이런 베하르의 노력은 아무런 소용이 없었다. 크레인은 그의 와인에 조금도 흥미를 느끼지 못했기 때문이다. 베하르는 오랜 고심 끝에 이 문제의 해답을 찾아냈다. 그는 즉시 행동 노선을 바꿨다. 바로 크레인의 관심사를 알아내기로 한 것이다. 그가 알아본 바로는 크레인의 관심은 오로지 "프랑스 호텔 호스트 모임"에 있었다. 이 모임이 열리는 곳이라면 아무리 거리가 멀어도 반드시 참석했다.

이튿날, 크레인을 다시 만난 베하르는 "프랑스 호텔 호스트 모임"에 대한 이야기를 꺼냈고, 대화가 끝나갈 무렵 그는 회원증을 손에 넣을 수 있었다. 비록 대화 중에 와인 납품에 대한 이야기는 단 한마디도 꺼내지 못했지만 며칠 뒤 호텔 구매 관리자가 직접 그에게 전화를 걸어왔고, 결국 계약을 체결했다.

베하르는 매우 기뻐하며 말했다. "비즈니스 세계에서 사업가들은 반드시 고객의 관심사를 파악해야 합니다. 고객이 가장 관심을 보일만한 화제와 사물에 대해 적극적으로 파고 들어야 합니다. 고객의 생각을 읽었을 때, 분명 만족할 만한 성과를 거둘 수 있을 겁니다."

그럼 대화하는 과정에서 어떻게 서로의 공통된 화제를 찾을 수 있을까? 대화 중간 적절하게 유도 질문을 해보자. 질문의 형식으로 상대방을 탐색하여 빠르게 상대의 흥밋거리를 찾은 후, 천천히 화제를 상대의 관심사로 돌려라. 그러면 생각지도 못한 효과를 거둘 수 있을 것이다.

공통의 화제를 찾기만 하면 상대의 관심을 끌 수 있고 이로써 두 사람 간의 친밀도는 더욱 높아져 공동의 이익을 얻게 된다. 상대방의 흥미를 찾아 상대의 환심을 사는 것도 중요하지만, 그 가운데 세세한 부분 역시 신경 써야 한다. 세세한 부분이 성공을 가늠하는 키워드이기 때문이다.

일의 성공과 실패는 거시적 전략뿐만 아니라 사소한 부분에서 판가름 난다. 별거 아니라고 치부했던 사소한 말 한 마디가 상대의 마음을 움직인다. 이런 사소한 부분을 절대 놓치지 않는 사람이 바로 쉽게 상대방의 신뢰를 얻는다.

상대방이 가장 듣고 싶어 하는 말은 거창한 맹세나 화려한 수식어로 점철된 과장이 아니다. 가장 단순하고 기본적인 안부 인사라는 점을 기억하

라. 물론 그 단순한 인사말에 당신의 진심이 담겨 있지 않다면 아무런 소용이 없다. 상대방과의 거리를 좁히기 위해선 어휘 선택에도 신중해야 한다. "나"와 "너"가 아닌 "우리"라고 표현해 보는 건 어떨까?

에릭(Eric)은 판매사원으로 일한지 반년이 채 되지 않았지만 줄곧 회사에서 '판매왕' 자리를 놓치지 않았다. 회사 실적 교류회 자리에서 그는 자신의 경험담을 풀어놓았다. 판매 스킬 외에도 중요한 부분을 꼭 집어 설명했다. 그는 고객에게 결코 "고객님 회사", "저희 회사"라는 말을 쓰지 않았고, 언제나 "우리 회사"라는 말을 사용했다고 밝혔다. 자신과 고객을 "우리"로 묶으면서 친밀감을 형성하여 그의 마음 속 단단한 빗장을 풀어버린 것이다.

에릭은 말했다. "고객과 공감대를 형성하기 어려울 때, '우리'라는 단어를 사용해 보세요. 고객과의 관계를 단단히 이어주는 매개체랍니다. 둘 사이의 거리가 확 좁혀질 뿐 아니라 서로에게 친밀감을 느끼게 되죠. 설사 이해관계로 묶은 두 사람이란 것을 인지한다고 해도 고객들의 잠재의식 속에 남아있는 친밀감은 무시할 수 없는 영향력을 끼칩니다."

판매 사원들 대부분 고객과 가까워지고 싶어 하지만 이런 사소한 부분을 미처 생각하지 못한다. 이런 사소한 부분을 챙김으로써 적은 노력으로도 더 큰 효과를 기대할 수 있다.

심리학의 관점에서 이것은 하나의 심리 공동체 구축으로 바라볼 수 있다. '우리'라는 말을 언급함으로써 상대방은 '우리는 하나다.'라는 생각을 하게 된다. '너는 너, 나는 나'라는 거리감이 사라지는 것이다. 이러한 심리적 기반 속에서 상대가 당신에 향한 심리적 보호막을 제거할 때, 서서히 원하는 화제를 언급하라. 상대가 느끼는 반감은 훨씬 줄어들었을 것이다.

상대에게 인정받기 위해서는 우선 그 상대와 가까워져야 한다. 당신이 상대방을 가족처럼 생각하며 심리적 이해 공동체를 구축할 때, 두 사람 사이의 친밀도는 높아지고 상대방은 서서히 당신을 자신의 편이라고 받아들이게 된다.

대화도 업무처럼 일종의 학문으로 언제나 주의를 기울여야 한다. 이 세상에는 열지 못할 열쇠는 없으며, 가까이 하지 못할 사람 역시 없다. 여기서 주목해야 할 점은 당신 자신에게서 원인을 찾아야 한다는 것이다. 과연 당신은 사소한 문제도 허투로 넘기지 않고 확실히 처리하고 있는가?

적절한 시간과 장소

상대방과 소통할 시 적적한 시간과 장소 선택 역시 중요하다. 당신의 대화가 원활히 이뤄지기 위해서는 적합한 시간과 장소를 선택해야 한다.

그러기 위해서는 우선 "상대방의 입장에 서서 바라보는 습관"을 길러라. 상대방의 생각과 취미를 파악한 후 상대방의 눈으로 문제를 바라볼 줄 알아야 한다. 누구나 자신의 뜻대로 모든 일이 이뤄지길 바라지만, 잠시 자신을 내려놓고 상대의 감정부터 헤아리며 상대의 이야기에 귀를 기울인다면 성공적인 대인관계를 구축할 수 있을 것이다. 상대방의 니즈를 만족시킬 때, 당신이 원하는 바도 이룰 수 있다. 상대방의 의견에 따라 소통 시간과 장소를 결정하는 것은 상대에 대한 존중의 표현이자 두 사람 사이의 지속적인 관계 구축을 위한 큰 그림을 그리는 것이다. 상대가 편안히 대화할 수 있는 분위기를 조성함으로써 상대의 기분을 풀어준다면 당신의 요구도 쉽게 받아들여 질 수 있다.

그러므로 언제나 역지사지의 자세로 상대를 마주하라.

현명한 사람은 자신보다 상대방의 기분을 더 먼저 생각한다. 설사 상대방을 설득시켜야 하는 자리일지라도 먼저 상대방의 입장에서 생각하고 문제를 분석할 줄 안다.

어떤 일을 하도록 상대를 설득해야 할 때, 먼저 자신에게 질문을 던져보아라. "어떻게 해야 상대가 이 일을 기꺼이 받아들일까?" "내가 만약 그였다면 어땠을까?"

판매 사원이라고 하면 "아, 말주변이 뛰어나겠네. 말을 엄청 잘 하지?"라는 반응뿐이다. 하지만 제너럴 일렉트릭 판매 사원의 거래 실패 원인을 분석해 봤을 때, 그들의 가장 큰 문제점으로 끊임없이 말을 건네는 점이 꼽혔다. 고객들의 시간은 무한하지 않다. 정해진 시간 내에서 자신이 소비하고자 하는 목적이 분명하다. 판매 사원이 고객이 원하는 정보를 묻지도 않고 그저 자신의 말만 계속 내뱉는다면 고객의 인내심은 점차 바닥을 드러낼 것이다. 게다가 말을 너무 많이 하다보면 자신도 모르는 새에 제품의 약점을 노출하게 될 수도 있다.

사실 상대와의 대화 시간이 길다고 마냥 좋은 것만은 아니다. 대화의 핵심을 빠르게 파악하고 전하고 싶은 말의 요지를 정확하게 전달한 후 대화를 끝내는 것이 가장 바람직하다.

말이 많으면 그 가운데 실수가 생길 수밖에 없는 법! 판매 사원의 실패 원인은 그저 자신의 생각만 주구장창 늘어놓았기 때문이다. 그는 장황하게 설명을 늘어놓는 것이 제품에 대한 고객의 이해를 돕는 길이라고 생각했다. 하지만 이는 고객의 감정을 무시한 행위다. 본래 제품에 대한 구매의사가 있던 고객이라도 판매 사원 혼자서 끊임없이 떠드는 모습을 보면서 제품에 대한 흥미가 떨어졌을 뿐더러 한시라도 빨리 그곳을 떠나고 싶어 했을 것이다. 성공하는 판매 사원들은 판매의 핵심을 잡을 줄 안다. 고객이 지루할 틈을 주지 않게 제품의 특징을 간단명료하게 설명할 줄 안다. 그렇다면 과연 최단 시간에 상대에게 자신의 의견을 전달하고 이해시키려면 어떻게 해야 할까?

우리가 문제의 핵심을 포착하기 위해선 반드시 몇 가지 사항을 파악하고 있어야 한다.

▲ 상대의 니즈는 무엇인가?
▲ 상대방이 가장 관심을 가지는 분야는 무엇인가?
▲ 상대방의 가장 취약점은 무엇인가?

질문과 경청, 관찰을 통해 상대방에 대해 파악한 후 상대와 서로 대화를 나누어라. 결코 혼자 일방적으로 대화를 이끌어 나가는 것은 바람직하지 못하다. 위의 세 가지 질문에 대한 답을 구한 후에야 단시간 내에 가장 효과적으로 원하는 결과를 얻을 수 있다.

가장 적절한 대화 시간은 원하는 목표를 이룬 후 상대가 당신과의 대화가 지루하다고 느껴지기 전에 끝마치는 게 좋다. 질질 끌지 않고 단순 명료하게 대화를 진행할 때 최대의 효과를 낼 수 있다.

보이지 않는 함정

사람 사이의 소통이 언제나 원활하게만 이뤄지는 것은 아니다. 상대방이 당신에게 우호적이든 아니든 언제나 방심해서는 안 된다. 적극적으로 나서서 소통의 주도권을 확보해야 한다. 공격과 방어 태세를 취하며 유리한 고지를 선점하라.

열길 물속은 알아도 한 사람 속은 모른다 했던가! 어떤 나쁜 마음을 품은 사람이 당신에게 접근하여 해를 입힐지 모른다. 진심으로 상대를 대하지 않으면 도리어 자신이 해를 입는다. 사람 간의 교류 가운데 모든 말에는 함정이 도사리고 있다. 당신이 미처 생각지도 못한 상황에서 그 함정에 빠질 수도 있으므로 언제나 신중하게 대화를 이끌어 나가야 한다. 난 상대와의 대화 도중 갑작스레 문제가 발생해 대화를 이어나가기 힘들 때마다 나 자신에게 외친다. "다시 찬찬히 생각해 보고 말을 꺼내자. 이 상황을 타개하기 어렵다면 일단 아무 말도 하지 말고 가만히 있어야겠어. 이게 최선은 아니지만, 더 상황이 악화되지는 않을 테니까!"

대화 도중 너무 많은 말을 하지 마라. 자칫하다간 자신을 공격할 빌미를 상대에게 제공하게 될 수도 있다.

연봉 문제: 현재 많은 회사들이 연봉을 공개하지 않거나, 직원마다 서로 다른 연봉을 채택하고 있다. 가장 보편적으로 자리 잡은 일종의 상벌

제도이기도 하다. 타인에게 자신의 연봉을 공개하는 우를 범하지 마라. 이는 생각지도 못한 분쟁을 초래할 수 있다. 당신의 연봉이 자신보다 높다는 사실을 상대방이 이를 인정하지 않고 당신에게 악감정을 품기도 한다.

개인 사생활: 누구나 남에게 알리고 싶지 않은 비밀 한 가지쯤은 가지고 있다. 동료, 고객, 상사와의 관계가 아무리 좋다고 해도 절대 당신의 비밀을 함부로 털어놓아선 안 된다.

회사 업무와 아무런 관계가 없다고 해도 나쁜 마음을 품은 자에 의해 당신의 사생활이 이용될 여지가 있다. 친한 지인 한 명에게만 털어놓은 비밀이라도 안심할 때, 이미 그 비밀은 회사 전체에 퍼져 있을 것이다. 당신의 이미지 훼손뿐만 아니라, 결정적인 순간에 당신을 공격할 무기가 되어 당신을 사지로 몰아세운다. 앞날을 전혀 예측하기 어려운 직장 내에서 자신의 사생활은 철저히 보호되어야 한다. 결코 다른 사람의 입에 자신의 사생활이 오르내리는 것을 막아라.

자산과 가족 상황: 불필요한 마찰을 피하기 위해서는 당신이 가진 자산과 가족 상황들에 대해서도 함구하라.

사람과 사귀는 과정에서 상대에게 알릴 정보와 감출 정보를 구분하는 눈을 키워야 한다. 당신이 가진 모든 패를 상대에게 보이는 순간 당신은 그저 상대방에게 끌려 다닐 수밖에 없다. 곳곳에 도사리고 있는 함정을 피하고, 자신이 원하는 정보를 얻기 위해 반드시 독해져야 한다.

난처한 상황을
피하지 마라

살아가면서 우리는 난처한 상황에 부딪치는 경우가 종종 발생한다. 당신이 아무리 총명하고 재기가 넘친다고 하여도 당혹스러운 상황은 언제나 발생하기 마련이다. 사실 이는 그다지 겁낼만한 일은 아니다. 난감한 상황을 만나고 이를 헤쳐 나가면서 우리는 빠르게 성장하고 다양한 삶의 이면을 엿볼 수 있기 때문이다. 난처한 상황에 처했을 때, 허둥대서나 두려워 마라. 침착하고 덤덤하게 이를 받아들이는 자세가 필요하다. 일부 "독종"이라고 불리는 사람들은 난처한 상황 속에서도 침착함을 잃지 않는다. 심지어 그들은 이런 상황이 자신을 보다 한 단계 성장 시키는 계기가 되리라는 것을 직감적으로 안다.

가장 곤란한 상황이라고 하면 대부분 '아부'를 꼽는다. 현재 처한 상황 때문에 아부를 해야 하는 처지라면 어쩔 줄 모르며 당혹스러움을 느끼게 된다. 반대로 상대가 당신에게 과한 칭찬과 아부를 퍼붓는 상황이라면 그때 역시도 좌불안석일게 분명하다. 그러므로 상대에게 아부를 늘어놓거나 그 반대의 상황이 연출되는 것을 피하는 것이 좋다. 상대방의 비위를 맞추는 일은 지양해야 할 일이지만 상대방의 기분을 헤아릴 줄 아는 적정 수준의 칭찬이라면 오히려 두 배의 효과를 낼 수 있다.

문제는 그 적정 수준을 지키기가 어렵다는 것이다. 현실감이 전혀 없는 과한 아부는 오히려 상대의 반감을 사게 되고, 상대방을 곤혹스럽게 만든다. 아부에도 기술이 필요하다. 무작정 들이대는 아부라면 상대의 호감은 커녕 도리어 화를 입게 된다. 사건의 중요한 핵심을 찾아내어 진심을 담아 당신의 마음을 전달한다면 상대방의 호의를 끌어낼 수 있다.

상대의 상황에 맞는 적절한 대화법이 필요하다. 상대의 마음을 꿰뚫어 보고 상대가 듣고 싶어 하는 말을 들려줘야 한다.

일반적으로 아부는 세 가지 단계로 나뉜다.

첫째, 상대의 장점을 이야기하라.

둘째, 그 장점으로 인한 효과를 설명하라.

셋째, 두 사람 사이에 형성된 긍정적 감정의 흐름을 캐치하라.

이러한 자연스럽고 진실된 칭찬을 건넸을 때 당신이 원하던 목적을 이룰 수 있다. 자연스러움에 초점을 맞추어야 성공적인 대인관계 형성이 가능하다. 살아가면서 반드시 명심해야할 규칙이 있다. 우선 상대를 편하게 해야만 당신도 원하는 것을 얻을 수 있다!

진실된 마음을 담아 칭찬을 건넸지만 상대방이 이를 부담스러워 한다면 당신은 어떻게 대응하겠는가? 우리는 종종 생각과는 다른 방향으로 일이 흘러가는 경우를 목도한다. 당신의 호의를 오해하고 당신에게 이빨을 드러내는 상대방에게 화를 낼 것인가? 뛰어난 소통 능력을 보이는 사람들은 지혜롭게 이를 대처하며 상황을 반전시킨다. 일부러 당신을 곤란하게 만드는 사람도 물론 존재한다. 그때 놀라며 두려움을 참지 못하는 사람이 있는가 하면 이를 도약의 발판으로 삼는 사람도 있다.

▲ 모호한 태도는 슬기롭게 이 세상을 헤쳐 나가는 방법이다.

상대방에 의해 난처한 상황에 빠졌을 때, 일의 승패를 좌우할 정도의 심각한 문제가 아니라면 당황하지 말고 모호한 태도를 보여라. 이는 당신의 관대함을 보여주며 상대에게 당신의 인간적 매력을 어필할 기회가 된다. 일일이 하나씩 따지고 든다면 상대가 바라던 대로 당신의 이미지는 훼손되고 속 좁은 사람으로 전락할 뿐이다.

▲ 타인의 지혜를 빌려라.

자신만의 능력으로 해결하기 어려운 일이라면 다른 사람에게 도움을 청할 때 당신은 보다 성장할 수 있고 더 큰 성공을 거둘 수 있다. 곤란한 상황에 처했을 때도 마찬가지다. 믿을 만한 사람의 지혜를 빌린다면 생각지도 못한 소득을 얻을 수도 있다. 제3자가 직접 나서 모든 일을 해결해 준다면 당신은 어부지리로 가만히 앉아 이 상황을 벗어날 수 있다.

▲ 말이 아닌 행동으로 증명하라.

사람은 누구나 이성적인 판단이 가능하기 때문에 굳이 해명하지 않아도 옳고 그름을 가려낼 수 있다. 그러므로 굳이 말로 해명하려고 들지 말고 행동으로 증명하라. 주위에서 상황을 지켜보던 사람들 모두 이성적으로 이 상황의 본질을 이해하게 될 것이다. 이보 전진을 위한 일보 후퇴임을 잊지 마라.

▲ 사람의 마음을 얻어라.

예로부터 인심을 얻는 자가 천하를 얻는다고 했다. 민심이 당신 편이라면 그들은 기꺼이 당신을 위해 나설 것이다. 고의로 당신을 괴롭힌 상대는 당연히 그 집단과 척을 지게 된다. 집단의 힘으로 현재 처한 상황을 타개하라.

▲ '침묵은 금이다.' 라는 명언을 기억하라.

절제가 미덕이란 말이 있다. 결코 잘못된 상대방의 생각을 바꾸기 위해 신랄한 어조로 비판하고 나서지 마라. 때로는 침묵이 소리를 압도하기도 한다. 침묵이 가장 좋은 해결방책이 될 수도 있지만 오랜 시간 침묵을 지키는 건 바람직하지 않다는 점 역시 명심하라.

▲ 강자라면 유연함으로 승리를 거둘 줄 알아야 한다.

부드러움으로 강함을 이기는 것은 가장 기본적인 소통 방식으로써 당신이 효과적으로 어려움을 극복하는 데 도움이 될 것이다. 당신을 곤란하게 만든 자에게 무턱대고 화를 내기 보다는 이성적으로 그 원인부터 파악하여 돌파구를 찾아라. 원인을 찾아 제거할 수 있다면 적이었던 상대가 오히려 당신의 친구로 돌아설 수도 있다.

마지막으로 긍정적인 태도로 이 상황에 대처할 필요가 있다. 당신 앞을 가로막는 장애물로 인해 당신은 오히려 다른 사람의 주목을 받게 될 수도 있다. 다시 말해 그들은 당신의 발전을 위한 촉매제 역할을 하기도 한다. 이 난처한 상황을 완벽히 극복해낸다면 다른 사람들에게 좋은 인상을 심어줄 수도 있으며 당신의 영향력 또한 커진다. 그러므로 당신을 방해하는 그들 역시 당신의 인맥 가운데 반드시 필요하다.

PART 9

감정 컨트롤

사람은 마치 허수아비처럼 상대의 손짓에 사랑에 빠지기도 한다. 보편적 가치를 깨달을수록 자신이 원하는 게 무엇인지 알게 된다. 우리 주변을 살펴보면 동료, 부모 자식, 사랑 등 다양한 감정이 존재한다. 사랑하는 연인 앞에서는 심장 박동수가 빨라지고, 원수를 마주 보면 가슴이 차갑게 식는다. 우리는 언제나 감정의 지배를 받는다. 감정 컨트롤은 상대의 감정을 속박하는 것이 아니라 서로 공명할 수 있는 방법을 찾는 길이다.

달콤한 말

사람은 누구나 각기 다른 모습으로 존재한다. 키, 외모, 피부색인 외적 요소뿐만 아니라 가치관, 신앙, 관념인 내적 요소로 우리는 서로를 분류한다. 하지만 우리는 하나의 인간으로서 영원히 변하지 않는 공통점을 지닌다. 바로 감정을 느끼거나 그 감정을 서로 공유하고 공감할 수 있다.

감정은 사람의 행동, 생활 방식 및 소통 방식의 변화를 이끌어 낸다. 감정은 사람들의 정서를 제어하고, 사람이 세상을 바라보는 도구이자 루트가 되기도 한다. 또한 사람이 외부 세상과 소통할 때 느끼는 감각을 통제하기도 한다. 우리가 보고 듣고 생각한 것 위에 감정의 색을 입혀 대인 관계 형성이 큰 영향을 끼친다. 무엇을 말해야 하는지, 어떻게 말해야 하는지 알려주는 일종의 이정표 역할을 한다.

타인과 교류하는 과정에서 우리는 감정을 느끼고 이 감정은 교류에 영향을 끼치기도 한다.

우리는 눈을 통해 세상을 바라보고, 귀로 상대방의 말을 듣지만 자신의 감정을 거쳐 비로소 이 모든 것들을 받아들이게 된다. 우리가 외부에 대한 모든 반응은 감정에 의해 이뤄진다. 즉, 감정은 우리의 대인 관계 형성에서 가장 중요한 역할을 한다. 우리는 즐거움을 느낄 때 적극적으로 이를 받아들이고 이에 반응한다. 하지만 부정적인 감정을 느끼게 되면 부정적인 반응을 보인다.

우리는 이렇게 세상을 바라보고 느끼는 감정을 조절할 수 있다. 그러므로 감정을 통해 자신의 매력을 어필하고 더 빠르고 효과적으로 자신의 목표를 이뤄나가야 한다.

올해로 37살이 되는 라이라이(Rylai)는 뉴욕에 거주하는 실력 있는 재정고문이다. 그녀가 어떻게 살벌한 이 약육강식의 세상에서 살아남은 것일까? 어떻게 약삭빠른 고객들을 한 손에 쥘 수 있었을까? 그 쟁쟁한 적수들을 어떻게 물리친 것일까? 그녀는 문제에 직면했을 때 회피하거나 저돌적으로 돌진하지 않았다. "당신이 상대방의 감정을 읽을 수 있다면 보다 유연하게 자신의 능력을 발휘할 수 있을 겁니다. 그러면 상대와의 협력과 경쟁에서 더 주도적인 역할을 할 수 있죠."

라이라이의 말은 깊은 울림을 준다. 감정은 대인관계 형성에서 점차 중요한 역할은 한다. 설사 상대방에서 진심으로 다가설 마음이 생기지 않더라도 '지혜롭고 현명한 언어'를 이용하여 상대에게 당신의 진심을 전달하라. 상대의 공감을 산다면 분명 상대방의 호감을 얻을 수 있다. 흔히 말하는 '감언이설'이 바로 '지혜롭고 현명한 언어'의 다른 말이다. 이것이 바로 성공적인 감정 교류의 핵심이다.

상대가 듣기 좋을만한 달콤한 언어를 통해 쉽게 상대의 마음을 얻을 수 있다. 듣기 좋은 말은 사람을 행복하게 만든다. 서로가 열렬히 사랑하여 결혼에 골인하지만 시간이 지날수록 서로 사랑했던 감정은 옅어지고 점점 서로에서 소원해진다. 과연 그 이유가 무엇일까? 결혼 후와 연애 초기의 가장 큰 차이점은 바로 더 이상 상대에게 달콤한 사랑의 말을 건네지 않는다는 것이다. 당신은 아마 연애 시절부터 수없이 달콤한 말로 상대방에서 사랑을 고백했기에 이제는 더 이상 할 필요가 없다고 말할지 모른다. 게다가 서로의 사랑을 확인한 마당에 더 이상의 사랑의 고백은 무의미하다고 말한다. 그러다보니 서로의 귓가에 속삭여주던 사랑의 말소리도 줄어들고, 두 사람 간의 감정도 점차 메말라 간다. 서로 다투는 횟수는 이에 반비례해 점차 늘어난다. 우리는 반드시 감정이 주는 자극에 대해 진지하게 생각해야 한다. 상대방과 대화를 나눌 때, 상대와 가장 공감할 수 있는 화제를 찾아 그들의 감정을 자극할 수 있는 말을 전한다면 상대의 호감을 살 수 있다.

▲ 달콤한 말은 일종의 윤활제다.

달콤한 말은 상대를 위하는 마음이 담긴 언어를 일컫는다. 상대방을 향해 과거가 아닌 현재를 공략하라. 상대방이 얼음같이 차가운 태도로 마음의 빗장을 걸어 잠그고 있다고 하더라도 당신이 계속해서 달콤한 말을 건넨다면 분명 상대방의 마음의 문을 열수 있을 것이다.

▲ 요점에서 빗나간 말이라도 쓸모없는 건 없다.

연애할 때 사람들은 상대방을 향해 끊임없이 사랑을 속삭인다. 그중에는 분명 아무 의미 없는 말들도 있을지 모른다. 하지만 내뱉는 말 하나하나 연인만을 위한 사랑의 메시지가 담겨있다. 설사 쓸모없는 말일지라도 그 안에 담긴 위력을 무시해선 안 된다. 상대방의 마음을 흔들기 충분하다. 우리가 쓸모없다고 여기는 말들 역시 상대방의 마음을 자극하여 서로의 친밀도를 높일 수 있다.

하지만 결혼을 하고 난 부부에게 있어 서로에게 사랑을 속삭이는 것은 이미 과거의 일이 되어 버렸다. 대부분의 부부는 상대방에게 굳이 쓸데없이 사랑을 속삭일 필요가 없다고 생각한다. 연애 시절 이미 상대에게 달콤한 사랑의 고백을 전하며 서로 간의 감정이 견고해졌기 때문에 더 이상의 말은 불필요하다고 여기며, 단조로운 삶을 이어간다. 부부 간에는 아무런 감정도 실리지 않은 '일반적인' 대화만 이어지고, 감정이 담긴 '쓸데없는' 대화는 점차 줄어들게 된다. 시간이 지날수록 대화를 나누는 즐거움은 사라지고 공통된 화제조차 찾지 못한다. 결혼 후의 삶은 점차 단조로워지고, '결혼은 곧 무덤이다' 라고 느끼게 되는 것이다.

'쓸데없는 말' 이지만 진실한 감정이 담겨 있기에 연애를 할 때나 직장에서나 서로 간의 친밀감을 높이는 데 중요한 역할을 한다.

▲ 적절한 농담은 성공적인 소통을 위해 반드시 필요하다.
개성과 개인의 매력을 강조하는 시대에 유머와 농담은 반드시 수반되어야 한다. 마치 우리 삶의 영양제처럼 평범한 일상에 활력을 불어넣어 주며 보다 유쾌하고 매력적인 삶을 선사한다. 하지만 상대의 기분을 다운시키는 블랙 코미디는 지양해야 한다.

치명적 무기

우리 주변을 살펴보면 유독 사람들의 사랑을 받는 이들이 있다. 여성들이 꿈꾸는 이상형이자 남성의 존경을 받는다. 최고의 신랑감이란 평을 들으며 성공적인 대인관계를 이어나간다. 대체 그 이유가 무엇일까?

도대체 그들이 보여준 '독함'의 정체는 무엇일까?

절세미남은 아니지만 단정하고 준수한 외모의 소유자다. 남들보다 월등히 뛰어나지는 않지만 남들을 포용할 줄 아는 따뜻한 마음씨를 가졌다. 직장 내에서도 언제나 강한 호승심에 자기 맡은 바 일을 착실히 수행할 줄 알며, 여자에게 친절하게 대할 줄 안다. 이 밖에 과연 또 무엇이 있을까?

첫째, 그들은 절대 남에게 인색하게 굴지 않는다.

사람들 특히 여성과 교류 할 때, 모든 일에 대범하게 행동한다. 절대 여성과 더치페이를 하는 법이 없지만, 그렇다고 과한 여성의 요구를 무절제하게 들어주지도 않는다. 그들은 자신만의 원칙을 세워 행동한다. 자신이 감내할 수 있는 범위 내에서 자신의 여자가 최고로 행복을 느끼길 바란다.

그들은 강한 포용력을 지녔다. 자신의 여자와 절대 소리 높여 언쟁을 벌이지 않는다. 언제나 관용적인 태도로 상대방을 감싸 안는다. 하지만 여성이 잘못을 저지른다면 마냥 참고만 있는 게 아니라 그녀가 자신의 잘못을 깨닫고 고칠 수 있도록 도와준다.

둘째, 지인의 사생활과 독립적인 공간을 존중한다.
소위 1등 신랑감이라고 불리는 그들은 언제나 상대방의 의사를 존중한다. 절대 여자를 자신의 부속품처럼 다루지 않는다. 여성의 인격을 존중하고 그녀의 사회생활 및 교우 관계를 지지한다. 자신의 여자가 힘들고 지쳤을 때 그녀의 곁을 떠나기보다는 그녀가 기대어 쉴 수 있는 쉼터가 되기 위해 노력한다.

셋째, 로맨틱 하다.
특유의 세심함으로 상대방의 감정을 살필 줄 안다. 특히 여성의 마음을 잘 읽는다. 그녀가 바라는 걸 재빨리 파악하고 아무리 바쁘더라도 그녀와 많은 시간을 보내려고 노력한다. 아무리 힘들더라도 그녀를 웃게 한다. 자신의 여자를 살피고 보호하고자 하는 그의 사소한 행동 하나하나가 그녀의 마음을 뒤흔든다. 로맨틱하고 세심한 그들은 언제나 자신의 여자를 기쁘게 한다.

넷째, 달콤한 말을 속삭일 줄 안다.
많은 여성들은 남자가 자신에게 사랑을 속삭여 주길 바란다. 똑똑한 남성은 이런 여자의 심리를 제대로 꿰뚫는다. 뛰어난 대인관계를 구축해 나가는 그들은 달콤한 사랑의 고백이 여성의 마음을 쉽게 얻을 수 있는 최고의 방법임을 충분히 인지하고 있다. 적재적소에 짧은 몇 마디일지라도 사랑을 속삭이며 상대의 마음을 얻는다.

다섯째, 성실하고 높은 이상을 품은 자들이다.

자신의 일에서 아무런 성공도 거두지 못하는 남자들의 특징은 의기소침하고 사람들 앞에 잘 나서지 못한다는 점이다. 자존감이 낮은 남자는 결코 여성의 마음을 얻지 못하며, 사회에서 성공하기 쉽지 않다. 이제 막 시작단계라고 할지라도 그를 믿고 주변에 남아 있을 친구도 많지 않다. 하지만 뛰어난 능력을 가진 남성들은 행동으로 자신의 실력을 증명한다. "내 미래에 투자해. 날 선택한 걸 후회하지 않게 해 줄게!"

만약 당신이 여자라면 어떻게 해야 이들의 마음을 움직일 수 있을까?

첫째, 언제나 그를 칭찬하라.

남성에게 있어 자존심은 생명과도 같다. 특히 여자 앞에서 그들은 칭찬을 듣고 싶어 한다. 그가 실의에 빠졌을 때, 적극적으로 위로의 말을 건네라. 사소한 행동일지 몰라도 분명 그의 마음은 움직일 것이다. 그가 큰 성공을 거두었다면 그에게 아낌없는 찬사를 보내 주어라.

반드시 기억하라. 당신의 진심어린 찬사가 그의 마음을 얻는 키워드라는 것을 말이다.

둘째, 적당한 거리를 유지하라.

모든 일을 그에게 의지하지 말고, 신비감을 조성해야 한다. 적당한 거리를 유지했을 때, 그의 관심을 끌 수 있다.

셋째, 당신의 삶에 그가 최고라고 말해주어라.

사람들은 자신이 상대방에게 중요한 사람이길 원한다. 당신에게 그가 정말 중요한 사람이라면 반드시 그 사실을 알려주는 게 필요하다. 동시에 적당히 그에게 의지하며, 보호 본능을 자극할 때, 당신에게 마음이 기우는 그를 느낄 수 있을 것이다.

사소한 부분까지
챙겨라

가장 적은 투자로 큰 효과를 거둘 수 있다는 점이 감정 조절의 오묘함이 아닐까 싶다. 이건 돈으로도 얻을 수 없다. 감정 역시 조절이 필요하다. 특히 사소한 부분도 놓쳐선 안 된다. 사소한 부분의 중요성은 이미 여러 번 언급한 바 있다. 감정 조절에 있어도 사소한 부분이 큰 역할을 차지한다. 조금씩 빗물이 스며들 듯 상대와 감정 교류를 나누다 보면 어느 샌가 눈덩이처럼 커져버린 사랑을 느끼게 된다.

여성은 감성적 동물로 쉽게 사소한 것에 감동한다. 이 점을 공략할 줄 안다면 쉽게 여성의 마음을 얻을 수 있다. 교제를 시작한 날, 생일, 밸런타인데이, 결혼기념일 등 무수한 기념일을 챙길 줄 아는 남자가 돼라. 여성은 비싼 선물을 원하는 것이 아니라. 그저 남자가 자신을 위해 직접 선물을 고르고, 함께 식사하고 영화를 보는 것에도 감동한다. 반드시 진심이 깃들어 있어야 함은 당연하다. 기념일을 적극적으로 챙길 줄 알 때, 서로의 사랑은 더욱 견고해진다.

이는 비단 연인과의 관계뿐만 아니라 회사에서도 마찬가지다.

내가 장강실업공사에서 판매사원으로 일할 때였다. 당시 유명 인사라 차마 쉽게 말을 붙이기 어려운 고객을 만난 적이 있었다. 그녀는 30대의 여성으로 최근에 구입한 별장의 방마다 설치할 전자 기기를 구입하려던 참이라 우리 입장에선 놓칠 수 없는 '대어'인 셈이었다. 하지만 우리 가운데 누구도 그녀에게 물건을 판매하지 못하고 빈손으로 돌아왔다. "갈 필요 없어요. 좀 정신이 이상한 여자 같았어요. 입 한 번 뻥끗도 못 했는데 쫓겨나다니!" 대체 그녀가 왜 그러는지 아무도 그 이유를 알지 못했다.

나는 직접 내가 그녀를 찾아가 보기로 결정했다. 다른 동료가 주말에 찾아간 것과 달리 난 화요일에 방문했다. 많은 사람들이 주말에 가족들과 시간을 보내기 때문에 판매원들의 방문을 달가워하지 않는다. 설사 시간이 된다고 해도 굳이 따로 만나고 싶어 하질 않았다.

문을 열고 나온 그녀를 보자마자 난 내가 날을 잘못 잡았음을 직감했다. 막 외출을 하려던 참인지 정갈하게 옷을 차려입은 그녀는 핸드백을 어깨에 메고 왼손에 열쇠를, 오른손엔 강아지 줄을 잡고 있었다.

난 속으로 짧게 이 상황을 파악한 뒤 겉으로는 태연한 척 말을 걸었다. "안녕하세요. 어제 전화드렸던 장강실업공사의 마케팅 매니저입니다."

그녀는 내 말을 바로 끊더니 말했다. "이런, 어쩌죠? 나가봐야 돼서요. 죄송해요."

"아닙니다. 근데 한 5분 정도 시간 괜찮으신가요?"

그녀에게서 찬바람이 쌩쌩 불었다. "아니요. 지금 내 모습 안 보여요? 나가야 한다고요. 어쩜 사람들이 하나같이 이렇게 고객의 감정은 생각지도 않나요? 하루에 몇 번씩 걸려오는 전화가 얼마나 귀찮은지 아세요?"

난 지금 이 순간 전자 기기 판매 이야기를 절대 꺼내면 안 될 것 같다는 느낌을 받았다. 전자 기기 이야기를 꺼내는 순간 그녀는 아마 화를 내며 나가버릴 것이다. 이때 그녀의 옆에 있던 강아지가 갑자기 크게 두 번 짖는 모습을 본 난 갑자기 좋은 생각이 떠올랐다. 혹여 물릴지도 모른다는 '위험'을 감수하고 몸을 숙여 강아지의 머리를 쓰다듬었다. "키우데 힘들지는 않으세요? 목욕은 매일 시키세요? 저도 최근에 강아지를 기르기 시작했답니다. 근데 어떻게 해야 하는지 잘 몰라서요. 혹 기회가 된다면 여쭤보고 싶은 게 많습니다."

내가 그녀의 강아지를 쓰다듬기 시작했을 때부터 그녀의 차가운 얼음 가면은 깨지고 화사한 태양처럼 환하게 밝아졌다. 이렇게 이야기의 물꼬가 터졌고, 마침내 그녀가 먼저 내게 전자 기기에 대해 묻기도 했다. 난 사소해 보이는 부분을 공략함으로써 그녀를 감동시켰고, 결국 구매 계약을 성공시켰다. 순간의 선택으로 상대방을 감동시킬 수 있다니 신기한가? 사실 신기할 게 전혀 없다. 왜냐하면 내가 공략한 것은 바로 그녀의 감정의 역린이었기 때문이다. 그녀는 애완견을 사랑하고 그에 대한 전문 지식이 풍부했다. 내가 바로 그 점을 파고들었기 때문에 쉽게 자신이 걸어 잠근 마음의 빗장을 풀어낸 것이었다.

이처럼 대인관계 형성에서 사소한 부분은 큰 역할을 한다. 이런 간단한 이치를 깨우친 자만이 성공의 기회를 얻을 수 있다.

습관은
최고의 자산이다

사람은 성격이 그 사람의 운명을 결정한다고 말한다. 그 성격은 바로 우리의 습관에서 비롯됨을 명심하라. 한 조사 결과에 따르면, 사람들의 일상적인 행동의 90퍼센트가 습관과 관성 때문이라고 한다. 평소에 좋은 습관을 기른다면 일상생활 속에서 좋은 습관들이 자연스레 베어 나올 것이며, 시간이 지날수록 점점 성공에 다가서는 자신을 발견하게 된다.

상하이의 뤄(羅) 사장은 일전에 내게 자신의 회사 내부 감사 결과에 대해 말한 적이 있다. 그는 자신의 밑에서 일하는 샤오리(小李)와 샤오자오(小趙)에게 사무실 안에서 먹으라며 피스타치오를 한 봉지씩 주었다. 그런 다음 인사팀장인 샤오주(小朱)를 일부러 불러들여 그들을 잡아들이게 했다.

샤오리는 인사팀장이 자신을 어찌하지 못하리라는 것을 알았다. 설사 팀장에게 걸렸다고 하더라도 샤오리는 태연하게 피스타치오를 끝까지 다 먹었다. 팀장은 그런 샤오리를 한번 쳐다보더니 말없이 돌아섰다. 순간 싸한 불안감이 샤오리를 엄습해 왔을 때, 그의 전화벨이 울렸다. 인사팀에서 급히 그를 찾는 전화였다. 샤오리가 사무실에 도착했을 때, 인사팀장은 샤오리의 책상 위에 해고 통지서를 올려놓고는 당장 짐을 싸서 나가라고 말했다. 물론 이는 뤄 사장의 뜻이기도 했다.

샤오리는 도저히 이 상황이 이해가 되지 않았다. '대체 왜 간식을 조금 먹었다고 자신만 회사에서 해고 돼야 하는 거지? 샤오자오는 아무런 처벌도 받지 않고 말이야!' 그는 인사팀장과 사장에게 이에 대한 설명을 요구했다.

인사팀장이 말했다. "당신 두 사람 모두 근무 시간 내에 회사에서 간식을 먹으면 안 된다는 규칙을 어겼습니다. 하지만 샤오자오 씨는 디자인실에서 먹었죠. 디자인실은 아시다시피 비교적 행동이 자유로운 공간입니다. 고객이 간식을 먹고 있는 직원을 목격한다고 해도 그저 자유분방한 성격을 지녔다고 생각하지 않을까요? 남들과 차별화된 제품을 디자인하는데 필요한 조건이기도 하니까요. 그래서 샤오자오 씨가 디자인실에서 간식을 먹은 건 별문제가 되지 않습니다. 하지만 샤오리 씨는 어디서 간식을 드셨죠? 바로 마케팅실 아니었습니까? 그곳은 매우 규칙이 엄격하게 지켜지는 곳입니다. 조금의 실수로도 회사 전체가 큰 손실을 입을 수 있습니다. 우리 회사를 방문한 고객이 마케팅실에서 근무시간에 간식을 먹고 있는 당신을 보면 대체 뭐라고 생각하겠습니까? 당신의 방만한 근무 태도에 눈살부터 찌푸릴 테고, 결국엔 우리 회사의 업무 효율성을 의심할 겁니다. 이는 곧 우리 회사의 매출 하락에 큰 영향을 미치겠죠."

"제가 간식을 먹는 모습만으로 절대 그렇게 생각할 고객은 없을 겁니다. 그건 비약이에요." 샤오리는 팀장의 말에 전혀 동의하지 않았다.

그때 뤄 사장이 들어오며 말했다. "사소한 습관을 절대 무시해서 안 되지. 마케팅부의 직원으로서 자네는 이런 중요한 부분을 놓치고 있어. 이는 분명 평소에도 진지하게 업무에 임하지 않았다는 증거겠지? 그러니 이만 우리 회사에서 나가주게!"

성공하기 위해선 좋은 습관을 기르는 자세가 필요하다. 성공과 실패를 가르는 가장 큰 기준이 바로 습관에 있다. 습관은 마치 나무와 같다. 묘목이었을 땐 쉽게 뽑히던 나무가 시간이 지나 땅에 단단히 뿌리를 박은 후엔 쉽게 뽑지 못하는 것처럼 습관도 이와 마찬가지다.

길가에 심어져 있는 작은 묘목은 큰 힘을 들이지 않고도 쉽게 뽑을 수 있다. 하지만 이 묘목들이 커다란 나무로 자란다면 과연 쉽게 제거할 수 있을까? 조금씩 커가는 나무는 마치 조금씩 우리 몸에 베이는 습관처럼 쉽게 제거하기 어렵다. 좋은 습관이든 나쁜 습관이든 한번 형성되면 이를 고치기 쉽지 않다. 비슷한 일을 계속 반복하다보면 어느 샌가 습관으로 자리 잡게 된다.

한 유명 기업에서 채용공고를 냈다. 채용 조건이 매우 까다로웠지만 연봉이 높아서 그런지 지원자들이 몰렸다. 그중 2명의 젊은 청년이 여러 단계의 심사를 거쳐 결국 최종 임원 면접에 올랐다.

이 두 지원자는 모두 자신감이 넘쳐흘렀다. 면접이 시작되자마자 사장은 갑자기 일이 있다며 두 사람을 남겨놓고 잠시 자리를 떴다. 사장이 자리를 비우자마자 두 지원자 중 한명이 사장이 앉아있던 책상으로 가 이것저것 만져보기 시작했고, 나머지 한 지원자는 그대로 자신의 자리에 앉아 사장이 돌아오기만을 기다렸다.

잠시 후, 사장이 들어오더니 가만히 제 자리에 앉아있던 지원자에게 말했다. "면접은 끝났습니다. 함께 일하게 돼서 반가워요." 그리고는 옆에 있던 다른 지원자를 향해서는 "유감스럽네요. 다음에 기회가 되면 함께 합시다."라고 말했다. 그는 이 상황을 도저히 받아들일 수가 없었다. "면접은 아직 시작도 하지 않았잖습니까? 대체 왜 저는 불합격인거죠? 이건 불공평합니다!" "아까 두 분의 행동을 지켜봤습니다. 그게 면접이었죠. 저희 회사는 함부로 남의 물건을 만지는 사람은 원치 않습니다." 사장의 말을 들은 그는 순간 머릿속이 하얘졌다.

좋은 습관을 통해 즐거운 삶을 누리고, 성공을 맛볼 수 있지만 나쁜 습관은 한 사람의 인생을 망친다. 지금 불행하다고 느낀다면 당장 자신의 나쁜 습관부터 고쳐라. 그렇지 않으면 성공의 길은 요원할 뿐이다.

기백이 넘치는
사람이 되라

기백이 넘치는 사람은 언제나 자신만의 매력을 뽐낸다. 언제나 행동거지가 바르고 품위를 유지하며 박학다식하여 주위 사람들에게 신뢰감을 준다. 그들은 마치 밝게 빛나는 태양처럼 주위를 환하게 비추며 따스하게 사람들을 감싸 안을 줄 안다.

캘리포니아에서 농장을 운영하는 우례웨이(屋列維) 씨는 기백과 도량이 넘치는 인물로 자신의 불평불만을 쉽게 드러내지 않는다. 그의 밑에서 일하는 직원들은 종종 그에게 불만을 토로하곤 한다. 그가 지난 달 월급을 떼어 먹었기 때문이 아니다. 물론 그런 일도 없다. 직원들은 농장 밖의 길이 울퉁불퉁하여 차를 몰고 지나다닐 때마다 쉽게 도랑에 빠진다며 투덜대었다.

직원들이 불만을 늘어놓을 때마다 우례웨이 씨는 그저 미소 지으며 잠자코 듣고만 있을 뿐이었다. 평안해 보이는 그의 모습에 궁금증이 일었던 난 그에게 화가 나지 않느냐고 물은 적이 잇다. 그때 그는 웃으며 대답했다. "그들이 내게 불만을 토로하는 건 내가 그들에게 믿을 만한 사장이란 뜻이 아니겠습니까? 그들은 내게 불만을 털어놓음으로써 마음의 안정을 찾는 거죠."

주변 가까운 지인들에게 자신의 불만을 털어놓는 것은 일종의 신뢰와 우정의 표현이자 그들에게서 위안을 찾고자 하기 때문이다. 그러므로 상대의 투정에 민감하게 반응하지 말고, 차분하게 경청한다면 그들에게 위안을 줄 수 있을 것이다.

지인이 당신에게 약한 모습을 보인다면 당신은 과연 어떻게 행동하겠는가? 당신의 선택에 따라 상대방과의 친분 정도가 달라진다. 당신 곁에서 마음의 안정을 찾게 된다면 그는 분명 당신에게 고마움을 느끼게 될 것이다. 심지어는 "네가 원하는 것이라면 뭐든 들어줄게.", "너와 결혼하고 싶어."라고 생각할지 모른다.

이 세상에 누구도 천하무적은 아니다. 누군가 실의에 빠졌거나 괴로워할 때, 두 팔 벌려 그를 어둠 속에서 구해 내라. 당신에게 자신의 괴로움을 토로하고 당신 앞에서 약한 모습을 보일 때, 따스하게 그의 어깨를 감싸준다면 당신은 상대방의 신뢰를 얻을 수 있다.

도량과 기백이 넘치는 사람은 마음이 화해와 같이 넓으며 대범하다. 그들은 쉽게 타인의 신뢰를 얻기도 하며 그 자신도 역시 타인을 잘 믿는다.

로스앤젤레스에서 진행했던 수업시간에 나는 수강생들에게 다음과 같이 질문한 적이 있었다. "종종 약속을 어기는 사람과 친구가 될 수 있나요?"

"음... 아니요!" 수강생 중 한 명이 대답했다. "대체 그 사람의 뭘 믿고 친구가 되죠? 약속을 어기는 건 일종의 사기입니다. 전 신의를 중요시 여겨요. 쉽게 약속을 지키지 않는 사람과는 어울리고 싶지 않습니다."

"약속했다면 반드시 지켜야 한다고요? 그럼 실언을 한 사람은요?" 수강생들은 내 질문의 답을 찾기 위해 고민했다.

완벽함을 추구하는 또 다른 수강생 한 명이 여전히 단호한 말투로 말했다. "반드시 지켜야죠! 전 제가 한 약속은 언제나 지킵니다. 지키지 못한다면 아마 쉽게 용서하지 못할 것 같아요."

하지만 사람은 로봇이 아니다. 살아가면서 사소한 실수 하나 하지 않는 사람은 없다. 내일이 되었을 때 갑작스레 전혀 예상치 못한 일들을 마주하게 될지도 모른다. 상대방이 예고치 못 한일로 약속을 어기게 되었을 때, 실망하거나 화를 내기 보다는 그의 입장에 서서 그를 이해하기 위해 노력하라.

"일이 너무 바빠서 그 일을 잊었을 수도 있잖아요? 기분이 싱숭생숭하여 그 일을 신경 쓰지 못했을 수도 있어요." 상대가 약속을 지키지 않았다고 무턱대도 그를 찾아가 잘잘못을 따져선 안 된다.

도량이 넓은 자는 상대방의 사소한 실수를 꼬투리 잡아 따지지 않는다. 포용적인 태도로 상대의 실수를 너그러이 용서할 줄 안다. 그는 자신이 원하는 게 무엇인지, 일의 본질이 무엇인지 제대로 꿰뚫고 있으며 사소한 일에 목숨 걸지 않는다. 20년 전, 난 옆집에 놀러가 몰래 책을 훔쳐 오려던 적이 있었다. 그때 옆집 아저씨는 내가 몰래 가져가려던 그 책을 기꺼운 마음으로 내 손에 쥐어 주었다. 그리고는 내 아버지에게 학구열이 높은 아들을 두어 부럽다며 껄껄 웃으셨다. 도량이 넓은 자는 타인의 존중을 받는다. 그들은 잘못된 문제를 바로잡을 뿐 아니라. 길을 잃은 당신을 올바른 방향으로 이끌어 주기도 한다.

"어느 날, 아무것도 할 수 없는 자신을 발견했을 때, 기백과 도량을 가진 사람이 되기 위해 힘써 보세요." 나는 수강생들에게 마지막으로 한 마디를 던졌다. "아마 처음에는 이게 맞는 길인가 의문이 들지 모릅니다. 하지만 시간이 지나면 알게 될 거예요. 당신의 진면목을 알아본 사람들이 스스로 당신 곁으로 몰려들며 당신의 든든한 편이 되어 줄 겁니다. 도량을 지닌 자는 상대방을 끌어들이는 신비한 힘이 있거든요."

PART 10

생존 수업

생존을 위해 반드시 익혀야 할 생존 기술

두려움을
이겨내라

"내가 과연 이걸 할 수 있을까?"

실패가 무섭다고 아무것도 시도하지 않은 채 뒷걸음치는 심약한 사람이 되지 마라. 마치 땅이 꺼질까 무서워 길을 나서지 못하는 것과 다를 게 무엇인가? 성공하고 싶다면 가장 먼저 두려움을 이겨내야 한다.

많은 사람이 일을 해보기도 전에 두려움부터 느낀다. "이 일을 실패하면 어쩌지? 분명 날 비웃을 거야. 민망해서 얼굴을 들고 다닐 수나 있을까?" 사람들은 최악의 결과를 떠올리며, 눈을 감고 귀를 닫으며 제대로 일의 본질을 바라볼 생각조차 않는다. 이렇게 계속 피하다보면 결국 그 일은 실패로 끝나기 마련이다.

"매우 어렵다던데! 난 못해!"

"나보고 그 일을 하라고? 분명 다들 날 비웃을 거야"

"다른 사람의 웃음거리가 되느니 그냥 조용히 쥐 죽은 듯이 살래."

이런 생각을 하는 사람은 아마 무슨 일을 하든 성공하지 못할 것이다. 적어도 지금 이 순간까지 항상 실패하는 인생만을 걸어왔을 게 분명하다.

최선을 다해 싸웠지만 전쟁에서 패배한 장군은 절대 부끄럽지 않다. 싸워보지도 않고 백기를 든 병사야 말로 겁쟁이다. 일의 승패는 결과만 가지고 따질 수 있는 게 아니다. 당신이 그 일을 해내기 위해 애써온 매 순간과 과정이 일의 승패를 가늠하기도 한다. 패배가 두려워 싸우지도 않고 투항한 병사가 바로 인생의 진정한 패배자이다.

내 강의를 듣기 위해 베이징에서 찾아온 한 수강생이 있었다. 좋은 사업 아이템을 가지고 있었지만 실패가 두려워 결국 창업에 도전하지 못했다고 한다. 그는 항상 입버릇처럼 말했다. "완벽하게 창업 준비가 되지 않으면 그냥 월급쟁이로 살래." 그는 자신이 말한 '완벽한' 준비가 될 때까지 기다렸다. 1년이 지난 후, 그가 기다리고 기다리던 기회가 찾아왔지만, 그가 뛰어들고자 했던 시장은 이미 포화상태로 창업을 해봤자 손해만 날 뿐이었다. 매우 낙심한 그는 오랜 시간 동안 제대로 된 일자리를 찾지 못했다.

마음속에 두려움을 품고 있다면 당신은 한 발자국도 내딛지 못할 것이다. 달콤한 성공의 열매를 맛보고 싶다면 절대 다른 사람의 시선을 의식하지 마라. 이해득실에 너무 연연하지 말고, 실패를 두려워 마라. 실패는 부끄러운 게 아니다. 성공을 위해 돌진하는 당신은 그 어떤 장애물도 두려워 할 필요가 없다.

살아가면서 만나는 역경과 좌절은 인생의 스승이다. 당신이 두려워하면 할수록 더욱 호되게 다가오게 된다. 하지만 용감하게 이에 맞선다면 귀중한 경험을 얻을 수 있을 것이다. 무섭다고 도망치지 않고 당당하게 맞설 때 당신은 더욱 단단해질 수 있다.

항상 꽃길만 걷는 사람은 없다. 성공한 자 역시 수많은 역경과 도전을 마주했다. 하지만 대체 어떻게 성공할 수 있었을까? 그들은 강인한 정신력을 바탕으로 자기 자신을 믿었다. 고난이 다가올수록 더욱 단단해졌고,

거대한 산처럼 물러설 줄 몰랐다. 하지만 두려움으로 가득 찬 사람은 고난 앞에서 더욱 움츠러들었고, 고난은 더 배가 되어 그들을 덮쳤다. 결국 주저앉아버린 그들에게 남은 건 겁쟁이란 비웃음뿐이었다.

상상해보라. 아무런 어려움 없이 손쉽게 눈앞의 모든 일을 처리할 수 있다면 그들은 자신의 잠재력을 알 수 있었을까? 진정한 고난을 마주치게 되면 이에 대응할 능력과 경험이 없는 그들은 결국 표류하고 말 것이다.

의지가 약한 사람은 큰일을 시도해보려는 마음조차 없을뿐더러 사소한 일이나 큰일 모두 하찮게 여기는 경향이 있다. 시간이 지날수록 그 어떤 일도 하고 싶어 하지 않는다. 이해득실을 따지고 두려움을 안고 살기 때문에 언제나 성공을 향한 발걸음을 내딛길 주저한다.

그러므로 두려움을 이기기 위해서는 마음의 평상심을 키워야 한다. 누구나 회사에서 사장의 인정을 받고 싶어 한다. 하지만 일단 사장의 눈 밖에 났다고 생각하는 순간 그들은 의기소침해지고 더 이상의 노력을 포기한다. 이것이 바로 이해득실을 따지고 두려움을 안고 사는 사람의 특징이다. 사실 성공은 수차례의 실패가 누적되어 이뤄지기 때문에 충분히 노력을 기울인다면 결국 성공을 거머쥘 수 있을 것이다.

살아가면서 매일 평상심을 유지하도록 노력하라. 설사 눈앞의 기회를 놓쳤다고 하더라도 그것 역시 자신의 능력과 인맥의 일부분이다. 긍정적인 태도로 자신을 바라볼 때 두려움을 극복할 수 있다.

상실감을
극복하라

두려워서 아무것도 안 하고 물러서다 보면 깊은 상실감만 남을 뿐이다.

린다(Linda)라는 이름의 수강생은 자신의 인생은 실패했다며 깊은 상실감에 빠졌다.

"난 왜 이렇게 재수가 없지? 대체 왜 내가 가고 싶어 하는 회사는 전부날 채용하지 않는 거야? 다들 눈이 잘못된 거 아냐?" 그녀는 언제나 사회가 불공평하고 생각했다.

린다는 처음에 IT회사의 비서로 일을 했었다. 그녀가 모시는 상사는 그녀 눈에 '세상에서 둘도 없는 변태'였다. 상사에게 비서란 항상 그가 부르면 언제든지 달려와야 하며, 아침 일찍 출근해 밤늦게까지 일하며 자신이 필요한 모든 것을 알아서 해결해 주는 존재라고 생각했다. 하지만 린다의 생각은 전혀 달랐다. 자신은 명문대를 졸업한 우수 인력으로서 그에 마땅한 대우를 받아야 한다고 생각했다. 물을 떠다 바치는 이런 하찮은 일은 자신에게 전혀 어울리지 않는다고 여긴 그녀는 1달 후 다른 회사로 이직했다. 기획팀에 입사하게 된 린다는 매일 고층 건물을 뛰어다니며 가슴 가득 자부심을 느꼈다. 마침내 자신이 원하던 일을 찾은 것만 같았다. 하지만 잦은 야근에도 불구하고 매번 사장에게 혼나기만 하자 그녀는 큰 상실감에 빠졌다.

26살의 그녀는 똑같은 일을 매일 반복하는 단순 업무에 실증을 느꼈지만, 그렇다고 전문성을 지닌 업무는 감히 무서워 도전하지도 못했다. 매번 노력했지만 항상 현실의 벽에 부딪치는 그녀는 점차 의기소침해졌고, 소극적으로 변해갔다. 자신이 좋아하는 일을 찾게 되면 목표와 이상을 함께 이룰 수 있게 되리라 믿었던 그녀는 결국 아무것도 이루지 못하고 상실감에 빠져 허우적댈 뿐이었다.

우리는 대체 왜 상실감을 느끼는 것일까? 대체 상실감이란 어떤 감정인가?

상실감은 일종의 복잡한 부정적 감정의 표출이다. 현실의 벽에 부딪쳤거나 가고자 하는 방향을 잃었을 때 나타난다. 처음에는 고뇌, 낙심, 고민, 후회, 자책, 불안 등의 감정을 느끼게 되고 정도가 심해지면 절망감과 함께 자살을 생각하기도 한다.

강한 상실감은 삶의 즐거움을 앗아간다. 고통 속에서 그 어떤 변화도 원치 않으며 위기를 극복하고자 하는 의지가 사라진다. 자신이 '무엇을 해야 하는지' 조차 서서히 망각하게 되며, 결국 삶에 대한 의욕을 잃게 된다.

"내가 대체 무엇을 위해 사는 걸까?"
"죽으면 다 해결 될 거야."

상실감 속에 허덕이던 사람 중 그 화살을 타인에게 돌리는 이도 있다. "너 때문에 내가 이렇게 됐어. 너도 나랑 같이 죽자!" 상실감이 심해질수록 더한 비극을 낳는다.

상실감을 느낄 때마다 자신에게 되물어 보아라.

"대체 무엇 때문에 상실감을 느끼게 되었을까?"

"지금 이게 맞는 걸까?"

"난 어떻게 해야 하지?"

자신이 상실감에 빠졌음을 인지한 그 순간 더 이상 자신의 감정을 좀먹지 않도록 자신을 다잡아라. 그럼 어떻게 해야 상실감에서 벗어날 수 있을까?

첫째, 흔들리는 마음을 바로 잡고, 용기를 가지고 현실을 직시하라. 상실감은 이상과 현실 간의 괴리에서 비롯된다. 강한 상실감을 느끼는 사람은 현실을 똑바로 마주하지 못하고 자신의 과거 속에 숨어버린다. 잘나가던 과거의 자신 속에 숨어버릴수록 현실에서의 상실감은 더 커질 뿐이다.

당신의 과거가 얼마나 멋지던 간에 그건 이미 지나간 일이다. 다시는 지나간 과거의 환상에 얽매이지 마라. 우리에게 필요한 것은 미래를 바라보는 자세다. 비록 지금 처한 상황이 힘들고 괴롭다 할지라도 이를 극복하고자 노력한다면 충분히 헤쳐 나갈 수 있다. 그러므로 용기를 가지고 현실에 맞서 싸워라. 절대 현실 앞에 굴복하지 마라.

둘째, 이성적으로 판단하라. 현실과 이상의 괴리가 발생했을 때, 괴로워하거나 실패만을 곱씹어선 안 된다. 속상한 마음을 훌훌 털어버리고 새로운 '목표'를 다시 설정함으로써 삶의 의지를 다잡는 것이 중요하다. "실패는 당연해. 열심히 노력하면 조만간 성공할 수 있어." 계속해서 이렇게 자신에게 되새긴다면 상실감에서 벗어날 수 있으며 오히려 삶의 의지를 키울 수 있다.

셋째, 조금의 후회도 느끼지 않도록 최선을 다해라. 자신의 목표를 이루기 위해 어떤 어려움에도 굴복하지 않고 두려움 없이 맞서 싸운다면 상실감 따위는 충분히 극복 가능하다.

현실에서
도피하지 마라.

　보고 싶은 현실만 보고, 안전한 곳으로 도망가려고 한다. "아, 잊고 있었어. 미안해, 다른 사람을 찾아봐!" 그들은 언제나 즐겁게 놀 궁리를 하면서 저런 식으로 책임을 피해 간다.

　심리학 용어 중 '타조 증후군' 이란 말이 있다. 위험을 만나면 모래 속에 머리를 파묻는 타조의 행동을 두고 생겨난 말이다. 타조는 자신의 눈과 귀를 가리면 위험에서 벗어날 수 있다고 믿었다.

　'타조 증후군' 은 일종의 현실 도피로써 문제를 제대로 직시하지 못하고, 보고 싶은 현실만 바라보는 나약한 사람에게서 나타난다. 심리학자는 연구를 통해 현대인 대부분이 이 증후군을 앓고 있다고 말했다. 자신의 힘으로 어찌할 수 없는 현실적 문제 앞에서 일단 도망가려는 사람들이 늘고 있다. 문제를 알고도 외면해버리면 오히려 심각성이 더 커지고 처리하기 어려워진다.

　타조처럼 인생의 막다른 길목에서 눈과 귀를 막고 현실을 도피하려고만 한다면 그 결과는 참담할 것이다. 인간의 의지만 가지고는 위험을 이겨낼 수 없다. 위험이 다가오면 당당하게 마주하고 적극적으로 대응방법을 찾아 그 책임을 져야만 위기를 기회로 만들 수 있다. 현실 도피는 결코 문제 해결 방안이 될 수 없다. 책임을 회피하면 당신은 그 일의 이익과 기회조차 함께 잃게 되는 것이다.

장애와 고난은 길가의 흔한 돌멩이처럼 곳곳에 숨어있다. 고난이 닥쳤을 때 도망만 친다면 순간의 안녕을 꾀할지는 모르겠지만 영원히 자기 자신을 넘어설 수 없으며 성공의 기회마저 사라진다.

갑작스레 찾아온 위기 앞에서 우리는 적극적인 태도로 맞서야 한다. 아직 사건을 만회할 시간적 여유가 있다면 과감하게 나서 응당 져야할 책임을 져라. 그래야만 손실을 최소화할 수 있다. 어려움 앞에서 "이건 내 책임이 아니야."라고 변명하고 '타조'처럼 행동한다면 더 큰 화를 불러일으키게 된다.

"자신의 실수에 대해 변명만 늘어놓는 건 멍청한 사람이나 하는 짓이다."라는 말이 있다. 더 멍청한 사람은 누구인지 아는가? 바로 자신의 실수를 남에게 떠넘기는 자이다.

마이커(麥剋)는 이번 과목에 새로 들어온 신입 수강생이다. 그의 이야기를 들어보자.

"전 지금 매우 후회돼요." 자신의 이야기를 풀어놓는 그는 자신의 행동을 후회한다고 말했다.

마이커는 소프트웨어 회사의 팀장이었다. 그는 이번에 자신의 부서 팀에 까다로운 업무가 주어질 거란 정보를 미리 입수했다. 완벽하게 임무를 완수한다면 승진도 바라볼 수 있는 일이지만, 실패한다면 그 피해가 어마어마했다. 그래서 그는 그 업무를 하달받기 하루 전 회사에 휴가를 신청함으로써 몸을 피하기로 결정했다. 이튿날, 그의 부서에 업무가 주어졌고, 그는 휴가를 핑계 삼아 숨어 있었다. 마이커가 휴가를 냈기에 과장이 직접 업무를 하달 받았다. 팀장에게 전달하라는 상사의 명을 받고 마이커에게 연락했지만 그는 병을 핑계로 모든 일을 과장에게 떠넘겼다.

결국 이 업무는 실패로 끝나고 말았다. 회사의 추궁이 두려웠던 마이커는 변명거리를 찾기 시작했다. 당시 자신은 휴가로 자리를 비운 상태라서 일이 돌아가는 구체적인 상황을 전혀 몰랐으며, 모든 것은 과장이 알아서 처리했다고 말할 생각이었다. 모든 일의 책임을 과장에게 떠넘기고 자신은 책임 추궁에서 빠져나갈 여지를 만들었다. 마이커가 자신의 책임이라고 당당하게 나섰다면 강직이나 감봉으로 끝날 수 있는 일이었지만, 그는 결국 과장을 희생양으로 삼기로 결정했다. 하지만 그의 이야기를 들은 회사 임원들은 마이커의 인성에 의문을 품기 시작했다. 책임을 회피하기 위한 수법일지 모른다고 생각한 임원들은 팀워크가 깨질까 봐 걱정하며 다시는 그에게 어려운 업무를 맡기지 않았다.

'종이로 불을 쌀 수 없다.' 는 말이 있듯이 어려움이 닥쳤을 때는 도망가기보다 용감하게 맞서 싸워야 한다. 자신의 결백을 주장하기 위해 자신이 최대 피해자라고 주장하며 타인에게 책임을 회피하는 이들도 있다. 이는 근본적인 문제의 해결 방안이 될 수 없을뿐더러 자신의 이미지만 훼손된다.

책임 회피는 인간의 본능으로써 우리는 매일 이 본능과 치열하게 싸우며 살아간다. 누구나 어릴 적 아버지에게 혼나는 게 두려워 고양이가 화병을 깨뜨린 거라고 거짓말해 본적이 있지 않은가? 학창 시절에 수학 시험을 피하고자 몸이 아프다는 핑계를 대고, 회사에 입사한 후에는 책임과 의무를 지기 싫어 갖은 변명을 늘어놓은 적이 있지 않는가?

많은 사람들이 '이익'과 '손해' 중에서 이익을 선택한다.

"저건 내 잘못이 아니야."

"일부러 그런 게 아니었어."

"원래는 이게 아니야. 모든 게 다 …탓이야."

자신에게 스스로 '면죄부'를 주며 순간의 책임에서 벗어나려고 한다. 하지만 한 번의 거짓말을 덮기 위해 더 많은 거짓말을 필요로 한다는 사실을 알고 있는가? 하지만 결국 그 거짓도 모두 밝혀지게 될 것이다. 진실이 드러나는 순간 당신은 모든 것을 잃게 된다. 자신이 응당 져야할 책임을 담담히 마주할 때 사람들은 당신에게 용감하다 찬사를 보낼 것이다. 자신의 실수를 인정하는 것은 좋은 이미지를 구축하는 데 유리할뿐더러 신뢰도를 쌓을 수 있는 길이다. 더 중요한 것은 이는 올바른 인격 형성에 영향을 끼치며 이는 인생 전반에 있어 이득을 가져다준다.

"절대 함부로 타인을 비난하지 마라." 이것이 내가 수강생들에게 이번 과목에서 전하고 싶은 두 번째 핵심이다.

사람은 책임을 회피하려는 본성 외에도 쉽게 수치심을 느낀다. 당신 주변의 누군가 잘못을 저질렀을 때, 설사 당신과 아무런 관계가 없다고 할지라도 함부로 그를 비난하지 마라. 특히 같은 목표를 두고 함께 달리던 동료라면 더욱 유념하라.

"모두 그 사람 때문이에요. 그가 다 벌인 일이라고요. 우리와는 아무런 관계가 없어요." 난 팀원들 모두 한 사람만을 공격하며 그 사람을 몰아세우는 경우를 자주 보았다.

정말 당신은 손톱만큼도 잘못한 게 없을까? 같은 팀에 소속된 팀원으로서 응당 서로 도우며 일을 해야 했다. 그런데 왜 당신은 그가 잘못을 저질렀을 때 그를 막지 못했는가? 그를 막는 것이 팀원으로서 당신의 책임이 아니었던가?

내가 이런 질문을 던질 때 많은 사람들이 곤란해 하며 대답을 피한다. 대부분의 사람이 '연좌' 책임을 피하기 위해 자신들은 결백하다고 주장한다. 이런 행동은 팀워크에 방해될뿐더러 팀원들 간의 신뢰를 깨뜨린다. 입장 바꿔 생각을 해 보아라. 오늘 그를 몰아친 것처럼, 언젠가 당신이 실수를 저질렀을 때 당신도 똑같이 당하지 않을까? 실수를 한 팀원을 향해 관용을 베풀고 용서를 한다면 그는 분명 팀의 발전을 위해 더 노력을 할 것이 분명하다. 사람이란 무릇 복수를 꿈꿀 때보다 은혜를 갚아야 한다고 생각할 때 더욱 힘을 내는 법이기 때문이다.

팀원의 한 사람으로서 결코 책임을 회피해서도 안 되며 함부로 타인을 비난해서도 안 된다. 용감하게 현실에 맞서며 책임을 질 때, 다른 사람의 신뢰를 받을 수 있다.

"가장 어려운 일부터 시작하라. 절대 힘들다고 뒤로 미뤄선 안 된다." 내가 이번 과목에서 세 번째로 강조하고 싶은 말이다.

책임을 회피하다보면 해야 할 일을 계속 미루는 경향이 생기고, 이는 또 다른 책임을 회피를 저지르는 악순환을 반복하게 된다. 사실 매일 회사에서 과중한 업무에 시달리는 직장인에게 이는 일반적인 일일지도 모른다. 업무 스트레스로 일을 계속 미루게 되고 더 이상 미룰 곳이 없을 때 밤을 새가며 대충 일을 마무리 짓는다. 이것 역시 가장 일반적인 책임 회피 사례이자 우리가 반드시 지양해야 할 태도다.

일을 뒤로 미루지 않는 가장 좋은 방법은 바로 '가장 먼저' 그 일부터 해결하는 것이다. 가장 어렵고 힘든 일부터 시작하라. 출근하자마자 '가장 까다로운' 고객의 응대 전화부터 처리한다면 그날 하루는 보다 가뿐한 마음으로 보낼 수 있으며 보다 더 열정적으로 업무에 임할 수 있다. 가장 어려운 일을 해결하고 이어 단순한 업무 처리만을 남겨두었다면 과연 굳이 일을 뒤로 미룰 필요가 있을까?

책임을 회피하지 않고 당당히 맞서려면 고난 앞에서 물러서지 않고 책임을 지려는 굳건한 결심이 필요하다. 절대 그 상황을 모면하려고 스스로 핑계거리를 찾지 마라. 그래야 보다 성공에 한발 더 다가갈 수 있다. 자신이 책임을 회피하는 사람이라면 지금 즉시 다가올 미래를 마주하고, 우선 반드시 해야 할 일부터 처리하라.

자신의 포지셔닝을
기억하라

자신이 지금 서 있는 곳이 어디인가? 혹시 절벽 위에 서 있지는 않은가?

내가 수강생들에게 종종 들려주는 이야기가 있다. "초대를 받아 누군가를 방문했을 때, 먼저 말석을 찾아 앉아보십시오. 그때 주인이 당신을 상석으로 안내한다면 그건 영예로운 일이지만, 당신이 먼저 상석에 자리를 잡았을 때 주인이 말석으로 옮겨 달라 청하면 얼마나 부끄러운 일이겠습니까?"

내가 이런 말을 왜 꺼냈을까? 그건 바로 자신의 위치를 정확히 알지 못하고 행동하게 되면 직접적인 손해보다는 정신적 수치심을 느끼게 되기 때문이다.

수업 시작 전, 나는 수강생들에게 다음과 같은 이야기를 들려주었다.

생물학자는 개코 원숭이 간의 위계질서가 매우 엄격하다는 사실을 증명하기 위해 한 가지 실험을 진행했다. 우선 가장 서열이 높은 개코 원숭이와 가장 어린 개코 원숭이를 각각 상자에 넣었다. 그런 다음 다른 개코 원숭이들이 모두 밥을 먹고 나서야 그 둘을 풀어주고 밥을 주었다. 이 과정에서 가장 서열이 높은 개코 원숭이는 상자 안에서 다른 개코 원숭이들이 밥을 먹는 모습을 지켜보며 초조함을 드러내며 계속 발버둥을 쳤다. 분노가 극에 달해 자신의 온몸에 상처를 입고 나서야 발버둥을 멈췄다.

생물학자는 다른 개코 원숭이들이 식사를 마치자 두 원숭이를 상자에서 꺼내주었다. 가장 서열이 높은 개코 원숭이는 이미 상자에서 나온 후였지만 여전히 화가 난 상태로 눈앞에 놓인 밥 접시를 엎어 버리더니 밥 먹기를 거부했다. 반면 가장 어린 개코 원숭이는 상자 안에서 조용히 상황을 지켜볼 뿐이었고, 상자 밖으로 나온 후 이미 엎어져 버린 식판을 향해 달려가 전혀 개의치 않고 평상시대로 밥을 먹었다.

가장 서열이 높은 개코 원숭이는 평상시 가장 먼저 밥을 먹었었기 때문에 자신을 제치고 다른 개코 원숭이가 먼저 밥을 먹는 걸 보고 화를 냈던 것이다. 하지만 가장 어린 개코 원숭이는 언제나 가장 마지막에 밥을 먹었기 때문에 조용히 자기 차례가 오기를 기다렸고, 조금의 동요도 없이 밥을 먹을 수 있었다.

사람마다 각자 자신이 속한 환경과 역할, 위치가 다르기 때문에 자신이 속한 환경과 처한 위치에 순응하는 것이 이 삶을 살아가는 지혜다.

첫째, 쓸모없는 분노는 필요 없다.
불공평한 대우를 받았어도 언제나 평정심을 유지하라. 분노하고 원망한다고 일이 해결 되지는 않는다. 오히려 더 일만 복잡해질 뿐이다. 분노는 사람의 사고를 마비시켜 생각지도 못한 사고를 일으킨다. 이는 자신뿐만 아니라 상대에게도 해를 끼칠 수 있으며, 이지의 상실로 인해 이미 손에 쥔 것조차 뺏길 우려가 있다. 가장 서열이 높은 개코 원숭이처럼 분노한다고 상황이 반전되지 않으며 오히려 자신만 손해를 본다.

둘째, 당신의 위치를 제대로 인지하라.

직장에서든 일상생활에서든 자신이 처한 현실과 위치를 제대로 바라볼 줄 알아야 한다. 자아 중심적 성격으로 언제나 모든 일이 자신을 위주로 돌아가길 바라는 사람들이 있다. 그들은 주목받지 못하면 화를 내곤 한다. 또한 '자신의 모습을 숨김'으로써 자신의 존재와 중요성을 증명하고자 하는 아이들이 있다. 온 가족이 모여 식사를 할 때 돌연 자신의 모습을 감추고 다른 식구들이 자신을 찾아주길 바란다. 하지만 식사를 다 끝마칠 때까지 자신을 아무도 찾지 않으면 바로 가족들에게 다가가 울며 떼를 쓴다. 결국 이 사건은 아버지의 꾸중으로 마무리 되곤 한다. "넌 아직 어린아이면서 이상한 걸 많이 바라는 구나!"

내가 여기서 말하는 '자신의 위치 찾기'는 사회적 계급을 말하는 게 아니다. 자신의 포지셔닝에 대한 정확한 인식과 판단을 말한다. 자신에 대해 과대평가하지도 과소평가해서도 안 된다. 자신이 산 정상에 서 있는지, 산자락에 서 있는지부터 살피고, 지금보다 더 높은 곳으로 오르기 위해 노력하라.

셋째, 당신이 지금 처한 상황에 맞는 태도를 보여라.

산자락에 서 있으면서 이미 산 정상에 오른 이가 당신을 올려다보길 바라는 게 말이 되는가? 스스로 고결하다고 외치는 것은 굴욕을 자초할 뿐이다. 다른 사람 눈에는 그런 당신이 얼마나 가소롭게 보이겠는가? 앞서 언급한 서열 높은 개코 원숭이를 보라. 자신을 둘러싼 상황이 바뀌었으면 현재 상황에 순응할 줄 알아야 한다. 자신의 능력을 제대로 바라보는 눈을 길러라.

넷째, 대조군을 찾아라.

자신의 위치를 정확히 판단하기 어렵다면 당신 주변에서 대조군을 찾아 비교해 보라. 이는 직장 내에서 반드시 필요한 일이다. 과거 당신이 뛰어난 실적을 아무리 많이 쌓았더라도 현재 입사한 회사에서 당신은 아직 새파랗게 어린 '신입사원' 일 뿐이다. 마치 서열이 가장 낮은 개코원숭이처럼 말이다. 자신의 위치를 파악하지 못하면 심리적 불안감으로 인해 자신도 모르는 새에 심리적 압박에 휩싸이게 되고 정신을 좀먹게 된다. 당신의 그런 모습은 타인의 눈에 의아하게 비칠 뿐이다.

언제 어디서든 자신을 잃지 않고 자신의 위치를 지켜라. 상대방이 늘어놓는 찬사에 미혹되어서도 안 되고, 자신을 공격하는 말에도 휩쓸리지 마라. 자신을 믿어라. 자신을 대신할 수 있는 자가 없음을 깨달아야 한다. 설령 지금 비루하고 못난 모습일지라도 자신을 잃지 않고 더욱 발전하기 위해 힘쓴다면 상대방의 존중을 얻을 수 있다.

자신에게 맞는 것이 가장 좋은 것이다! 높은 이상만을 쫓거나 그저 하루하루 무의미하게 삶을 보내지 마라. 삶의 행복을 찾기 위해선 자신의 위치를 정확히 인지해야 한다. 그래야 평정심을 유지하고 주위 환경에 흔들리지 않을 수 있다. 그것이 바로 자신에게 맞는 최고의 인생이다.

과감하게
행동하라.

반드시 해야 할 일이 있다면 그 즉시 행동에 옮겨라.

나는 종종 수강생들에게 묻곤 한다.

"지금 무엇을 하는지 아세요?"

"지금 이 순간 반드시 무엇을 해야 하는지 알고 계시나요?"

"해야 할 일을 끝냈나요?"

지금 하고 있는 일을 잠시 멈추고 자신을 한번 돌아보라.

다음의 상황을 한번 상상해 보라.

당신은 지금 담배를 물고 게임을 하는 중이지만 그것보다는 사실 굶주린 배를 채워야 하지 않을까? 상사가 당신에게 지금 당장 보고서를 작성해서 올리라고 했지만 휴게실로 커피를 타러 달려간다. 이번에 반드시 6급 영어 시험 자격증을 따겠다고 다짐했지만, 순간 아직은 시기가 이르지 않은가 주저한다.

과연 당신은 행동력이 뛰어난 사람인가?

우리는 누구나 성공을 꿈꾼다. 하지만 언제나 생각뿐이며 행동으로 옮기지는 않는다. 당신이 아마도 머릿속으로 수많은 생각을 떠올리고 있을 게 분명하다. "화분을 하나 심어볼까? 책을 한 권 읽어야겠어, 새로운 만화 캐릭터를 그려야지." 특히 사방이 조용한 밤이 되면 앞으로의 미래와 인생을 계획하고 있지는 않는가? 이직에 성공한 사람이라면 분명 인생을 허비하지 않고 더 열심히 살겠다고 다짐했을 것이다. 중간고사를 망친 학생이라면 내일부터 더 열심히 공부하겠다고 계획표를 작성할 것이다. 새로운 계획을 세운 사람이라면 어떤 어려움이 닥쳐도 절대 포기하지 않겠다고 다짐한다.

"하지만..."

그렇다. 실패라는 결과 뒤에는 '하지만...' 이란 말이 숨겨져 있음을 알 수 있다. 머릿속으로 수없이 떠올린 계획들은 그 방향을 잃고 표류한다. 학생은 여전히 수업 시간에 딴 짓을 하고, 직장인들은 회사에서 무료하게 시간을 때운다. 큰 포부를 꿈꾸었던 자는 계속된 고난 앞에 좌절한다.

마윈(馬雲)은 "사람들은 밤에 수천 가지 생각을 하며 잠들지요. 하지만 다음 날 아침이 되면 맨 처음 결심했던 일을 하게 된답니다." 라고 우리의 현실을 꼬집기도 했다.

어두운 밤에 우리는 거대한 꿈을 꾸지만, 날이 밝아오면 다시 원점이다. 아무리 큰 포부를 가져도 행동에 나서지 않으면 모두 소용없다. 하지만 많은 이들이 행동에 나서지 않고 그저 생각에서 그친다. 계획을 세웠으면서 왜 바로 행동으로 옮기지 못하고 주저하는가?

행동은 목표를 실현하기 위한 필수조건이다. 행동력이 없는 사람은 기회가 찾아와도 이를 잡지 못한다. 반대로 행동력이 강한 사람은 기회를 잡을 줄 알며 자신이 기회를 찾아 나서기도 한다.

난 강의를 하며 수강생들에게 물었다. "이 자리에 계신 분들 중 성공하고 싶으신 분이 계신가요?" 수강생 전원이 손을 들었다.

"더 높은 연봉을 받고 싶은 분은요?" 역시나 전원이 손을 들었다.

"더 행복하고 화목한 가정을 이루고 싶으신 분 손 들어 주세요." 이번에도 마찬가지로 모든 수강생이 손을 들었다.

"현재 이 모든 것을 이룬 사람 계십니까?" 이 질문에 손을 든 사람은 극소수였다.

왜 많은 사람들이 자신이 세운 목표를 제대로 이루지 못할까? 그 이유는 그저 생각에만 그칠 뿐 행동으로 옮기지 않기 때문이다. 아무것도 하지 않아도 성공할 수 있을까? 아니다. 이 세상에는 저절로 이뤄지는 일은 없다. 자신보다 실적이 뛰어난 동료를 원망하고, 상대방이 나보다 운이 좋다고 질투하고 있는가? 그렇다면 자신에게 한번 물어보아라. "가만히 앉아 고객을 기다리기만 하면 실적이 오르는가? 기회를 직접 찾아다니지 않는데 과연 운이 따라줄까?"

이미 답을 알면서 대체 왜 행동하지 않고 가만히 그 자리에 있는 것인가?

사람들은 누구나 아이디어는 넘쳐나지만 다양한 '이유' 때문에 행동으로 옮기지 못한다. 이는 보편적인 현상으로써 자기 발전을 막는 최대의 걸림돌이다. 목표를 실현하기 위해서 우선 행동을 저지하는 원인부터 제거하라.

▲ 동기를 찾아라.

생각만 하고 행동에 옮기기 못할 때, 이를 실천할 동기조차 없다면 절대 목표를 이룰 수 없다.

우선 일의 경중을 나누어라. "이건 반드시 해야 되는 건가? 왜 이렇게 해야 되는 거지?" 이 일을 실천할 동기를 찾았을 때야 비로소 행동에 옮길 수 있다.

▲ 목표를 명확히 하고 생각을 세분화 하라.

너무 생각이 많으면 일의 방향성을 잃게 되고, 심지어는 가장 먼저 해야 할 일을 구분하지 못하고 계속 뒤로 미뤄두게 된다. 그러다보면 결국 아무것도 하지 못하고 아무것도 이루지 못 한다.

우선 자신이 하고자 하는 목표를 정확히 세우고, 일의 순서를 정하라. 계획표를 통해 목표 달성 기간, 추진 단계, 매 단계에 해야 할 일, 극복해야 할 장애물 등 필요한 사항들을 정리해 보자. 일단 계획을 세웠다면 끝까지 밀고 나가는 뚝심도 필요하다.

▲ 일의 우선순위를 정하라. 가장 중요한 일을 먼저 처리해야 한다.

가장 단순하고 효과적인 방법은 자신의 시간을 아껴 쓰는 것이다. 자신에게 맞는 '시간 관리' 방법을 찾아라.

모든 일을 4가지로 분류하라. 첫째, 시급하며 가장 중요한 일, 둘째, 중요하지만 급하지 않은 일, 셋째, 시급하지만 중요하지 않은 일, 넷째, 시급하지도 중요하지도 않은 일.

매일 모든 일을 분류해서 처리한다면 시간 절약과 함께 정확하게 일을 마무리 지을 수 있다. 이것이 바로 업무 효율성을 높이고 행동력을 강화시키는 지름길이다.

▲ 자제력을 높여라.

자신이 해야 할 일과 하지 말아야 할 일을 정확히 아는 사람도 종종 자신을 컨트롤하지 못할 때가 있다. 회사에 출근한 뒤 급하게 처리해야 할 업무가 있지만 게임의 유혹을 뿌리치지 못하기도 한다. 결국 해야 할 일을 끝마치지 못해 후회하지만 결국 다음날도 똑같은 실수를 반복한다. 이는 자신에 대한 자제력 부족과 방만이 불러온 참사다.

성공하는 자는 '자제력'이 뛰어나다. 언제나 진지하게 자신의 일에 임하고 매 순간 찾아오는 기회를 놓치지 않기 때문에 언제나 남들보다 한 걸음씩 앞서 나간다.

사람은 '과감한 생각'을 하고 '과감하게 행동'에 나선다. 과감한 생각을 하는 사람은 큰일을 도모할 수 있지만, 과감하게 앞뒤 재지 않고 달려드는 사람은 아무것도 이루지 못한다. "난 안 돼. 돈이 없어. 시간이 부족해. 이건 불가능해." 실패하는 사람들은 자신과 상대를 납득시킬 이유를 찾아 헤맨다. 많은 돈을 벌고 성공한 사람들을 보며 날카로운 볼멘소리를 내뱉는다. "나였다면 더 잘했을 텐데 말이야." 이미 성공한 자들과 비교해서 그들의 출발점이 결코 뒤처지는 건 아니었을 것이다. 하지만 그들은 그저 성공한 자를 부러워할 뿐 성공을 위해 행동하지 않는다.

성공하고 싶다면 당장 행동에 나서라. 변명 따위는 필요 없다. 기회가 오면 주저하지 말고 도전할 때 성공의 문은 열린다.

자신을
파악하라

자신을 되돌아보라

▲ 자아관을 이해하라

우리는 칭찬, 비난, 존경, 무시의 시선을 받으며 살아간다. 사람마다 내리는 평가도 제각각이다. 상대의 평가를 진지하게 듣고 받아들여라. 중립적 시선으로 자신에게 도움이 될 만한 충고를 선별하라. 상대방의 시선을 너무 의식해서도 안 된다. 당신 행동의 극히 일부분만을 보고 내린 판단임을 기억하라. 우리는 타인보다 자신의 판단력을 믿어야 한다.

고대 그리스인이 남긴 유명한 명언이 있다. "너 자신을 알라!" 이건 우리가 항상 "자신을 정확히 아는 것이 중요하다."고 외치는 것과 일맥상통한다. 언제어디서나 공정하고 객관적으로 자신을 바라봐야 한다.

내가 어떤 사람인지 보다 나 스스로에 대해 정확히 파악하는 게 더 중요하다. 사람은 누구나 자신이 알고 있는 대로 행동하기 때문이다. 자신에 대해 정확히 이해하고 있을 때, 가장 자신에게 맞은 성공의 방법을 찾을 수 있다. 그러므로 정확한 자아관 확립에 힘써야 한다.

▲ 자신에 대해 정확한 판단과 인식이 필요하다

추상적인 판단이 아닌 보다 구체적으로 자신을 분석하라. "나는 예뻐.

조금 뚱뚱해. 억울해. 난 친구가 많지. 난 쉽게 사람을 사귈 수 있어..."
타인과의 비교 분석을 통해 보다 정확하게 자기 스스로에 대한 평가를
내려야 한다. "당신은 당신 자신을 좋아하는가? 스스로에 대해 만족하
는가?"

자기 자신조차 자기를 좋아하지 않는데, 어떻게 상대에게 강요할 수 있
단 말인가? 스스로도 자신이 싫다면 그건 당신이 상대가 싫어할 만한 행
동을 하고 있다는 방증이다. 다른 사람 눈에도 당신은 결코 대중의 사랑
을 받기 힘든 괴팍한 여자로 비춰질 것이다. 그러므로 반드시 가장 먼저
자신에 대해 정확히 알아야 한다. 이로써 자신을 보다 더 잘 이해하고 받
아드릴 수 있게 된다. 절대 자신을 속이거나 거부하지 마라. 절대 자신을
싫어해서도 안 된다.

매일 아침 눈을 뜨자마자 큰소리로 외쳐보는 건 어떨까? "난 최고야! 가
능해! 할 수 있어! 난 내 자신을 믿어! 난 특별하니까! 이 세상에 어려울 건
하나도 없어!"

자신의 행동을 되돌아보고 잘한 점은 지속하고 부족한 점은 개선해 나
가라. 자신의 단점을 인정하고 적극적으로 고쳐나가는 자세가 필요하다.

▲ 상대방에 대한 평가는 그만 하라.
사람들은 모이면 다른 사람에 대해 얘기를 하곤 한다.
"쟤 좀 봐! 사귀는 남자친구마다 어쩜 저렇게 못생겼을까? 보는 눈이 정
말 없나봐."

"제대로 된 일은 구할 생각도 하지 않고, 저렇게 신문만 팔러 다니다니 원! 과연 생각이란 걸 하면서 사는 걸까?"
"저런 교육을 받았으니 저 모양이지. 나중에 성공하긴 힘들어 보여."

'아무런 근거도 없이' 그저 상대를 평가하기 바쁘다. 이는 대인관계를 망치는 가장 근본적 이유이기도 하다. 사람은 자신의 가치관을 남에게 강요하며, 자신의 가치관대로 행동하길 원한다. 자신의 생각과 다른 행동을 보이는 사람에겐 화를 내며, 주변 사람에게 그 사람에 대한 '안 좋은 평가'를 내리며 동의를 구하려는 경향이 강하다.

이런 현상은 사람마다 삶의 기준이 다르며 상대가 굳이 자신의 기준을 맞출 필요도 없고 자신이 그걸 강요할 자격도 없다는 걸 알지 못하기 때문에 발생한다. 그러므로 상대의 삶의 기준이 나와 맞지 않는다고 해도 그들의 가치관과 사상 관념을 변화시킬 수 없다는 사실을 깨달아야 한다. 상대방 역시 당신의 의사에 따라 자신의 가치관을 바꿀 의무 같은 건 전혀 없다. 당신이 이를 무시하고 여전히 상대에게 변화를 강요한다면 두 사람 사이의 관계는 악화일로를 걷게 될 것이다.

다른 사람에 대한 판단을 멈춰라. 이것이 바로 자신의 의식과 행동에 대해 책임을 지는 자세다. 남에게 강요하거나 편파적인 행동을 할 때, 역지사지의 관점에서 사건을 바라보아라.

"그녀의 마음을 얻은 걸 보면, 분명 특별한 무언가가 있을 거야."

"삶의 방식을 바꾸고 싶었나보네. 한번쯤 주변 환경을 바꿔보는 것도 나쁘지는 않지."

"나와는 다른 교육 방식이지만, 그의 방식도 나름 효과가 있을 것 같아."

상대방의 의사를 존중하고 포용적인 태도로 다가서라. 상대에 대해 제대로 알지 못하는 상황에서 이러쿵저러쿵 함부로 평가를 내리지 마라. 교양 있는 사람이 반드시 갖춰야할 덕목이다.

▲ 언행을 조심하라

당신의 생각, 언행, 결정에 책임을 져라. 이 모든 건 대가가 따르기 마련이다.

당신은 스스로 하고 싶은 일을 결정할 권리가 있다. 타인이 대신 결정해줄 수 있는 게 아니다. 사람은 누구나 지식과 체력이 허락되는 범위에서 스스로 원하는 것을 쟁취할 수 있다.

내안의 진심의 목소리를 듣고, 자신의 삶에 책임 질 줄 알며 목표 실현을 위해 힘을 때 진정한 자유를 얻게 된다.

▲ 나쁜 습관들은 모두 버려라.

좋은 습관은 악인을 살려낼 수 있지만, 나쁜 습관은 오히려 선인을 파멸시킨다.

습관은 자신의 행위가 굳어져 형성된 것으로 우리의 사상과 의식에 자연스레 스며들어 있다. 나쁜 습관을 고치지 않으면 결코 성공하는 삶을 살 수 없다. 당신이 충분한 자금이 마련되어야 창업을 시작하겠다고 결정하는 순간 당신의 삶은 그저 평생 돈을 버는 데에만 집착하게 될 뿐이다.

인생은 높낮이뿐만 아니라 넓이와 폭도 존재하므로 여러 각도에서 자신을 파악하고 통일된 자아관의 확립에 힘써야 한다. 꾸준히 자신을 되돌아보고 잘못된 부분을 고쳐나가라. 확고한 자아관의 확립과 의식이 정립되었을 때 성공에 더욱 가까워지게 된다.

긍정적인
마인드

눈앞의 깜깜한 어둠이 아닌, 곧 떠오를 태양을 바라보아라. 떨어지는 꽃잎을 바라보며 내일 다시 피어날 꽃을 믿고 기다려라.

난 품에 가지고 있던 공책 사이에서 한 장의 백지를 꺼내고는 수강생에게 물었다. "앞으로 이 종이가 어떻게 될 것 같나요?"

그들은 순간 말문이 막힌 것 같았다.

나는 그 백지를 땅에 놓고 발로 몇 번 짓밟은 후 다시 물었다. "이 종이는 이제 어디에 써야 할까요?"

내 발자국과 진흙이 묻은 걸 보고는 대답했다. "쓰레기통에 버려야죠."

나는 아무런 대꾸 없이 땅에 떨어진 종이를 주운 다음 사람을 그려 넣었다. 그림 옆에는 시도 한 구절 적었다. 발자국은 내가 그린 여자 그림의 치마 자락으로 변신했다.

난 종이를 들고 다시 물었다. "이제 이 종이에 쓰임새가 생겼을까요?"

내 질문의 의도를 파악한 수강생이 대답했다. "선생님께서 종이에 생명력을 불어넣으셨네요."

우리는 별 쓰임새가 없는 종이에 그다지 관심을 기울이지 않는다. 하지만 보다 긍정적인 태도로 바라본다면 종이의 쓰임새가 달라질 수 있다. 우리의 삶도 마찬가지다. 무료하다고 느끼는 순간 삶은 정체된다. 하지만

343

긍정적으로 삶을 바라보면 더욱 생동감 있고 보람찬 삶을 살 수 있다.

사람의 인생은 마음먹기에 달렸다. 긍정적인 마인드를 가진 사람은 행복을 느끼고 무슨 일이든 적극적으로 행동한다. 반면 비관적인 태도로 삶을 바라보는 자는 자신의 삶이 불행하다고 느끼며 다가올 미래를 두려워한다. 긍정적인 생각이 우리를 성공으로 안내한다. 그 어떤 좌절 앞에서도 충분히 이겨낼 수 있다.

긍정적인 시각으로 문제를 바라보고 냉정하게 자신의 상황을 분석할 줄 안다면 당신의 삶은 행복으로 가득찰 것이다. 비관적인 사람이 문제를 쉽게 해결하지 못하는 이유는 언제나 비관적으로 사물을 바라만 보기 때문에 자연히 떠오르는 생각도 비관적일 수밖에 없다.

방법은 간단하다. 문제를 극단적으로 바라보지 말고, 긍정적인 부분을 찾아야 한다.

실패하여 좌절을 겪었을 때, 억지로라도 무너지는 마음을 다잡고, 자신에게 외쳐라. "인생은 분명 좋은 일과 나쁜 일이 다 있지. 지금 내가 닥친 일이 나쁜 일이라면, 시간이 지나면 곧 좋은 일이 생기지 않겠어?"

새옹지마(塞翁之馬)라는 말처럼 나쁜 일을 겪고 나면 반드시 좋은 일이 온다. 긍정적으로 세상을 바라볼 때 모든 사물 역시 긍정적으로 변화하기 마련이다. 무릇 세상일이란 마음먹기에 달린 바, 당신이 생각하는 방향대로 인생은 흘러간다.

끈기

원하는 결과를 얻지 못하더라도 도중에 포기하지 말고 끊임없이 도전하라. 하지만 과연 끝까지 해낼 수 있는 자가 과연 몇이나 될까?

"성공하기 위해 정말 안 해본 게 없는 것 같아요. 수 천 번 시도해봤지만 왜 결과가 이 모양일까요?" 한 수강생이 내게 한 말이다.

당신은 이 말을 믿는가?

아마 이 말을 한 수강생조차 거짓임을 알고 있을 것이다. 수 천 번이라니! 분명 열 번의 시도도 채 안 해봤을 게 분명하다. 열 번, 열 한번... 계속해서 시도하던 자도 눈에 보이는 효과가 없으면 바로 포기하고 만다.

포기와 동시에 성공은 영원히 사라진다.

과체중으로 매일 '살을 빼겠다.'는 소리를 입에 달고 사는 수강생이 있었다.

"두고 봐! 꼭 살을 빼고야 말 테니까!"

그녀는 항상 다이어트를 하겠다고 다짐하지만, 수업시간마다 그녀의 손에 간식이 쥐어져 있는 걸 자주 목격했다.

"다이어트를 시작한지 오늘로 딱 열흘째네요. 곧 성공이 눈앞인데 왜 여기서 그만 두세요?" 나는 그녀에게 물었다.

"너무 배가 고파서 참을 수가 있어야죠. 배고픔을 느낄 때마다 그냥 생긴 대로 살자 싶어요. 그냥 다이어트는 이대로 포기하려고요."

보라! 이것이 바로 언제나 '다이어트'를 외치지만 결국 실패로 끝난 자의 모습이다. 그들은 자신이 끝까지 해낼 수 없다는 것을 은연중에 느끼며, 힘들면 바로 발을 뺄 준비를 하고 있다. 그러면서 자기 합리화할 핑곗거리를 마련해 놓는 것도 잊지 않는다. 자신이 끈기가 없다는 걸 자책하지만 이를 개선할 의지는 조금도 없다.

좌절과 실패 앞에서 그대로 포기하며 주저앉는 사람이 있는 반면 끝까지 포기하지 않는 사람이 있다.

살아가면서 맞닥뜨리는 수많은 어려움에 지레 겁먹고 포기하는 사람은 그런 자신을 되돌아 보며 자책하지만 그 뿐이다. 언제나 자신의 행동을 변명하며 책임을 회피한다. "이건 어쩔 수 없는 일이었어."

사회에 처음 발을 디딘 대부분 젊은이는 처음에는 열정적으로 모든 업무에 매진하지만, 시간이 흐를수록 처음의 열정은 사그라든다. 입사 초반 느꼈던 흥분은 점차 고뇌와 두려움으로 변하고, 결국 불확실한 미래에 좌절한다.

대다수 신입사원은 회사에서 좌절을 맛보면 이를 극복할 생각보다 이직을 먼저 떠올린다. 새로운 환경에서 자신의 진정한 능력을 보여주고자 결심한다. 하지만 1년 동안 4~5차례나 회사를 옮겨 다니며 결국 자신의 능력을 보여 줄 기회조차 잡지 못한다.

난 이런 사람들에게 충고 한마디를 건네고 싶다. 회사에 입사하고 며칠이나 몇 주 뒤가 지난 후 자신의 업무가 기대했던 것과 다르더라도 절대 흔들리지 마라. 인생의 결정적인 순간을 잘 견디면 앞으로의 당신의 삶에 탄탄대로가 열릴 것이다. 섣부른 결정으로 판단력을 흐려선 안 된다.

　무슨 일이든 처음 시작은 어려운 법이다. 당신의 기대와 실상이 많이 달라 처음 세운 계획을 포기해 버린다면 이는 자신감 하락으로 이어지고, 결국 아무런 성과도 내지 못할 것이다. 끈기를 가지고 도전한다면 반드시 성공한다. 눈앞에 어려움이 닥쳐왔을 때 잠시 숨을 고르고 자신의 행동에 문제가 없는지 한번 되짚어 봐라. 문제가 있다면 그 즉시 해결하고 끊임없이 목표를 향해 달려 나간다면 언제가 반드시 성공의 단맛을 맛볼 수 있을 것이다.

더 독해져라!

우리는 이 세상에서 성공한 자들을 부러워하기만 해야 하는 겁니까? 여러분, 반드시 기억하세요. 당신은 채찍이 필요한 어린 양도, 길을 잃고 헤매는 동물도 아닙니다. 아무 생각 없이 그저 서 있기만 한 야자수도 물론 아니죠. 직접 나서지 않고 다른 사람이 가져다주는 것만 받아먹겠습니까? 아니요! 그건 겁쟁이들이나 하는 짓입니다.

하지만 여러분은 제가 왜 실패한 자들의 통곡과 불평불만에 귀를 기울이시는 지 아십니까? 전 실패자의 모습에서 교훈을 찾고자 하는 겁니다. 200평방미터가 채 되지 않는 이 강당에는 지금 조금의 삶의 의지도 느껴지지 않는 영혼의 껍데기들만 가득 찬 것 같네요. 이것이 여러분들의 운명이라고 생각하십니까? 이미 운명과의 게임에서 졌으니 성공한 자들을 위해 박수라도 쳐주려는 겁니까? 그렇다면 오늘 이 자리에는 왜 오신 거죠? 아무리 삶이 힘겨워도, 이룰 수 없는 현실 앞에 무릎 꿇었어도 여러분 마음 속 깊은 곳에 아직 기적을 바라는 마음이 남아 있기 때문 아닙니까?

레이스를 시작하자마자 성공을 논하는 건 오만입니다. 레이스의 종착점에 다다랐을 때야 비로소 성공을 논할 자격이 주어집니다. 여러분, 전

이제 곧 마흔 살을 바라보는 나이가 되었습니다. 아마 누군가는 저보고 성공한 인생이라고 말할지 모릅니다. 맞습니다. 아마 여러분 보다 제 삶이 좀 더 나을지 모르겠네요. 하지만 저 역시 아직도 제 인생 레이스의 끝이 얼마나 남았는지 모릅니다. 앞으로 여전히 수많은 실패를 겪게 될 수도 있고, 여러분이 겪은 고통보다 더한 고통을 느끼게 될 수도 있습니다. 저도 여러분과 마찬가지로 매일 기도합니다. "하느님, 전 성공하고 싶습니다. 지금 이 힘든 상황에서 벗어나 다시는 이런 괴로운 일을 겪지 않도록 도와주세요." 수도 없이 하느님께 기도했습니다. 지금 이 고통에서 벗어나 성공할 수 있게 도와달라고 말이죠.

하지만 우리의 성공은 하느님께서 결정하시는 게 아닙니다. 현실을 외면하고 이상에만 기대선 안 됩니다. 아무리 힘들고 괴로워도 이를 극복하고 성공을 거머쥘 기회는 언젠가 다가옵니다. 기회가 왔을 때 절대 놓치지 마십시오. 스스로 삶을 포기하지만 않는다면 반드시 성공합니다.

여러분, 자신에게 독해지십시오. 어떤 어려움이 닥쳐와도 절대 물러서지 마시고 전진하세요. 그래도 여전히 제자리걸음이라면 더 자신을 독하게 다그치면 됩니다. 당신의 잠재력을 충분히 발휘할 수 있습니다.

지금 이 순간부터 큰 나무에 도끼질을 하듯 절치부심 노력해 보세요. 물론 도끼질 한 두 번 가지고는 나무를 쓰러뜨리기 어려울 겁니다. 조금의 상처도 내지 못할 지도 모르죠. 하지만 보잘 것 없는 힘이라고 좌절하지 말고 팔 힘을 길러 매일 조금씩 도끼질을 해보세요. 아무리 큰 나무라도 버틸 재간은 없을 겁니다! 바로 성공의 비결이 여기에 있습니다. 바로 꾸준함이죠!

아무리 미래가 불투명해도 그저 눈물로 밤을 지새우시겠습니까?

벽돌 한 장 한 장 쌓아 올리며 자신만의 성벽을 구축해 나가야 합니다. '낙숫물이 댓돌을 뚫는다.'는 명언을 기억하세요. 끈기만 있다면 해내지 못할 일은 아무것도 없습니다.

실패를 두려워 마세요. 아직 맞닥뜨리지도 않은 위험에 몸 사릴 필요도 없습니다. 여러분! '포기', '불가능', '난 못 해요.', '어쩔 수 없어요.', '문제가 생겼어요.', '실패', '어렵네요.', '희망이 안 보여요.', '후퇴' 등의 어리석은 말들은 지금 당장 머릿속에서 지워버리세요! 절망에서 벗어나고 싶다면 어떻게든 그 곳을 빠져나올 방법부터 고민해 봐야 합니다. 불가능이란 생각은 저 멀리 집어치우세요. 위험을 당당히 맞설 때 당신도 강자가 될 수 있습니다. 그러니 지금 당장 부정적인 말들은 지우세요.

성실한 자세로 현재의 고통을 인내하며 미래를 향해 용감히 한 발 내디딜 준비가 되셨나요? 전 사막의 끝엔 오아시스가 있음을 믿습니다. 여러분이 몸을 낮추고 현실과 맞서 싸우기만 한다면 그 어떤 괴로움도 순식간에 사라질 거란 걸 확신합니다.

사냥꾼처럼 용맹하게 전진하고 꾸준히 노력하십시오. 실패했다고 기죽을 필요 없습니다. 실패는 다음번의 성공을 위한 징검다리일 뿐이니까요. 지금의 절망이 미래엔 희망이 될 겁니다. 지금 찡그리고 있는 얼굴이 곧 미소로 번질 날이 올 거예요. 오늘의 불행은 내일의 행복을 위한 전주에 불과합니다.

지금 삶이 힘들다고 좌절하거나 불평하지 마세요. 오히려 이 상황을 감사히 여기십시오. 실패는 성공의 어머니라고 하지 않습니까? 지금의 실패가 더 큰 성공을 가져다 줄 겁니다. 수없는 도전을 통해 언젠가는 이 난관을 뛰어넘을 수 있습니다. 망망대해 위의 선원처럼 지금 당신 앞에 있는 어려움을 기꺼이 받아들이세요. 용감하게 맞선다면 곧 당신이 원하는 목표에 도달해 있을 테니까요!

지금부터 다른 사람의 성공 비결을 냉철하게 분석해야 합니다. 과거의 실패는 잊고 당신의 포부만 떠올려 보세요. 아름다운 미래가 펼쳐질 것입니다! 힘들고 지칠 때마다 따스한 집의 편안한 침대 위에 누워 텔레비전을 보며 쉬고 싶으실 겁니다. 물론 사랑하는 반려자 생각도 나겠지요. 하지만 이 모든 걸 이겨내야 합니다. 여러분! 힘들고 지칠 때마다 더욱 꾸준히 정진하십시오. 계속 자신의 운명에 도전할 때 성공의 기회가 찾아오는 법이랍니다. 절대 후회 한 조각도 남겨선 안 됩니다.

매일 매 순간 내일의 성공을 향해 달려 나가세요! 현실에 충실하고 잠재력을 십분 발휘하며 인맥을 쌓으며 한걸음씩 전진하세요. 남들이 제자리에서 멈춰 있어도 당신은 달려야 합니다. 그래야 남들보다 먼저 성공을 거둘 수 있습니다. 당신은 반드시 원하는 목표를 이룰 겁니다!

— (워싱턴 강의 중에서)

리웨이원(李偉文) 지음

미국계 중국인이며 대인관계 교육 전문가이다.

젊은 시절 중국의 푸단(復旦)대학을 졸업한 뒤 홍콩 최대 기업 창장(長江)그룹 등에서 경력을 쌓았다.

탁월한 인맥 관리 능력으로 홍보와 영업 분야에서 두각을 드러냈다. 이후 미국으로 건너가 로비 전문가 스미스와 손잡고 로비 회사를 설립, 글로벌 기업의 인수 협상과 마케팅 기획에 참여했다.

현재는 인맥 로비 영역으로 사업을 전향해 블랙스톤, JP모건, 퀄컴, 중국석유 등 기업 고객을 위한 자문기구를 독자적으로 운영하고 있다. 홍보 전문가이기도 한 저자는 미국과 중국에서 홍보 및 인맥 관리 전문가로 활동하였다.

미국에서 '홍보의 달인'이라고 불리며 기업을 대상으로 홍보 서비스를 제공하는 일을 하였고, 세계적인 기업의 인수 협상에 수 차례 참여하여 성공을 거두었다.

이후 정치 분야로 영역을 확대하여 미국 대통령 선거 때 딕 체니 전 미국 부통령의 경선 캠프에서 고문으로 활동한 바 있다.

주요 저서로는 〈6단계 분리이론〉 시리즈와 〈법칙〉, 〈설득〉, 〈인생에 가장 중요한 7인을 만나라〉, 〈친구가 성패를 결정한다〉 등 다수의 책을 썼다.

고은나래 옮김

북경사범대학교 대외한어과를 졸업하고 서울외국어대학교 통번역대학원 한중번역과를 졸업했다. 각종 기업체 번역 및 수행통역의 경험이 풍부하다. 현재는 번역 에이전시 (주)엔터스코리아에서 출판기획 및 전문번역가로 활동하고 있다.

주요 역서로는 『당신의 부는 친구가 결정한다』, 『마윈의 성공스토리 양쯔강의 악어(공역)』, 『너를 위해 세상을 뜨겁게 사랑할 거야(출간예정)』등이 있다.

나는 독하게 살기로 결심했다

2018년 1월 20일 1판 1쇄 인쇄
2018년 1월 25일 1판 1쇄 발행

펴낸곳 | 파주 북스
펴낸이 | 하명호
지은이 | 리웨이원
옮긴이 | 고은나래
주 소 | 경기도 고양시 일산서구 대화동 2058-9호
전화 | (031)906-3426
팩스 | (031)906-3427
e-Mail | dhbooks96@hanmail.net
출판등록 제2013-000177호
ISBN 979-11-86558-17-1 (03320)
값 15,000원

• 값은 뒷표지에 있습니다.
• 잘못 만들어진 책은 구입하신 서점에서 바꿔 드립니다.